商业银行绩效管理理论与实践

Shangye Yinhang Jixiao Guanli Lilun Yu Shijian

陈武 著

西南财经大学出版社
中国·成都

图书在版编目(CIP)数据

商业银行绩效管理理论与实践/陈武著.—成都:西南财经大学出版社,2016.8
ISBN 978-7-5504-2597-2

Ⅰ.①商… Ⅱ.①陈… Ⅲ.①商业银行—经济绩效—银行管理 Ⅳ.①F830.33

中国版本图书馆 CIP 数据核字(2016)第 196537 号

商业银行绩效管理理论与实践

陈武 著

责任编辑	王利
封面设计	杨红鹰　张姗姗
责任印制	封俊川
出版发行	西南财经大学出版社(四川省成都市光华村街55号)
网　　址	http://www.bookcj.com
电子邮件	bookcj@foxmail.com
邮政编码	610074
电　　话	028-87353785　87352368
照　　排	四川胜翔数码印务设计有限公司
印　　刷	郫县犀浦印刷厂
成品尺寸	185mm×260mm
印　　张	15.75
字　　数	340千字
版　　次	2016年8月第1版
印　　次	2016年8月第1次印刷
印　　数	1—3000册
书　　号	ISBN 978-7-5504-2597-2
定　　价	38.00元

前　言

当前，我国经济金融形势出现了新的态势，经济增长进入中速运行，结构调整进入实质阶段，市场化改革全面深化，金融业自由化加快，银行监管加强，市场准入放松，金融创新加快，金融脱媒加速，互联网金融大潮来势迅猛，我国银行业面临着严峻的挑战。外部环境要求银行业必须改变和创新。但不论银行进行何种形式的改变和创新，归根结底都离不开人才战略的驱动。重视人力资源管理，实施以人力资源战略为驱动的创新应成为银行业应对挑战的共识。

众所周知，绩效管理作为人力资源管理的核心，其地位和作用毋庸置疑。在研究绩效管理的学者看来，企业管理等于人力资源管理，人力资源管理等于绩效管理，绩效管理已经成为企业获取可持续竞争优势的关键所在。

随着科技进步、社会发展和环境变迁，绩效管理的内涵也随之不断丰富和完善，人们开始全方位思考绩效管理体系的构建和执行，使之充分体现战略性、平衡性、协调性，实现财务绩效与非财务绩效、长期绩效与短期绩效、外部绩效与内部绩效、滞后性绩效与前置性绩效的平衡，有效协同组织绩效、群体（部门）绩效以及个人绩效，兼顾绩效计划、绩效监控、绩效评价以及绩效反馈等问题。

但同时，在银行绩效管理实践中，往往得不到经理的喜欢和员工的支持，“费力不讨好”是其真实写照。这种现象不是无缘无故的，而是缘于一系列对绩效管理的不正确理解和对绩效管理方法的不恰当执行。对于何为绩效、目标如何与战略挂钩，绩效指标应当如何设计、绩效管理执行的关键是什么，大部分绩效管理的实施人员心中只有一个模糊的概念，往往只是凭经验和感觉去做，结果自己落入了绩效管理的误区中却还不自知。严格地说，能深刻理解绩效管理的内涵，能抓住其要点、懂得其核心问题并有效执行的人并不多。

本书是在新的经济金融环境下，运用绩效管理的基本原理，广泛吸收国内外绩效管理新理论和新方法，结合笔者绩效管理实践经验的基础上，推出的一本理论和实践高度统一的应用型书籍。本书主要有以下几个特点：

第一，结构严谨，体系独特。本书在层层递进剖析绩效、绩效管理和战略绩效管理基本概念的基础上，以银行战略为导向，以银行绩效管理执行流程为主线，用通俗易懂的语言对银行宏观战略层面和微观战略层面进行系统阐述，揭示不同战略层次的绩效目标在银行绩效管理过程中的差异性。

第二，内容前沿，紧贴实践。促进银行价值创造力提升，是本书的最高宗旨。本书力求内容先进，所涉及的绩效管理理论和方法尽可能体现国内外绩效管理的最前沿做法和发展趋势。同时力求应用创新，结合当前金融脱媒、互联网金融和利率市场化新形势，突出银行战略绩效管理。将战略地图引入网点战略转型和一行（点）一策微观战略等当前银行发展热点领域，契合了当前银行转型与创新主题。此外，力求问题导向，着重分析了银行绩效管理过程中经常遇到的疑点和难点问题，有针对性地提供了解决问题的关键技术和方法。

第三，详实易学，操作性强。本书在系统介绍绩效管理理论和方法的同时，列举了大量鲜活案例，兼顾了专业性和可读性。本书坚持以解决银行绩效管理实践中的具体问题为出发点和落脚点，设计了大量的工具和模板，突出好用管用，努力打通基层银行绩效管理落地“最后一千米”难题。特别是本书最后两章，跳出了绩效管理流程具体的某一个环节，是笔者对自己多年基层银行工作经验的提炼，具有很强的实用性。

本书可以作为普通高等院校管理类专业了解绩效管理理论和实践的教学用书和银行管理培训用书，也可以作为银行经营管理工作者的重要参考资料和实务指导。在本书的写作过程中，笔者参阅和借鉴了部分相关书籍和论文，在此谨向这些书籍和论文的作者表示最诚挚的谢意。限于笔者的水平和经验，本书难免存在不足之处，敬请读者批评指正。E-mail：chenwu1128@sina.com。

目　录

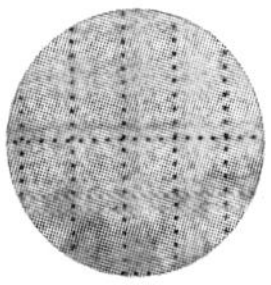

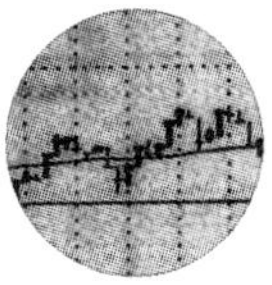

第一章　绩效考核与绩效管理

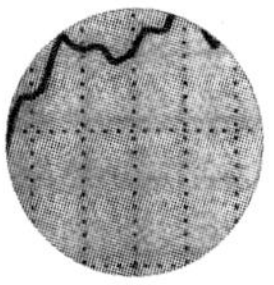

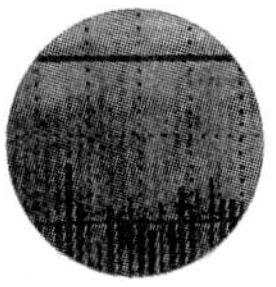

"绩效"，一个常常挂在人们嘴边的词，一个人人都不得不关注的话题。那么，到底什么是绩效？什么是绩效管理？绩效考核就是绩效管理吗？为什么绩效考核总是充满了矛盾和冲突？怎样才能改进和提高员工的绩效呢？对于此类问题，很多人并不是很理解，由此导致对绩效的管理也走入误区。据统计，企业经营管理中大约80%的问题涉及绩效管理，因此，企业对于人力资源管理越来越重视，人力资源管理中最基本和最核心的绩效管理，更是得到了加倍的关注。

一、绩效是什么

（一）几种不同的认识

关于"绩效"的基本概念，实务管理界和专家、学者仍然存在着不同的看法，没有形成一个统一的观点。目前，主要有三种典型的认识："结果说""过程说"和"能力说"。

（1）绩效=结果

"以结果为导向的绩效"观点认为，绩效是工作结果的记录，对绩效的描述主要采取"目标""结果""责任""关键成功因素"等词语。这种观点在企业中最为广泛，如常用的KPI、MBO等均是以结果为导向的绩效考核。

（2）绩效=行为

"以行为为导向的绩效"观点认为，绩效是行为本身，而不是行为的结果，它是组织或个人为完成某一任务或目标而采取的一系列行为。"以行为为导向的绩效"一般应用在绩效无法用结果衡量的工作中，如银行后台人员只要按照银行规定的流程和标准化的行为要求去做，就能达到期望的结果，从而实现绩效。

（3）绩效=能力

"以能力为导向的绩效"观点认为，绩效是实际工作能力。对于组织期望的结果，能力强的人会在更短的时间内完成，甚至结果会超出期望的目标。如银行业务处理系统的开发，能力强的人无疑效率和质量都会更高。

目前，关于绩效的定义更倾向于综合上述观点，认为绩效就是一种结果，反映出人们从事某一项工作或任务所产生的成绩、成果、成效，而且这种结果会随着具体的行为和能力的变化而变化，优化行为和能力能促使产生更好的结果。

正如大哲学家亚里士多德曾经说过的那样，世上最困难的事莫过于下定义了。时至今日，人们对绩效这一概念的认识仍然存在分歧，这可能是导致绩效管理实践中遇到问题和困惑的本质原因。

既然一时无法统一认识，那就无须过分纠结于标准定义，我们不如换个思维，深入剖析其内涵，可能更有助于理解绩效的意义和正确运用绩效管理方法。

本书认为，对企业来说，绩效最终表现为利润，也表现为某些将来对利润产生明显、直接影响的因素，比如更多的销售收入、更高的市场份额、更高的客户满意度、更好的服务质量、更好的管理制度、更好的工作流程、更好的工作态度和更优秀的员工素质……当这些因素与利润有效联系起来，促使利润或者将来利润产生时，我们称之为绩效。因此，我们可以将绩效理解为企业利润以及促使企业利润产生的因素。

（二）银行绩效的含义

对于商业银行来讲，绩效包括银行利润以及促使利润产生的客户维度、内部流程维度和学习与成长维度等关键因素，如图 1-1 所示。

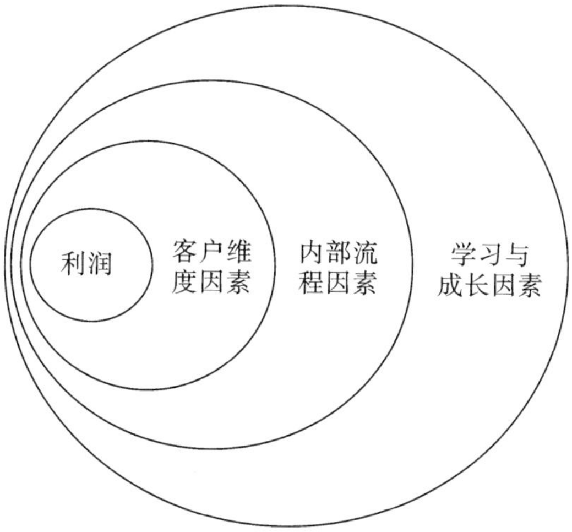

图 1-1　银行绩效的四个层面

其具体表现为四个层面：

第一层面：银行绩效首先表现为利润，如净利润、经济增加值、经济资本回报率、资产回报率、成本收入比等。

第二层面：银行绩效也表现为促使利润产生的客户维度因素，如存款、贷款、中间业务收入、客户拓展和市场份额等。

第三层面：银行绩效同时表现为促使客户维度因素表现处于较好状态的内部流程因素，如金融创新、客户管理、运营管理和风险管理等。

第四层面：银行绩效同时还表现为员工能较好地掌握和驾驭内部流程的学习与成长因素，如知识、能力、态度等。

1. 银行绩效表现为利润

从本质来讲，企业存在的目的就是取得利润，实现股东价值最大化，在既定成本前提下实现收入最大化或者在既定收入前提下实现成本最小化。从最终意义上讲，商业银行所有的经营活动都是围绕利润来开展的，其最终结果都是为了创造利润。可以这么认为，如果银行创造了利润，就可以说该银行有绩效；如果某员工的工作直接或间接产生了利润，那么他也就有了绩效。

利润有短期利润、中期利润和长期利润之分。如果银行过于强调短期利润，那么势必会影响导致长期利润增加的投入如对研发的投入、对人力资本的投入，最终影响银行的长期绩效，甚至导致破产。因此，银行在紧盯利润增长S曲线的同时，也应该盯住三条隐形的S曲线——竞争曲线、能力曲线和人才曲线。唯有如此，银行对利润的追求才是理性的，银行的绩效表现才是健康良好可持续的。

2. 银行绩效表现为客户维度因素

其实，银行绩效不仅仅只表现为利润，而且表现为给银行带来利润的客户维度因素，包括市场份额、产品交叉销售、客户满意度、高价值客户的增长、中间业务产品的销售等。所以通常说，客户经理争取到了大额存款，那么他就取得了较高的绩效；理财经理通过为客户量身定制理财方案而获得了一个高价值客户，那么他也取得了较高的绩效；银行赢得了较高的存款市场份额，那么银行就取得了较高的绩效。上述客户维度因素与银行利润表现为很直接的关系，会直接导致银行利润的增加，因此，通常也称之为绩效。

3. 银行绩效表现为内部流程因素

银行内部流程因素包括金融创新、客户管理、运营管理、风险管理等。例如，银行人力资源部门制定了能充分调动员工积极性的绩效考核机制，那么人力资源部门就取得了较好的绩效；信贷管理部门进一步优化了信贷审批流程，那么信贷管理部门就取得了较好的绩效；银行网点通过深入的内外部调研制订了切实可行的“一点一策”方案并有效实施，那么银行网点就取得了较好的绩效。凡是能促成利润产生，促成客户维度因素表现为较好状态的因素，我们都称之为绩效。

4. 银行绩效表现为学习与成长因素

学习与成长因素包括员工的知识、能力和素质等。例如，人力资源部门通过培训规划和培训的组织实施，使员工增加了知识，提升了员工的工作能力和工作质量，我们说人力资源部门取得了绩效；直线经理通过绩效沟通，指出了员工的不足，提出了改进计划，帮助员工提升了能力，我们说直线经理取得了绩效；行长通过倡导高绩效的企业文化，在全行建立了良好的工作氛围，使员工工作主动性、工作责任心都得到了提升，那么，行长就取得了绩效。与客户维度因素、内部流程因素一样，学习与成长因素与利润不一定等价，但是高素质的员工可以更高效地掌握工作流程和方法，进而更好地为客户提供服务和拓展市场，最终表现为银行利润的产生，创造了银行绩效。

总而言之，商业银行绩效就是利润以及有利于促使将来利润产生的因素。凡是有利于利润产生包括能最终促使利润产生的客户维度因素、内部流程因素、学习与成长因素，我们都称之为银行绩效，如表1-1所示。

表 1-1　　商业银行绩效种类举例

银行绩效	具体因素	具体表现
利润	净利润 人均利润 经济增加值（EVA） 人均经济增加值	经济资本回报率 资产回报率 资本利润率 成本收入比
客户维度因素	存款 法人客户 个人贵宾客户 现金管理客户 信用卡客户	存款净增 客户净增 市场份额增加 产品交叉销售率提升 客户满意度
内部流程因素	风险管理 内部控制 业务流程	管理制度体系 激励体系 工作协调体系 工作目标与计划制订
学习与成长因素	战略规划能力 业务知识 营销能力 沟通能力	工作责任 主动性与进取心 团队精神 企业文化

商业银行组织是由不同岗位的员工组成的，不同岗位的员工其绩效表现不同，如客户经理的绩效主要表现为存款营销、贷款营销、中间业务产品销售、客户营销与维护等；柜员的绩效主要表现为业务量办理、服务质量、潜力客户推荐等；人力资源部门员工的绩效主要表现为绩效管理、薪酬管理、员工培训、劳动合同管理等。一般来说，前台员工的绩效更多地表现为利润或者客户维度因素，中后台员工的绩效更多地表现为工作方法、工作流程、管理机制等内部流程因素。

【知识链接】

不同视角下的绩效

“绩效”一词源于英文单词“Performance”，绩效是“绩”和“效”的组合。“绩”就是业绩，包括组织业绩、部门业绩的完成情况和个人业绩的表现；“效”则是效率、效果、方式和方法等，包括纪律和品行。纪律指企业的规章制度、规范等，品行指个人的行为。不同的学科领域，对绩效会有不同的理解。

从管理学的角度看，绩效是组织期望的结果，它包括个人绩效和组织绩效。组织绩效是建立在个人绩效实现基础上的，但个人绩效的实现并不一定保证组织是有绩效的。如果组织的绩效按一定的逻辑关系被层层分解到每一个工作岗位以及每一个人，那么只要每一个人都达成了组织的要求，组织的绩效就实现了。

从经济学的角度看，绩效与薪酬是员工和组织之间的对等承诺关系，绩效是员工对组织的承诺，而薪酬是组织对员工的承诺。一个人进入组织，必须对组织所要求的绩效做出承诺，这是进入组织的前提条件。如果员工完成了他对组织的承诺，组织就必须兑现其对员工的承诺。这种对等关系的本质，体现了等价交换的原则，而这一原则正是市场经济运行的基本规则。

从社会学的角度看，绩效意味着每一个社会成员按照社会分工所确定的角色承担他的那一份职责。他的生存权利是由其他人的绩效保证的，而他的绩效又保障了其他人的生存权利。因此，出色地完成他的绩效是他作为社会一员的义务，他受惠于社会也就必须回馈社会。

二、"管"与"考"的异同

人们在谈论绩效时，常常会提到绩效考核和绩效管理，在相关的专业书籍中，这两个概念也经常交替出现。因此，很多人认为绩效考核就是绩效管理。事实上，绩效考核和绩效管理有着巨大的区别。

（一）什么是绩效考核

在实际工作中，我们经常要定期组织绩效考核，但对于绩效考核，真正了解的人并不多。关于绩效考核，不同的人有不同的认识。从较早期的观点看，有以下几种描述：（绩效考核）是对组织中成员的贡献进行排序；是对员工个性、资质、习惯和态度，以及对组织的相对价值进行有组织的、实事求是的考评，它是考评的程序、规范、方法的总和；对员工现任岗位状况的出色程度以及担任更高一级岗位的潜力，进行有组织的、定期的并且是尽可能客观的考评；人事管理系统的组成部分，由考核者对被考核者的日常职务行为进行观察、记录，并在事实的基础上，按照一定的目的进行考评，以达到培养、开发和利用组织成员能力的目的；定期考评和考察个人或工作小组工作业绩的一种正式制度。

据此，我们可以从以下三个角度理解绩效考核：

（1）绩效考核是从企业经营目标出发对员工进行考评，并使考评结果与其他人力资源管理职能结合，以推动企业经营目标的实现。

（2）绩效考核是人力资源管理系统的组成部分，它运用一套系统、一贯的制度性规范、程序和方法进行考评。

（3）绩效考核是对组织成员在日常工作中所表现的能力、态度和业绩进行以事实为依据的评价。

归纳起来，绩效考核是指考评主体对照工作目标或绩效标准，采用科学的考评方法，评定员工的工作任务完成情况、员工的工作履行程度和员工的职业发展情况，并且将评定结果反馈给员工的过程。

（二）什么是绩效管理

自20世纪80年代以来，经济全球化的步伐越来越快，市场竞争日趋激烈，在这种竞争中，企业要想取得竞争优势，必须不断提高其整体效能和绩效。实践证明，提高绩效的有效途径是进行绩效管理。那么，什么是绩效管理呢？

绩效管理即企业为实现利润最大化，运用各种管理方法和手段，对影响企业利润的各种关键因素进行管理的过程，是直线经理与员工双方就如何实现目标达成一种共识，并协助员工成功完成目标任务的管理方法。绩效管理不是简单的任务管理，它特别强调沟通、辅导及员工能力的提高。绩效管理不仅强调结果导向，而且重视目标任务的完成，促进员工实现绩效目标和个人和谐发展。

绩效管理是一个管理循环，它包括绩效计划、绩效监控、绩效评价和绩效反馈等环节。当一个绩效管理循环结束后，根据绩效管理循环中反映出来的问题，新的一轮绩效管理循环又开始了，如图 1-2 所示。

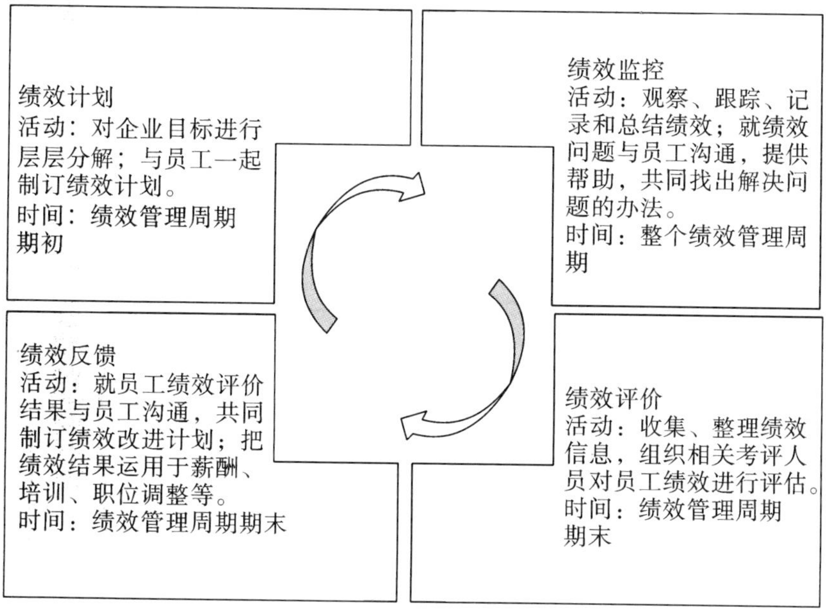

图 1-2　绩效管理循环

（三）绩效考核与绩效管理的区别

当前，我们很多人都在讲绩效管理，而其实他们做的是绩效考核，把绩效考核误认为绩效管理了。其实，绩效管理与绩效考核有着巨大的区别。绩效考核是强调绩效评估的管理方式，而绩效管理不同，它是从绩效计划制订，到绩效监控，再到绩效评价，最后到绩效反馈的整个循环过程。它不仅强调绩效评估，更强调绩效的引导、绩效的诊断及绩效的改进提升等。绩效管理的范畴比绩效考核要广泛得多，绩效考核只是完整的绩效管理过程中的一个重要环节，因而不能以绩效考核来代替绩效管理。无论是在基本概念上，还是在具体的实际操作上，绩效管理与绩效考核之间都存在着较大的差异，如表 1-2 所示。

（1）绩效考核比较强调员工之间绩效好坏的判断，而绩效管理十分强调绩效的计

表 1-2　　绩效考核与绩效管理的区别

绩效考核	绩效管理
侧重于判断和评估	侧重于绩效沟通与提高
强调事后奖惩	注重解决问题
得失关系	双赢关系
结果	结果与行为
管理过程中的局部环节和手段	一个完整的管理过程
威胁性	推动性
针对过去绩效	面向未来绩效

划，并以绩效计划来引导员工的工作。

（2）绩效考核比较强调员工在某些方面做错后的惩罚，而绩效管理通过绩效诊断与反馈，把绩效问题反馈给员工，并共同寻求解决问题的办法，因此绩效管理比较强调问题的解决。

（3）绩效考核强调绩效结果，比较强调员工之间绩效的对比，使员工之间形成“得一失”的竞争关系，而绩效管理强调绩效辅导，强调员工共同产生更高的绩效，使员工形成“双赢”的伙伴关系。

（4）绩效考核十分注重绩效结果，而绩效管理既强调绩效结果，又关注过程，认为好的过程是好的结果的原因。

（5）绩效考核比较强调人力资源管理程序，强调人力资源部门在绩效评估中的作用，而绩效管理强调整个管理程序，强调评估者、被评估者、人力资源部门之间的互动。

（6）绩效考核具有明显的惩罚性、威胁性，员工做得不好就要接受惩罚，而绩效管理更注重找出影响绩效的原因和问题，并推动员工共同解决问题。

（7）绩效考核注重过去的绩效怎样，而绩效管理更注重以后的绩效如何提高，面向未来绩效。

绩效管理与绩效考核又是一脉相承、密切相关的。绩效考核是绩效管理中一个不可或缺的组成部分，绩效考核成功与否在很大程度上取决于整个绩效管理过程，有效的绩效考核有赖于整个绩效管理活动的成功开展，而成功的绩效管理也需要有效的绩效考核来支撑，通过绩效考核可以为绩效管理的改善提供资料，帮助企业不断提高绩效管理水平，帮助员工提高绩效能力，帮助企业获得理想的绩效水平。

实施绩效管理能够为企业带来持续的绩效改善。美国某公司对一些上市公司的调查资料显示，实施了绩效管理的企业和没有做绩效管理的企业各主要经营指标差距非常大，如表 1-3 所示。

表 1-3　　　　　　　　　企业实施绩效管理效果对比　　　　　　　　　单位:%

指标	未实施绩效管理	实施绩效管理
股东投资回报率	0.0	7.9
股权收益率	4.4	10.2
资产回报率	4.6	8.0
投资回报现金流动率	4.7	6.6
实际销售增长率	1.1	2.2
员工人均销售额（$）	126 100	169 900

企业实施绩效管理，其作用是显而易见的：

（1）企业实施战略落地的手段

绩效管理的根本目的就是让战略落地。企业通过绩效管理将战略目标层层分解到各个业务单位、部门，直至落实到具体的工作岗位上。同时，企业通过合适的人岗匹配，设计合理的绩效考核机制和分配机制，并通过对每个员工的绩效进行管理、改进和提高等手段，提升企业整体的绩效，进而实现企业所期望的“愿景和使命”以及战略目标。

（2）企业培育核心竞争能力的过程

一方面，企业层层分解目标计划，并结合外部环境的变化确定关键绩效指标及考核标准的过程，其本身就是一个企业对自身竞争能力进行分析和认识的过程；另一方面，企业定期诊断自身绩效结果，与行业优秀标杆进行对比，并针对关键成功领域存在的差距，确定追赶策略的过程，其实就是一个企业培育核心能力的过程。企业核心能力的培育是一个自上而下、持续不断努力的艰苦的渐进过程。

（3）为员工绩效纠偏提供帮助

绝大多数员工都愿意了解自己的个人绩效，也想知道怎么做才能到达组织的期望，这不仅是员工个人寻求满足感的需要，员工也希望通过提升绩效来提高薪酬和获得晋升机会。绩效考核可以为员工提供反馈信息，绩效管理能够帮助员工认识自己的优势和不足，从而有针对性地制订绩效改进计划和明确培训方向。如果企业不能提供员工绩效的信息反馈，员工就会寻找非正式的渠道了解自己的绩效水平，而且还可能变得非常敏感，例如，员工可能会因为直线经理对自己不够热情而产生猜疑和挫折感，进而影响工作。

（4）为企业实施薪酬激励和员工晋升提供依据

绩效考核可以为甄别高绩效和低绩效的员工提供标准，为奖惩提供依据，从而确定绩效工资和晋升机会在员工个人之间的分配。在薪酬分配中，员工业绩是一个重要的因素。只有实行客观公正的绩效管理体系，不同岗位员工的工作成绩才能得到合理的比较，薪酬分配、晋升晋级才能起到真正的激励作用。

（5）能够有效化解冲突

当员工认识到绩效管理是一种帮助而不是责备的过程时，他们会更加积极配合。绩效管理不是讨论绩效为何低下的问题，而是讨论员工的工作成就、成功和进步，这是员工和直线经理的共同愿望。对绩效的讨论不应仅仅局限于上级评判下级，而应该鼓励员工自我评价以及相互交流对绩效的看法。发生冲突和尴尬常常是因为直线经理在问题变得严重之前没有及时处理。其实，问题发现得越早，越有利于问题的解决。直线经理的角色就是通过观察发现问题，去帮助员工评价、发现员工自己的不足，共同制订改进方案。如果直线经理把绩效管理看成是双方的一种合作过程，将会减少冲突，增进了解。

（6）可以有效促进质量管理

企业组织绩效可以表现为数量和质量两个方面。质量管理已经成为企业关注的热点，如近年来银行开展的标准服务技能的导入、营销技能的导入、全面标准化管理的导入，无不是一种质量管理。Kathleen Guin（1992）指出，“实际上，绩效管理过程可以加强全面质量管理（TQM），因为，绩效管理可以给管理者提供管理 TQM 的技能和工具，使管理者能够将 TQM 看成组织文化的一个重要组成部分”。可以说，一个设计科学的绩效管理规程本身就是一个追求“质量”的过程——达到或超过内部、外部客户的期望，提升企业价值和客户价值的过程。

【案例分析】

从绩效考核到绩效管理

某银行网点过去绩效管理的重点只是停留在对员工进行简单的评价阶段。该网点负责人一直认为，考核是提升绩效的唯一手段，只有通过严格的绩效考核和奖惩，网点业绩才能得到提升。然而，近几年网点业绩在支行的考核排名并不理想，员工的积极性也没有得到有效提升，网点负责人和员工的对立情绪时有发生。

新的年度开始了，支行开展了绩效管理的导入工作，终于使大家明白了绩效“管”与“考”的巨大差异，即绩效管理的目的在于提高员工的绩效，而绩效考核只是绩效管理的一个环节。为此，该网点在接下来的绩效管理过程中开始重视员工绩效沟通，绩效考核在网点的绩效管理系统中占有一席之地，但已不再是关注的唯一重点。年初，网点负责人与员工共同制定了工作目标；每个季度，网点负责人对工作目标进行评价，并与员工开展绩效诊断分析，提出改进措施，确保其能够达成目标。同时，网点负责人还主动关注员工个人发展计划的实施情况。到了年底，网点负责人对员工的绩效进行评价，并结合360°反馈的信息对员工需要改进的方面提出建议。在整个绩效管理周期内，网点负责人给员工持续的绩效反馈，以帮助其顺利完成工作任务。为了适应绩效管理体系上的变化，该网点出台了一系列有效措施：一方面，网点制定了员工业绩缺口分析表，根据员工个人业绩进度，随时统计员工业绩与目标任务的缺口，以此作为绩效面谈的依据和工具；另一方面，网点负责人注意与员工保持持续的绩效沟通，同时根据员工实际，制定了有针对性的培训内容和方法。例如针对个人贵宾客户的管理开展的营销能力的提升、电话邀约技巧的培训等。

经过大家的共同努力，该网点年底绩效考核名列支行前茅，员工活力得到激发，客户满意度和员工满意度均得到了有效提升。这一切变化均源自对绩效管理认识的转变。

三、绩效管理中的几个组织

银行内部的一些组织和部门在绩效管理工作中分别承担了不同的职责。

（一）绩效考评委员会

绩效考评委员会是绩效管理中的决策机构。一般来讲，各级行绩效考评委员会由本级行决策层和各部门负责人组成，也有些行从外部聘请专家作为绩效考评委员会成员。绩效考评委员会主任一般由本级行行长担任。银行不同层级机构的绩效考评委员会的职责也不尽相同。

1. 总行绩效考评委员会主要职责

（1）讨论、审定银行年度绩效考核指标。

（2）审批和下达各分支行、各部门年度绩效考核指标。

（3）讨论修改、审核、审批银行绩效管理制度。

（4）指导、监督绩效管理制度的实施。

（5）讨论、决定、审批或调整、修正绩效考核的最终结果。

（6）讨论、决定绩效考核结果的运用。

2. 银行各分支机构绩效考评委员会主要职责

（1）根据上级行的经营目标，制定本级行的年度绩效目标和指标，并提交上级行绩效考评委员会审核。

（2）审批和下达银行各分支机构、各部门的年度绩效目标和指标。

（3）根据上级行绩效管理制度，制定本级行的绩效管理制度。

（4）指导、监督绩效管理制度的实施。

（5）负责对本级行部门和员工进行绩效考评。

（6）负责对本级行部门或员工的绩效反馈和绩效改进工作。

银行最基层的经营网点，则成立网点绩效考评小组，小组成员一般包括网点负责人、运营主管和员工代表，主要负责基层网点员工绩效计划、绩效监控、绩效评价和绩效反馈等职责，网点绩效考评小组接受上级行绩效考评委员会的指导和监督。

（二）人力资源部门

人力资源部门作为各级行绩效管理的主要组织和执行部门，在银行实施绩效管理的过程中更多的是扮演了一种组织、指导、协调的角色，其在绩效管理中的主要职责有：

1. 组织协调

凡企业进行绩效管理变革，必然会引起企业内部的震动，一些冲突不可避免，因此，人力资源部门要担负起组织协调的工作。首先，要协调内部各个部门及员工之间的关系，建立一个和谐的人际关系氛围，确保绩效管理能够稳步推进。其次，人力资源部门还是企业与外部专家的一个“接口”，起到沟通的作用。

2. 评估

企业要变革绩效管理体系，必须从企业的实际情况和目前存在的问题出发，以问题为导向，立足于当前实际。因此，在银行实施绩效管理体系变革之前，必须对以下几个方面进行评估：银行的企业文化和价值观、银行所处的市场环境、银行所面临的竞争格局、银行的基础管理能力、银行原有的绩效管理制度体系等。只有做好了上述评估工作，才有可能使新的绩效管理体系符合银行的企业文化价值取向，符合银行的实际情况，并能够切中问题，做到有的放矢。

3. 舆论宣传

人力资源部门要充分发挥舆论宣传的作用，使绩效管理的理念深入人心，化解员工心中的疑惑。

4. 培训

在绩效管理实施之前，人力资源部门要为参与考核的人员提供培训，特别要对考评主体的直线经理进行培训。培训的内容主要包括：

（1）避免评价主体误区的培训。

（2）绩效信息收集方法的培训。

（3）评价指标的培训。

（4）绩效标准的培训。

（5）评价方法的培训。

（6）绩效反馈的培训。

5. 协调管理

协调管理工作主要包括：对考核过程进行监督、检查，及时指出违反绩效管理制度的地方，并督促纠正；收集绩效管理实施过程中存在的问题、难点、建议等相关信息和资料，提出改进方案和措施；汇总、统计考核评分结果；建立员工考核档案，以此作为员工薪酬调整、岗位调整、晋升晋级等依据；在绩效考评委员会的领导下，协调处理考核申诉问题。

6. 绩效改进

在绩效管理完成一个周期后，人力资源部门要对绩效管理过程中出现的问题进行分析，提出改进意见，不断改进和完善绩效管理工作。

西方商业银行加强绩效管理是从20世纪60年代开始的。当时，商业银行运营的外部环境一直受到高度监督，其特点表现为低利息率和存款利率受到严格控制，收益曲线也比较容易预测。那时大幅的利差非常普遍，银行几乎总能盈利。因为缺乏提高经营效率的动力，也就很少进行成本控制，几乎不需要进行绩效管理。银行业的管制放松从20世纪60年代开始，并且持续了近30年。管制放松不仅缩小了利差，最重要的是导致了竞争的加剧。商业银行不仅拓宽了产品种类，而且拓展了其业务的地理延伸范围。同时，许多传统意义上的非金融公司也进入了金融服务行业。这样，在商业银行管理中，加强绩效管理日益显得重要。为提高经营效益，保持竞争优势，绩效管理围绕效益展开，并试图通过绩效管理改进内部管理，剔除不能创造收益的工作环节和服务品种。进入20世纪80年代以后，消费者获得金融服务和产品的来源更加广泛，为适应高度竞争的环境，商业银行的绩效管理在注重效益指标外，又涵盖了许多非财务指标，如客户关系、客户满意度、业务处理速度等，通过财务指标和非财务指标共同揭示商业银行的经营状况和员工的绩效以及今后的发展方向等。

目前世界范围内被商业银行广泛应用的比较系统的绩效管理方法主要包括目标管理法（Management By Objectives，MBO）、360度考评法（360 Degree Feedback）、标杆管理法（Benchmarking）、关键绩效指标法（Key Performance Indicator，KPI）、经济增加值评价法（Economic Value Added，EVA）和平衡计分卡（Balanced Score Card，BSC）。此外，还有一些银行绩效管理中常常使用的比较零散的办法，如员工业绩评定表法、图解式考核法、行为锚定等级评定法、关键事件考核法等，我们称之为非系统考核方法。

一、目标管理法

目标管理法（Management By Objectives）是现代商业银行中经常运用的一种考核方法，也称MBO，它是管理者与每一位员工一起确定特定的可衡量的工作目标，并定期检查这些目标完成情况的一种绩效考评方法。具体过程是：在开始工作之前，管理者与员工共同制定目标，明确工作任务、完成期限、考核指标等；工作结束后，考核人根据考核指标，对被考核人的工作任务完成情况进行评估考核。

（一）目标管理法的内涵

1. 目标管理要有目标

目标管理法的首要关键是设定战略性的整体总目标。一个企业总目标的确定是目标管理的起点。此后，将总体目标分解为各经营单位、各部门和各个员工的具体目标。下一级机构的分目标和个人目标是构成和实现上级总目标的充分必要条件。企业总目标、经营单位目标、个人目标，左右相连，上下一致，彼此制约，构成企业目标结构体系，形成一个目标连锁体系。目标管理的核心就在于将各目标予以整合，以目标来整合各经营单位、各部门和员工个人不同的工作活动及其贡献，从而实现企业的整体目标。

2. 目标管理必须制订完成目标的工作计划

工作计划既包括目标的订立，还包括实施目标的方针、政策以及方法、程序的选择，使各项工作有所依据。计划是目标管理的基础，可以使各方面的行动集中于目标。它规定每个目标完成的期限和完成过程，否则，目标管理难以实现。

3. 目标管理与企业组织建设相互作用

目标是企业组织行动的纲领，是企业组织制定发展战略、核算利润并监督执行的前提，目标从制定到实施都是企业组织行为的重要表现。目标管理实质上就是企业组织管理的一种形式、一个方面。企业目标管理与企业组织建设必须相互作用，才能相辅相成。

4. 培养员工参与管理的意识

目标管理使员工认识到自己是既定目标下的成员，引导员工为实现目标积极行动，努力实现自己制定的个人目标，从而实现各经营单位和各部门目标，进而实现整个企业的整体目标。

5. 要与有效的考核办法配合

考核、评估目标完成情况，是目标管理的关键环节。如果制定目标却不考评，目标管理就缺乏反馈过程，目标管理的目的就难以达到。

（二）目标管理法的特点

1. 强调目标的统一性和整体性

企业的总目标通过层层分解落实到每一位员工身上，企业各经营单位、各部门和个人目标构成企业整体目标体系。同时，目标是经过上下级反复沟通共同制定的，因而通过制定目标统一了大家的思想和认识。但这并不意味着基于本位主义就目标计划讨价还价，而是站在企业发展战略的高度，就如何实现企业总目标下各分目标进行沟通，达成统一认识。

2. 强调员工的自主性和自控性

在目标管理体系中，企业每一位员工可以通过比较考核结果和目标来评估自己的绩效，以便进一步改进，这就是自我控制。在目标管理中，员工承担完成个人目标的责任，直线经理承担检查、指导、协助以及创造良好环境帮助员工实现个人绩效的责任，员工通过对照目标任务评估自身业绩，进行自我约束，并注重自我发展。

3. 强调结果导向

只看功劳，不看苦劳。完成任务受奖，完不成任务受罚，干和不干不一样，干多干少不一样，干好干坏不一样。只看结果，不看过程。

（三）目标管理法的优势与不足

作为绩效考核的重要工具，目标管理在企业得到了广泛的运用，目标管理不仅对提高工作绩效有显著的作用，而且它能使管理者与员工明确自身任务，充分发挥自身潜能，获得个人能力的提升。

1. 目标管理法的优势

（1）促进内部沟通

通过实施目标管理，可以增强管理者与员工之间的相互沟通，培育企业内部的团队意识，减少相互猜疑和相互间的不信任，有助于企业文化建设。

（2）提高工作效率

目标一旦确定，就会成为各级单位和员工的努力方向。为了实现目标，大家必然会努力工作，想方设法完成目标，因而工作效率会得到很大提高。

（3）聚焦整体目标

目标管理要求企业内各经营单位与个人必须围绕企业总体目标的实现来开展工作，而不是各自为政，所有工作行为必须聚焦于企业整体目标。

（4）激发员工潜能

目标具有前瞻性，如何完成目标是对员工工作能力的考验。如果激励措施得当，在目标实现过程中可以鼓舞员工士气，激发员工潜能。

（5）有助于绩效评估

目标管理要求员工参与目标的制定，同时也确定了员工考核的客观依据，将员工工作实际完成情况与原来设定的目标进行比较，以此评价员工绩效。

2. 目标管理法的不足

（1）重结果轻过程

对于一些需要更多指导和能力不足的员工而言，会产生“不知道怎么做”的问题，他们需要行为上和具体步骤上的指导才能完成目标。

（2）倾向于短期目标

在大多数的目标管理计划中，往往很少有超过一年的目标，这也许会损害长期目标的安排。

（3）片面关注财务指标

现代企业的发展不仅应关注财务上的增长，而且还应关注非财务方面的发展，如社会贡献度、客户满意度、员工满意度等，而目标管理缺乏这方面的激励。

（4）目标设置专业性要求高

企业的总体目标需要通过层层分解下达到各经营单位和个人，但如何合理分解目标任务却一直是困扰着各级管理者尤其是基层经营单位负责人的一大难题，需要有比较高的专业能力，显然我们在这方面也缺乏足够有效的培训。

（四）目标管理法的操作流程

1. 目标制定与分解

对商业银行来讲，确定目标是目标管理的首要课题。商业银行最高决策层制定战略性目标后，通过目标“纵向”和“横向”的层层分解，落实到各经营单位、部门和个人，最终形成一个有效的目标管理的网络。

“纵向”分解是一种自上而下的目标分解方法。纵向分解通常把上级的目标分解到下级，对数量目标来说，通常表现为上级目标数量值为所有下级目标数量的总和。具体到银行基层网点，由于所处的市场经营环境和目标客户千差万别，各岗位员工的职责也不相同，如何科学合理地分解基层经营网点和员工的目标任务是困扰基层银行的一大难点问题。

商业银行的一些目标需要通过“横向”来进行分解，主要体现在其部门目标设置上，有些部门在某些业务流程上承担的职责和角色不同，但对该项业务的目标完成却承担同样的责任。在横向分解法下，银行的目标数值为某一数值，而其下级某几个部门的目标数值也为同一数值。

目标的制定要突出关键性。目标并不是越多越好，现在经常采用的是关键业绩指标（KPI），通过对岗位关键成功要素、关键职责的产出分析来制定 KPI。例如客户经理，其主要职责就是客户营销，其关键成功要素主要表现为存贷款营销、客户维护与拓展等方面；柜员的主要职责是服务，其关键成功要素主要表现为服务质量、业务处理、客户识别等方面。当然，这样的目标设计不能太多，一般来说为 5~8 项，并保证目标至少能涵盖其 80% 的工作。同时，关键性目标要在整个目标中占绝对性的权重，这样才能引起员工的足够重视。

这个阶段的最后还需要明确绩效的衡量标准，包括确定指标计算方法、指标考核口径，并制定具体的奖惩办法。

2. 目标实施与监控

目标制定后，还要制订各重要时间节点的目标计划，如季度目标、月度目标等，并对这些重要节点上的目标执行情况进行诊断分析，发现偏离目标的问题时，要尽快查出原因，讨论解决方案，及时做出调整。这个过程主要关注的是完成目标的进展，可以建立比如目标进展管理表或绩效缺口管理表来进行监控。

3. 绩效评定与反馈

如果员工能完成或超额完成年度目标，则说明员工取得了较好的个人绩效。如果没有能完成目标，则需要从多方面判断分析其无法完成目标的具体原因，确定责任归属。无法避免的客观原因可以考虑剔除，并适当修改考核结果。如果是员工自身原因，则应由其本人承担责任。最后，根据考核结果评价员工业绩，确定奖惩，识别员工的培训需求。

（五）目标管理实践中常见的问题

1. 员工目标确定缺乏必要的沟通

上级主管往往利用职位优势迫使员工接受既定任务，而不是详细地向员工解释目标是如何制定的，因此容易造成员工口服心不服的状态，阻碍目标的实现。因此，需要加强相互沟通，增进员工对目标的理解，求同存异，统一认识，才能保证银行整体目标的实现。

2. 目标分解不规范不合理

这主要表现在目标分解缺乏一套科学严谨的方法，主观性太强。同时表现在本位意识对目标分解的干扰。此外，还存在目标审核程序形同虚设的情况，造成目标分解走样。

3. 重视单位业绩而忽视员工成长

由于受任期影响，个别领导只顾眼前业绩，更多地考虑本人任期业绩与个人晋升关系，而忽视了员工的成长，限制了员工积极性、创造性的发挥。

二、360 度考评法

360 度考核法（360 Degree Feedback）也称全视角考核法，最早由英特尔公司提出并加以运用。其基本原理是：员工的工作是多方面的，工作业绩也是多维度的，不同个体对同一工作得出的印象是不同的。该方法由被考核者的上级、同级、下级和客户担任考核主体，从各自不同的角度对被考核者进行全方位的评价，以获得客观公正的考核结果。这是一种基于全视角理念的考评方法，是一种多元信息反馈的考核系统。

360 度考评的主要内容涉及被考评者的任务绩效、管理绩效、周边绩效、态度和能力等方面，重点在于考评过程中以及考评结束之后，要及时通过反馈程序，将考评结果反馈给被考评者本人，以达到改进行为、提高绩效、促进发展的目的。360 度考评反馈从多角度反映被考评者的绩效行为，这使得考评结果更加全面、客观和公正。特别是对反馈过程的重视，使考评起到“镜子”的作用，提供了沟通、交流、学习和改正的机会。

360 度考评反馈通常是以匿名的方式提供的，其评价信息来源不仅包括被评价者的直接上级，而且也包括组织内部和外部与员工有关的所有主体（包括员工本人、客户等），有效地提高了绩效评价和信息反馈的全面性和客观性，因此在具体操作上要求更加科学和严谨。

360 度考评反馈对各级管理者的能力和责任提出了更高的要求。他们必须重视日常性的过程管理，注意收集和整理被考评者的业绩和行为信息，同时要掌握如何设计科学有效的绩效评价内容和形式，提高沟通能力，从而最大化提升绩效评价的效能。

（一）考评主体

不同的考核主体具有不同的特点，360 度考评的核心要点是发挥相关考核主体的优点，克服其缺点，让最了解被考评者或某一方面绩效行为的人来进行评价，重点在于反馈与改进，目的是提高和发展。不同考核主体优缺点如表 2-1 所示。

表 2-1　不同考核主体优缺点分析

考核主体	优点	缺点
上级	了解企业发展战略与规划，具有明确的目标导向，熟悉企业业务流程和被考评者的工作重点与绩效要求，掌握较全面的信息。	受个人判断能力与管理水平影响大，主观性强。
下级	有利于详细了解具体的需求和下属意见，促进上级管理者诊断和改进领导方式，获得基层第一手信息。	可能因为从属关系而产生顾虑，不敢或不便反映真实的意见与信息，有时还可能出现故意贬低或曲意逢迎的情况。
同事	彼此熟悉，对工作过程比较了解，评价和反馈意见针对性强，有利于加强绩效改进和团队协作。	受组织文化、公司政治影响大，客观性、公正性需要通过一定的技术程序来保障。
本人	最了解自己的工作情况和绩效行为，有利于及时改进和提高绩效，对个人发展和组织承诺抱有积极期待。	不易做到严于律己，由于利益驱动可能总是偏向自我表扬和自我保护，有较强的主观性和封闭性。
客户	他们是企业服务的对象，也是企业利润的来源，评价意见与反馈信息对企业和员工具有决定意义。由于是客户，因此也具有很强的客观公正性。	比较分散，评价意见与反馈信息不易收集，可能需要花费较多的时间和精力才能得到配合，为此需要加强日常经营管理工作和信息技术网络建设。
专家	掌握系统科学的绩效评价技术方法，能够准确理解企业战略和绩效要求，比较全面地了解企业业务和人员状况，具有较强的科学性、客观性、公正性和时效性。	如果是深入企业的咨询专家，其评价意见与反馈信息就很有意义，否则就可能流于走马观花、主观片面。选择专家应注意内外部结合。

360 度考评最主要的特点在于它采取的是多评价源而非单评价源，因而比较全面和客观，能够有效防止以单一评价源进行评价时可能发生的主观偏见和武断，具有较高的信度和效度，同时也拓宽了信息来源的广度和深度，便于对组织和员工的绩效改进展开具体深入的反馈。

（二）考评流程

360 度考评主要分为四个阶段，即准备阶段、设计阶段、实施阶段、评估与反馈阶段。

1. 准备阶段

（1）明确目标

回答以下问题可以帮助管理者明确考评需要达到的目标。

■ 是否希望被考评者增强对自身优势和发展领域的意识？

■ 是否希望被考评者在相关能力和素质方面进一步提升？

■ 是否希望被考评者对他们的上级、同事更信任，彼此建立良好的团队关系？

■ 这项反馈能否给被考评者的关键绩效行为带来改变？

■ 是否在意多方参与的 360 度考评反馈将可能导致管理成本增加？

（2）加强宣传

通过宣传，让被考评者消除心理障碍，避免防御和抵制情绪的产生。同时让考评者正确认识自己的角色及 360 度考核的作用，从而尽可能提供客观真实的信息。

2. 设计阶段

设计阶段主要是确定考评周期、考评人选、考评对象、考评内容以及设计调查工具。360 度考评因实施和组织成本较大，因此一般是每年一次，时间通常定在年末，考评内容主要涉及被考评人员的任务绩效、管理绩效、周边绩效、态度和能力等方面。

360 度考评工具一般采用问卷调查法。问卷的形式分为两种：一种是给考评者提供 5 分等级或者 7 分等级的量表（等级量表），让考评者选择相应的分值；另一种是考评者写出自己的评价意见（开放式问题）。两种方法也可以综合运用。从问卷的内容看，可以是与被考评者的工作情景密切相关的行为，也可以是比较具有共性的行为，或者是二者的结合。

设计调查问卷需注意三个问题：

（1）要与岗位职责相结合。不同工作岗位的工作内容、职责及技能要求是不一样的，因此在设计问卷时，在考核指标和内容上应有差别。

（2）要与岗位要求相结合。要体现企业的战略发展、组织目标、企业文化、价值观和管理理念等。

（3）要考虑不同考评者对考评内容的侧重点。不同层面的考评者会从不同角度对被考评者的工作行为进行考核，如上级考评者注重考核被考评者的领导能力、创新能力等，同级考评者主要考核其协调能力等。

此外，360 度考评需要员工具有高度的参与感，上下级和同级之间高度信任，推行 360 度考评方能取得良好的效果，反之则会事与愿违。

360 度考评作为一种绩效评价方法，在商业银行中主要运用于选拔任用、个人发展、绩效行为评价和培训开发等方面。某商业银行中层管理人员绩效行为考评问卷如表 2-2 所示。

表 2-2　　某商业银行中层管理人员绩效行为考评问卷（示例）

考评项目	核心定义	考评内容	评分			
			上级考评	同事考评	下级考评	自我考评
求实进取	工作讲求实际，脚踏实地，并以结果为导向，设定较高目标，不断超越自我，力求把工作做到最好。	综合考虑现有的资源、条件和制约因素，制订工作措施或方案。				
		不满足于已经取得的成绩，积极借鉴标杆企业的做法，为自己的团队设立更高的业务标准，不断超越自我。				
		积极开展工作总结与调研，研究面临的新问题、新情况，为基层行提供有效的解决方案，帮助解决困难。				
		面对困难和压力，想方设法调动资源，寻找解决途径，并不断改进工作方法或流程。				

表2-2(续)

考评项目	核心定义	考评内容	评分			
			上级考评	同事考评	下级考评	自我考评
客户导向	以客为尊，有帮助和服务客户的愿望及行动，努力发现并满足客户的需求，提升客户满意度，实现双赢。客户包括内部客户和外部客户。	能掌握客户需求尤其是潜在需求，提高现有的服务水平。				
		针对客户新需求创造新的服务手段，持续高效地服务客户。				
		不断优化服务流程，健全服务标准，指导和监督客户服务工作，提高服务质量。				
		积极发展与客户的良好关系，提高客户的满意度和忠诚度。				
诚信合规	诚恳正直，信守承诺，秉持个人行为与银行的企业价值观、道德规范的统一；正确理解、贯彻执行银行现行的规章制度体系，践行和倡导合规文化。	践行和倡导客观公正的处事风格，面对与组织价值观不一致的决策，敢于提出质疑。				
		即使面临各种压力，也能坚持原则，信守承诺，通过正当途径完成工作。				
		加强合理授权和工作分工,坚持制度制约和岗位制约,督导强化本专业领域的规章落实。				
		能够发现本专业领域内规章制度在制定和落实中存在的突出问题，并根据情况变化调整修订或建立相关制度。				
团队合作	以实现共同的团队目标为导向，明确团队角色，积极配合团队成员工作，协调化解内部冲突，提升团队成员归属感，实现共同利益目标。	主动沟通，商讨解决跨部门问题，积极参与跨部门合作项目或团队活动。				
		合理界定团队职能，积极指导和发展团队成员的能力以提高团队业绩。				
		妥善处理不利于团队合作的问题，协调、解决团队内及团队间的冲突。				
		营造有利于团队成员发挥长处的环境，实现协作效果，提升团队成员归属感。				
创新变革	能够适应环境的变化，解放思想，接受并参与变革；善于学习和吸收新知识、新观念，能创造性地开展工作。	主动参与变革，勇于接受新观点，尝试新的工作模式。				
		引导团队开展创新,营造良好创新环境,为寻找问题解决方案提供有用的建议和指导。				
		面对难题，能进行多角度分析，创造性地解决问题。				
		不断关注行业内领先企业的做法，提出有价值的创新方案。				
高效执行	及时响应客户需求和上级指示，提高执行效率；传达、检查和评估工作目标的执行，确保执行效果。	分解落实全局工作目标，确定工作任务，指导下属制订和执行计划。				
		整合完成任务可利用的潜在资源，预测执行中可能遇到的障碍并制订预案。				
		跟踪多个复杂工作任务，评估计划执行进度，提高工作效率。				
		完善规章制度，修订、优化工作流程，为完成全局性的任务目标提供建议。				

3. 实施考评

（1）问卷的开封、发放要实施标准化的管理。问卷填写采用匿名评估的方式，整个问卷填写时间不宜过长，15~30 分钟为宜。

（2）问卷的收卷和加封保密要严格，由相关人员监督执行，避免被篡改。

（3）评估报告要用数据说话，内容表述简明易懂。一般情况下，360 度评估报告应当包括维度的定义和描述、被考评者核心能力的确定、不同来源评价观点的比较、被考评者能力综述及最高和最低得分项目等内容。

4. 评估与反馈

360 度考评的评估与反馈阶段非常重要，意味着 360 度考核工作的落实。360 度考核工作的评估与反馈是一个双向反馈过程，主管领导应积极地将考评统计结果反馈给被考评者，并与被考评者进行面对面的交流，向被考评者解释每一项评价内容的含义，并协助被考评者制订个人绩效行为改进计划。

（三）360 度考评的优势与不足

实施 360 度考评的目的，在于通过获得和使用高质量的反馈信息，支持和鼓励员工不断改进行为，提高自己的工作能力和绩效，达到个人与组织共同成长的目的。这种评价模式较只使用单一评价来源的评价方式更为客观、准确、公正、真实、可信。同时，通过这种考评方式，被考评者可以客观准确地评价自我，了解自己在职业发展中存在的优势与不足，激励自我更为有效地发挥工作能力，赢得更多的发展机会。此外还能帮助管理者改进管理工作行为，提高管理水平，发现和解决组织内员工之间的矛盾和冲突。而组织则可通过 360 度考评反馈，在客观分析和使用反馈信息的基础上，做出正确的评价与决策，加强管理者与员工的双向交流，提高员工的参与积极性，创造良好的组织氛围，激发员工工作的积极性和创造性，帮助企业进行团队建设。

1. 360 度考评法的优势

（1）全方位、多角度

由于考评者来自企业内外的不同层面，得到的考评信息角度更多，考核评价更全面、更客观。同时，员工对管理者的直接评价实际上促进了员工参与管理。

（2）客观公正

由于 360 度考评采用匿名方式，使考评者能够比较客观地进行评价。另外，通过开放式表格，可以收集到很多比较中肯的评价意见。

（3）强调服务

对不同的考评者分别赋予不同的权重，而尤以服务对象权重最大。

（4）自我发展意识增强

多角度的反馈，使员工得到充分的反馈信息，具有很强的说服力，可以帮组员工正确地调整自我认知和自我行为，增强自我发展意识。

（5）误差较小

考评者来自不同层面，而且每个层面的考评者都有若干名，考评结果取其平均值，从统计学的角度看，结果更接近于客观情况，可相应减少个人偏见及评分误差。

(6) 基于胜任特征

其设计依据是抓住关键绩效行为，把影响绩效表现的深层次的内容揭示出来，从而能够区分表现优异者和表现平平者的胜任特征。

2. 360 度考评法的不足

360 度考评的范围广、成本高；容易用行为评价代替绩效评价；受组织文化影响很大；评价参照标准不确定，偏向关注一般特质而不是特定工作行为；考评以个人记忆为基础，不能完全真实反映被考评者过去的工作行为；考评者不能观察到被考评者的全部工作行为，容易以偏概全。在实施 360 度考评反馈的过程中，如果培训和运作不当，可能会在组织内造成紧张气氛，影响员工的士气。此外，实施 360 度考评很容易遇到一些陷阱，如专断、文化震荡、监督失效、裙带关系、组织成员忠诚的消失等。

【案例分析】

看起来很美，用起来却难如人意

每年年末，员工最关心的无疑是个人的年度绩效考核。某商业银行 YYB 网点按照上级行的统一要求，运用 360 度考评法对员工行为能力（CPI）进行考评。由于员工行为能力指标占员工个人年度综合绩效考核权重 10 分，这项工作的开展直接关系到员工的切身利益，因此网点负责人不敢懈怠。为了达到对员工进行全面、客观、公正评价的目的，网点负责人对测评工作进行了充分的安排：

一是确定考核内容。围绕被考核员工的岗位职责和所承担的工作任务，以履行职责和完成目标任务情况为主要依据，对员工在求实进取、客户导向、诚信合规、团队合作、创新变革、高效执行六个方面的表现进行考核。考核实行百分制，结果按相应的权重分折算纳入员工年度综合绩效考核。

二是设计测评表。见表 2-3。民主测评表根据上级行统一制定的问卷模板，主要有四个要点：

(1) 权重分配。首先，在考核人的权重分配上，网点负责人（含运营主管）、员工的权重分别为 0.6 和 0.4。其次，在考核内容的权重分配上，分为求实进取、客户导向、诚信合规、团队合作、创新变革、高效执行六个维度，各维度的分值分别为 20 分、20 分、20 分、15 分、10 分和 15 分。最后，为了确保测评得分分布在一个合理的区间，保证结果的有效性，划分优秀、良好、一般、较差四个档次，并分别赋予满分的 0.95、0.8、0.7 和 0.6 权重。

(2) 区分考核人的身份。因为不同考核人的权重不同，所以，为了区分考核人，该问卷设计了考核人身份选项。

(3) 测评方式。为了保证测评结果的客观性，采取无记名的方式。为了简化测评，测评时用选择的方式代替了常用的打分方式。

(4) 结果运用。民主测评以百分制计分，满分为 100 分，得分结果按 10 分权重纳

表 2-3　　YYB 网点员工行为能力（CPI）考核民主测评表

考核内容					被考核人姓名			
					张三	李四	…	…
求实进取	·做事严谨、精细，尽心尽力完成各项任务 ·愿意接受任务或主动帮助他人解决问题，遇事不推诿、不推卸责任 ·仔细完成自己负责的任务，不把问题留给他人 ·主动学习工作领域的专业知识，积极贡献自己的建设性意见	20	优秀	0.95				
			良好	0.8				
			一般	0.7				
			较差	0.6				
客户导向	·认识到以客为尊的重要性，能根据标准的程序为客户提供服务 ·明确目标客户，及时响应客户需求，主动热情服务客户 ·能够发现和解决常见的客户问题，并采取行动以避免再次发生 ·当处理客户的投诉时，能收集相关的信息，找出问题的症结所在	20	优秀	0.95				
			良好	0.8				
			一般	0.7				
			较差	0.6				
诚信合规	·踏实工作，不弄虚作假，不粉饰成绩，不做违反职业操守和道德规范的事 ·说到做到，对上级、同事和客户的工作承诺及时按质按量完成 ·严格按流程操作，不超越授权行事，不因个人情绪或其他想法而影响组织利益 ·日常工作中遵循与岗位相关的制度，不以人情、习惯、信任代替制度	20	优秀	0.95				
			良好	0.8				
			一般	0.7				
			较差	0.6				
团队合作	·充分了解和认同团队使命和目标，明确知晓自己在团队中的角色和职责 ·与团队成员保持坦诚的沟通，能够与他人分享信息和经验 ·支持团队做出的最终决定并努力付诸行动，即使是在个人对上述决定持有保留意见的情形下 ·与团队成员建立并保持坦率友好、相互支持的工作关系	15	优秀	0.95				
			良好	0.8				
			一般	0.7				
			较差	0.6				
创新变革	·接受变革，学习和吸收新知识、新观念 ·利用新技术处理日常工作，提高工作效率，提高服务质量 ·在日常工作中，注意收集市场（客户）需求，提出改进产品、服务等方面的合理化建议 ·以开放、积极的心态参与讨论，激发创新思维	10	优秀	0.95				
			良好	0.8				
			一般	0.7				
			较差	0.6				
高效执行	·独立或在他人的简单指导下，按照既定工作程序要求，按时保质保量完成指定的工作任务 ·运用常识和明确的操作规则解决日常工作中的问题 ·对自己的工作结果勇于承担责任，不推诿不推卸 ·及时向上级报告任务执行中的难点问题和异常情况，准确反馈任务执行情况	15	优秀	0.95				
			良好	0.8				
			一般	0.7				
			较差	0.6				

入员工年度综合绩效考核。如果最终民主测评得分为60分以下，则直接认定该员工年度综合绩效考核等级为“不称职”。

三是组织民主测评。该网点负责人利用网点夕会时间，将考核测评表发给每一位员工填写，并要求所有网点员工本着对网点负责、对他人负责、对自己负责的态度进行客观、公正的评价。

四是考核结果运用。考核结果出来以后，网点负责人直接将考核分数按相应权重折算，纳入网点员工个人绩效考核和年度绩效工资分配。

该网点360度测评表制定的质量确实比较高，同时也按要求完成了员工的民主测评，但是网点员工对最后的测评结果并不买账。该网点原本希望通过360度考评客观、公正地反映员工的绩效，最后反而导致了员工之间信任水平降低，影响了网点团队合作的氛围。

看起来很美，用起来却难如人意。360度考评像把“双刃剑”，只要运用得当，完全可以充分发挥作用，取得预期的效果。从上述网点执行360度考评的情况来看，以下几个问题应加以改进：

（1）考评参与主体。合理界定考核人是影响考核效果的重要因素之一，银行作为一个重要的服务窗口，其客户对员工的评价是一个重要的环节，因其具有很强的客观公正性，因而不能被忽略。

（2）考评动员培训。如果在考评前召开全体员工会议，进行动员培训，说明整个考核过程，怎样开始、怎样结束，向员工讲清其意义，了解评价的目的，就可以有效减少评价中的人为因素。

（3）组织个人述职。在测评之前，有必要组织被考核人述职，一方面是为了让有关考核者对被考核人有一个更加全面、深入的了解，另一方面也是对被考核人人品的一个检验。

（4）撰写考核报告。网点考核小组根据民主测评结果，结合被考核人的个人述职，撰写考核情况报告，客观描述被考核人的考核情况，并对民主测评结果的可靠性进行分析。

（5）考核反馈。360度考评反馈的第一次反馈，应该是个人自己的反馈，并且根据其结果应当是确定的，让员工能够及时根据反馈的结果改进工作行为。

（6）帮助改进。在把个人的360度考评反馈结果告诉员工之后，要积极指导其改进工作中的不足之处，从而提高其绩效，这才是绩效评价的最终目的所在。

三、标杆管理法

标杆管理法（Benchmarking）由美国施乐公司于1979年首创，后经美国生产力与质量中心系统化和规范化，标杆管理发展成为重要的支持企业不断改进和获得竞争优势的管理方法之一。

（一）什么是标杆管理

自从施乐公司推行标杆管理取得明显成效之后，大型企业纷纷效仿。目前世界500强企业中有近90%的企业在日常管理活动中应用了标杆管理法。施乐公司将标杆管理定义为“一个将产品、服务和实践与最强大的竞争对手或者行业领导者相比较的持续流程”。美国生产力与质量中心则将标杆管理定义为“一个系统、持续的评估过程，通过不断将企业流程与世界上居领先地位的企业相比较，获得帮助企业改善经营绩效的信息”。

对于商业银行来说，标杆管理就是银行通过不断寻找和研究同行或相近行业中一流企业的最佳实践，并以此为基准与本行进行比较、分析、判断，从而使本行不断得到改进，进入或赶超区域领先银行，创造高绩效的良性循环过程。银行所选择的标杆对象不局限于同一区域内领先的银行，也可以是相近行业的其他非银行类优秀企业。标杆管理的核心就是向行业内外最优秀的企业学习。通过学习，银行重新思考和改进经营实践，创造自己的最佳实践，这实际上是一个模仿和创新的过程。

标杆管理的核心思想就是认为企业的业务、流程、环节都可以解剖、分解和细化。银行可以根据需要去寻找整体最佳实践或者优秀部分进行标杆比较，比如银行可以选择本地区领先的银行进行整体对比，也可以选择部分如某项业务流程进行部分对比，参与主体可以是各个层级的经营机构，比如支行甚至网点等寻找优秀对象进行标杆比较。银行通过比较和学习，可以重新思考并改善经营管理模式，借鉴先进的模式和理念，逐步形成适合自己的全新的最佳经营管理模式和方法。通过标杆管理，银行能够明确产品、服务、流程等方面的最高标准，然后做出必要的改进来达到这些标准。因此，标杆管理是一种摆脱传统的封闭式管理的有效方法。

1. 标杆管理的类型

标杆管理可以分为以下四类：

（1）内部标杆管理

内部标杆管理是企业以企业内部操作为基准，通过辨识、筛选企业内部优秀的经营管理实践，并在企业进行推广，从而实现经验共享，是企业提高绩效的最便捷的方法之一。其类似于企业经常开展的树典型、学先进的活动。但是，单独执行内部标杆管理法往往导致产生内向视野，容易形成封闭思维，因此内部标杆管理法应经常与外部标杆管理法结合使用。

（2）竞争标杆管理

竞争标杆管理的目标是企业与同一区域市场的其他企业在产品、服务和流程等方面的绩效和实践进行比较，直接面对竞争者。它实施起来比较困难，原因在于公共领域的信息容易获得，有关竞争对手的其他信息却比较难以获得。

（3）职能标杆管理

职能标杆管理是企业以行业领先的企业或其他企业的优秀职能操作为基准进行的

标杆管理。职能标杆的基准是非竞争性的企业或其他优秀外部企业及其职能或业务实践。由于没有直接的竞争关系，因此合作者往往比较愿意提供和分享技术与市场信息。

(4) 流程标杆管理

流程标杆管理是企业以最佳工作流程为基准进行的标杆管理。由于比较的是类似的工作流程，因此流程标杆管理法可以跨不同类型的企业进行。它一般要求企业对整个工作流程和操作有很详细的了解。

2. 标杆管理的特点

标杆管理作为一个重要的绩效管理方法，在企业组织变革、组织学习和绩效管理中都有广泛的应用。在标杆管理的实践中，主要表现出以下特点：

(1) 绩效比较和超越贯穿于绩效管理的始终。企业选择一个超越的绩效基准，超越标杆就是绩效改进、绩效提升并实现超越的过程，体现了绩效比较和评价的基本思想。

(2) 标杆是最佳实践和最优标准。标杆往往是行业内或者一定区域范围内的最佳实践或者最优标准。企业通过与标杆进行全面的比较和分析，找出差距，制订超越方案，实现超越。企业在选择标杆的时候，可以根据其领域的不同，选择不同的标杆进行超越。比如华为在选择标杆的时候，就是根据不同的业务领域选择不同的对象进行学习和超越。如在业务流程管理上，华为通过向 IBM 学习，逐步由电信设备制造商向电信整体方案提供商和服务商转变；在人才培养上，华为则选择向 GE 学习，把组织发展和个人发展结合起来。

(二) 标杆管理的实施步骤

标杆管理的规划实施有一套逻辑严密的步骤，大体可分为以下五步：

第一步，确认标杆管理的目标。企业在实施标杆管理的过程中，首先要坚持系统优化的思想，不是追求组织某个局部的优化，而是着眼于企业组织总体的最优。其次要制订有效的实施规划，以避免实施过程中的盲目性。

第二步，确定比较目标。比较目标就是能够为企业提供值得借鉴的信息的组织和部门，比较目标的规模和性质不一定与企业相似，但应在特定方面为企业提供良好的借鉴。

第三步，收集与分析数据，确定标杆。分析最佳和寻找标杆是一项比较烦琐的工作，但对于企业标杆管理的成效非常关键。标杆的寻找包括实地调查、数据收集、数据分析、与自身实践比较找出差距、确定标杆指标。

第四步，系统学习和改进。这是企业实施标杆管理的关键。企业标杆管理的精髓在于创造一种环境，使企业员工在战略愿景下工作，自觉地学习和变革，创造出一系列有效的计划和行动，以实现企业的战略目标。同时，标杆管理往往涉及企业业务流程的完善和行为方式的优化，因此需要采取培训、宣讲等各种方式，真正调动员工的积极性。

第五步，评价与提高。企业实施标杆管理不可能一蹴而就，而是一个长期渐进的过程。每一轮完成之后还需要重新检查标杆管理的目标与实际达到的效果，分析差距，找出原因，为下一轮改进打下基础。

标杆管理作为企业改善经营绩效、提升竞争能力的一种管理方法和工具，可以与其他管理工具结合使用，比如在设置绩效目标或者提炼关键绩效指标的时候，就可以运用这一方法。

（三）标杆管理的优势与不足

树立标杆的目的是为了超越。企业实施标杆管理，必须针对自身特点，抓住学习创新的关键环节，促进企业战略目标的实现。片面理解标杆管理而惰于创新，不但与标杆管理的初衷背道而驰，而且也不能从根本上提高企业的核心竞争力。对标杆管理的作用和局限性进行了解，有助于更有效地使用这一管理方法。

1. 标杆管理的优势

标杆管理为企业提供了优秀的管理方法和管理工具，具有较强的可操作性，能够帮助企业形成一种持续追求改进的文化。其优势主要表现在：

（1）标杆管理有助于提升企业绩效

企业通过辨识行业内外最佳企业的绩效及其实践途径，确定需要超越的标杆，然后指定需要超越的绩效标准，同时制定相应的改善措施，进而实现标杆超越，最后制定循环提升的超越机制，从而实现企业绩效的持续提升。

（2）标杆管理有助于企业的长远发展

标杆管理是企业挖掘绩效潜力的有效方法。企业将组织内部各环节和流程与标杆进行全面比较，使个人、部门甚至组织的潜能受到充分激发，有利于形成良好的企业文化，从而实现外在动力转化为内在发展动力，为企业的长远发展提供保障。

（3）标杆管理有助于企业建立学习型组织

学习型组织实质上是一个能熟练地创造、获取和传递知识的组织。标杆管理的实施有助于企业发现其在产品、服务、工作流程以及管理模式等方面存在的问题，通过学习标杆的成功之处，结合实际形成适合自身的最佳管理实践，并且这个实施过程是一个持续学习、更新完善的过程。

2. 标杆管理的不足

从本质上来讲，标杆管理仍然是一种片段式、渐进的管理手段，因为所有的业务、环节和具体的工作都可以作为对象进行对比。因此，企业在实施标杆管理的时候，不一定能从整体最优的角度出发实施标杆超越，虽然可以取得一定的效果，但是在很多时候会遇到困难和挫折。所以，标杆管理方法通常应与其他绩效管理方法配合使用，才能更好地发挥其作用。

四、关键绩效指标法

（一）什么是关键绩效指标

所谓关键绩效指标（Key Performance Indicators，KPI）是企业将组织战略目标经过层层分解而产生的、具有可操作性的、用以衡量企业组织战略实施效果的关键性指标体系。其目的是建立一种机制，将企业组织战略转化为内部流程和活动，从而促进企业取得持续的竞争优势。关键绩效指标核心思想是帕累托法：关键的少数和次要的多数，亦即“二八”原则，认为抓住企业的关键成功领域（Key Result Areas，KRA），洞悉企业的关键成功要素（Key Performance Factors，KPF），有效管理企业的关键绩效指标，就能以少治多、以点带面，从而实现企业战略目标，打造持续的竞争优势。其中，关键成功领域是为了实现企业战略而必须做好的几个方面的工作。关键成功要素是对关键成功领域的细化和定性描述，是制定关键绩效指标的依据。关键成功领域、关键成功要素和关键绩效指标始终保持着战略导向性，三者的关系如图 2-1 所示。

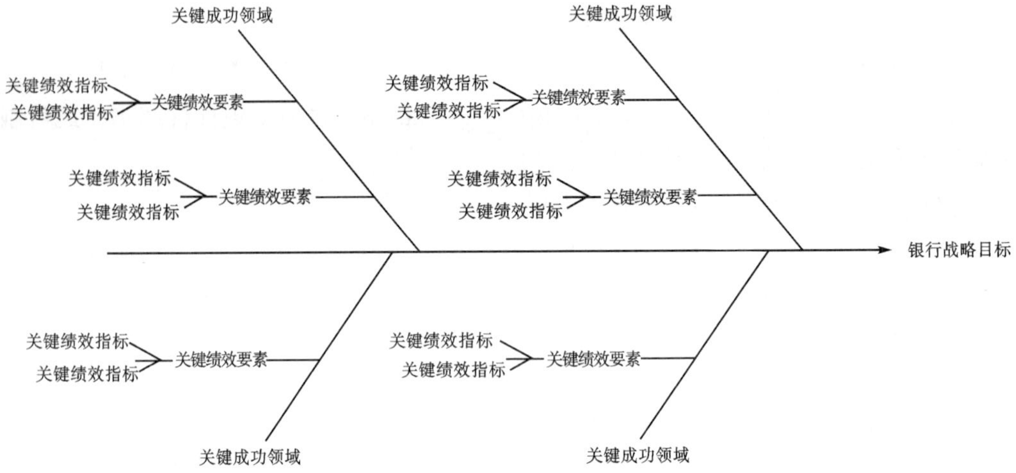

图 2-1　基于银行战略的 KRA、KPF、KPI 的关系鱼骨图

1. 关键绩效指标体系特性

（1）衡量企业组织战略实施效果的关键性指标体系

这包括两方面的含义：一方面，确保关键绩效指标是战略导向的，即关键绩效指标是企业由组织战略层层分解得出的，是对企业组织战略的进一步分解和细化；另一方面，确保关键绩效指标是“关键性”的，是对企业组织成功具有重要影响的。

企业组织战略对关键绩效指标具有决定性的作用。当组织战略目标调整或者改变时，关键绩效指标体系必须根据组织战略目标的变化做出相应的调整或改变，特别是当企业进行经营战略转型时，关键绩效指标必须及时反映出企业经营战略的关键成功领域和关键成功要素。

作为商业银行，其关键绩效指标体系同样主要来自于银行总体战略的层层分解和承接。但由于商业银行各经营单位比如支行和网点所在区域的经济环境和市场竞争格局不同，经营单位还需要结合当地的区域环境制定独有的绩效指标。

（2）最能有效影响企业价值创造的关键驱动因素

关键绩效指标是对驱动企业战略目标实现的关键领域和重要因素的深入发掘，它实际上提供了一种管理思路。作为管理者，应该抓住关键绩效指标进行管理，通过关键绩效指标将员工的行为引向企业的战略目标方向。关键绩效指标引导管理者将精力集中在能对绩效产生最大驱动力的经营行为上，及时了解和判断企业经营过程中出现的问题，及时采取提高绩效水平的改进措施。

（3）对企业战略目标有增值作用的可衡量的绩效指标体系

企业经营活动的效果是内因和外因综合作用的结果，这其中内因是员工可控制和影响的部分，也是关键绩效指标所衡量的部分。关键绩效指标应尽量反映员工工作的直接可控效果，并剔除他人或环境造成的其他方面的影响。例如，银行存款净增与市场份额都是衡量前台营销部门市场营销能力的指标，而某银行存款净增是该地区全部存款净增规模与该行市场份额相乘的结果，其中该地区全部存款净增规模是不可控变量。在这种情况下，两者相比，市场份额更能体现关键绩效的核心内容，更适于作为关键绩效指标。

2. 关键绩效指标类型

（1）按照关键绩效指标层次划分

按照关键绩效指标的层次不同，可划分为组织关键绩效指标、部门关键绩效指标和个人关键绩效指标。其中组织关键绩效指标来自于企业对组织战略的分解；部门关键绩效指标来自于对组织关键绩效指标的承接和分解；个人关键绩效指标来自于最小经营单位和部门关键绩效指标的承接和分解。这三个层次的指标共同构成了企业整体的关键绩效指标体系。关键绩效指标体系的建立过程，强调在企业战略的引领下，将企业的战略规划和目标通过自上而下的层层分解落实为组织、部门和个人的关键绩效指标，并通过在组织系统内推行关键绩效指标，将企业战略规划转化为内部管理的过程和具体行动，从而确保企业战略目标的有效实现。

（2）按照关键绩效指标的性质划分

按照指标性质的不同，企业关键绩效指标分为财务指标、经营指标、服务指标和管理指标。其中财务指标侧重于衡量企业创造的经济价值；经营指标侧重于衡量企业经营运作流程的绩效；服务指标侧重于衡量客户对企业所提供的产品和服务的态度；管理指标侧重于衡量企业日常管理的效率和效果。如表 2-4 所示。

表 2-4　　某商业银行关键绩效指标分类（示例）

类别	目标	关键绩效指标举例	作用
财务指标	侧重于与商业银行会计职责一致的价值创造	人均经济增加值 经济资本回报率 资产回报率 成本收入比	确保创造经济价值
经营指标	侧重于在日常经营管理流程以及跨职能、跨业务辅助流程中创造价值	存款净增 存款市场份额 产品销售 个人高价值客户净增 对公结算账户净增 重点法人客户营销 小微企业贷款 现金管理客户净增 产品创新	确保近期和远期的侧重点
服务指标	提供客户对银行经营注意度、满意度的看法	客户满意度 网点功能优化 自助设备运营率	确保近期和远期的侧重点
管理指标	建立良好的激励机制和内部控制机制	绩效评价机制 薪酬制度 员工培训 员工个人职业发展 员工满意度 风险管理 内部控制	包括对银行业绩的内部和外部评判

3. 商业银行的绩效指标体系

商业银行关键绩效指标的构建是以组织关键绩效指标、部门关键绩效指标和个人关键绩效指标为主体的。但在管理实践中，关键绩效指标并不是绩效指标的全部，还有两类指标来源：一类是来源于部门或岗位的核心职责，体现了商业银行组织各层次具体工作职责的基本要求；另外一类是基于商业银行所在区域经济环境而制定的独有的绩效指标，体现了商业银行基层经营单位“一行一策”或“一点一策”的差异化发展要求，这两类指标通常被称为一般绩效指标（Performance Indicators，PI）。在设计基于关键绩效指标的绩效管理体系的时候，通常商业银行组织层面的绩效指标都是关键绩效指标，而部门层面和个人层面的绩效指标则是由关键绩效指标和一般绩效指标共同构成的，如图 2-2 所示。但是，不同部门所承担的两类指标的构成不同，有的部门承担的关键绩效指标多，有的部门承担的关键绩效指标少，有的甚至不承担关键绩效指标。比如，对于一些支持部门（如办公室、保卫部、人力资源部等）而言，它们的绩效指标更多的来自于部门的职能或职责，而不是源于银行组织战略的分解，因此这类部门的一般绩效指标所占比重较大，而关键绩效指标所占比重相对较小。个人层面的绩效指标构成也是由关键绩效指标和一般绩效指标构成的。

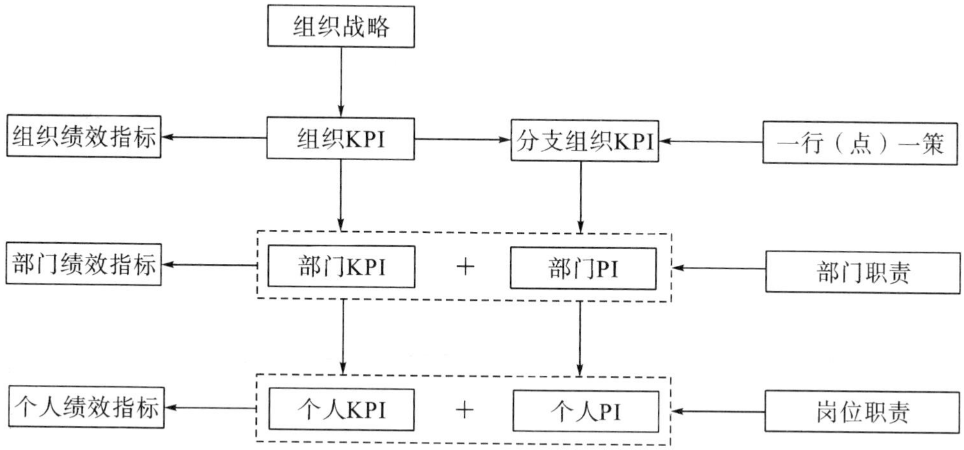

图 2-2　某商业银行基于 KPI 的绩效指标体系

（二）关键绩效指标的设计步骤

关键绩效指标体系通常是采用鱼骨图法来建立的。其基本思路是企业通过对组织战略的分析，找出企业获得成功的关键成功领域，然后把关键成功领域层层分解为关键成功要素，最后将关键要素分解为各项指标，即关键绩效指标，以便对关键要素进行量化考核和分析。设计一个完整的基于关键绩效指标的绩效管理系统通常需要六个步骤：确定关键成功领域、确定关键成功要素、确定关键绩效指标、构建组织关键绩效指标库、确定部门 KPI 和 PI 以及确定个人 KPI 和 PI。

1. 确定关键成功领域

建立关键绩效指标体系的第一步就是根据企业的发展战略，通过鱼骨图分析，寻找使企业实现战略目标或保持竞争优势所必需的关键成功领域，即对企业实现战略目标和获得竞争优势有重大影响的领域。确定企业关键成功领域，需要明确三个方面的问题：一是企业在哪些方面取得了成功，哪些方面还有差距，成功依靠的是什么，产生差距的原因是什么；二是在过去那些成功因素中，哪些能够使企业在未来持续获得成功，哪些会成为企业成功的阻碍；三是企业未来追求的目标是什么，未来成功的关键因素是什么。这实质上是对企业的战略制定和规划过程进行审视，对所形成的战略目标进行反思，并以此为基础对企业的竞争优势进行剖析。例如某商业银行通过访谈和头脑风暴法，寻找并确定了该行能够有效驱动战略目标的关键成功领域：产品创新、市场领先、客户管理、利润与增长、服务管理、员工与文化、风险控制、IT 支持，如图 2-3 所示。

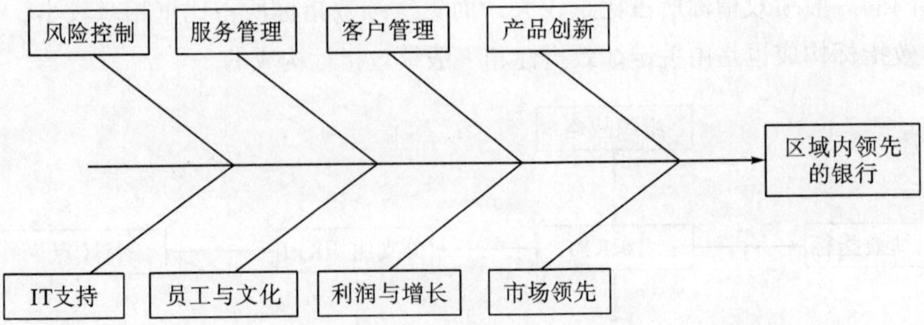

图 2-3 某商业银行关键成功领域

2. 确定关键成功要素

关键成功要素提供了一种描述性的工作要求，是对关键成功领域进行的解析和细化，主要解决以下几个问题：第一，每个关键成功领域包含的内容是什么；第二，如何保证在该领域获得成功；第三，达成该领域成功的关键措施和手段是什么；第四，达成该领域成功的标准是什么。某商业银行的关键成功要素如图 2-4 所示。

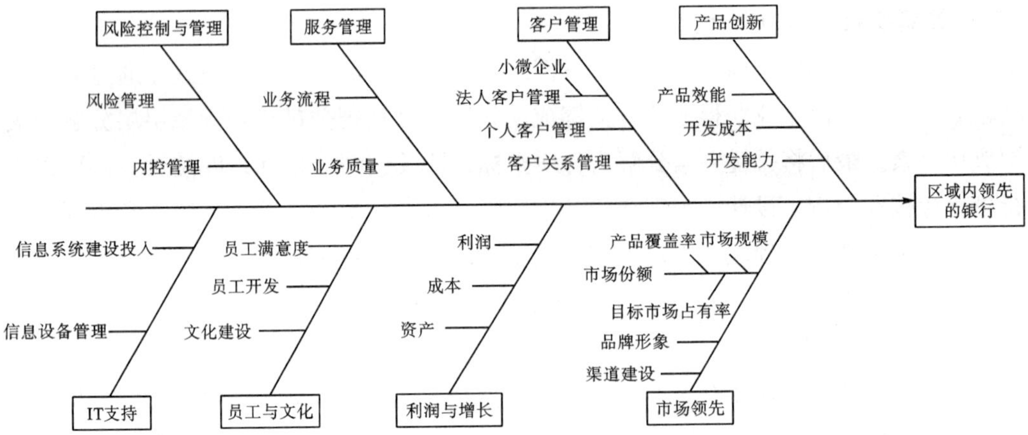

图 2-4 某商业银行关键成功要素

3. 确定关键绩效指标

对关键成功要素进一步细化，经过筛选，关键绩效指标便可以确定。选择关键绩效指标应遵循三个原则：①指标的有效性，即所设计的指标能够客观地、最为集中地反映要素的要求。②指标的重要性，即通过对企业整体价值创造业务流程的分析，找出对其影响较大的指标，以反映其对企业价值的影响程度。③指标的可操作性，即指标必须有明确的定义和计算方法，容易取得可靠和公正的原始数据，尽量避免凭感觉主观判断的影响。以市场领先和客户管理为例，某商业银行确定的关键绩效指标如图 2-5 所示。

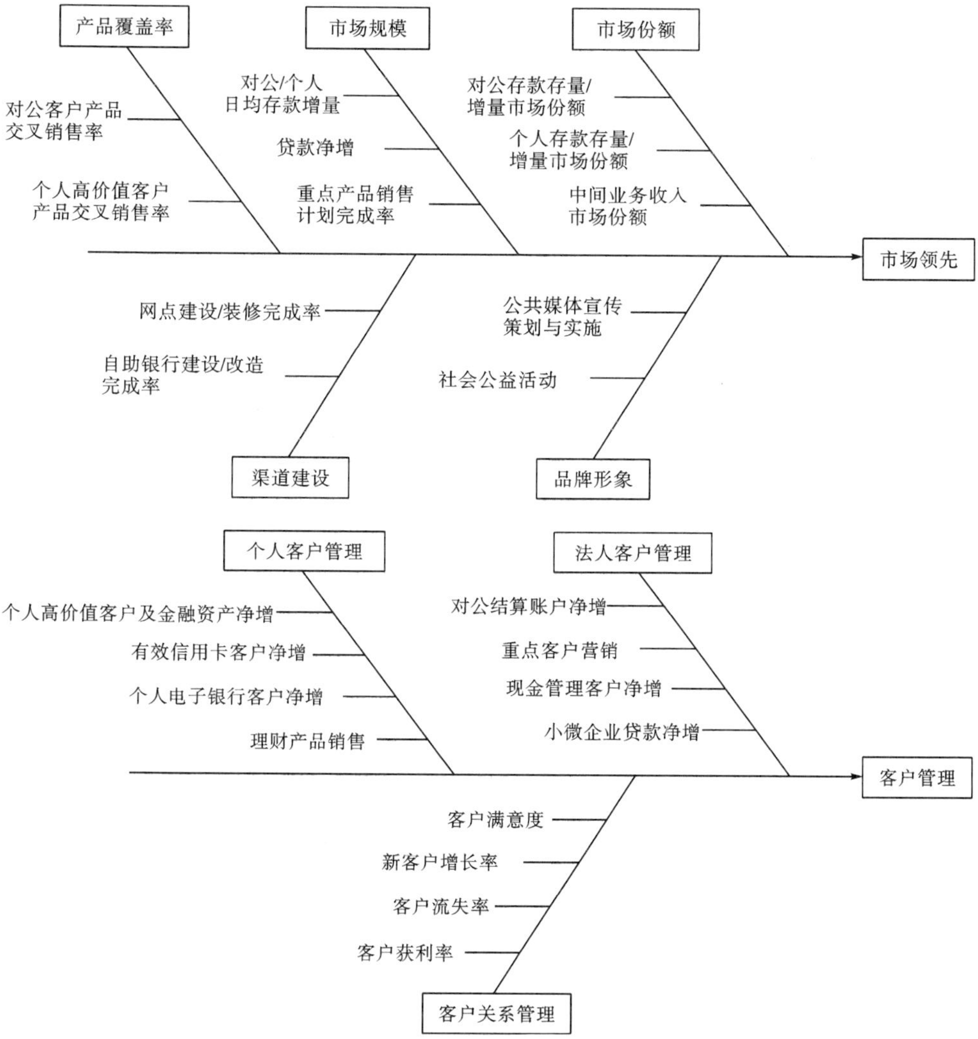

图 2-5　某商业银行关键绩效指标

4. 构建组织关键绩效指标库

在确定了组织关键绩效指标后，就可以按照关键成功领域、关键成功要素和关键绩效指标三个维度对企业的组织关键绩效指标进行汇总，建立一个完整的关键绩效指标库，以此作为整个企业进行绩效管理的依据。某商业银行汇总后的关键绩效指标库如表 2-5 所示。

表 2-5　某商业银行关键绩效指标库（示例）

关键成功领域	关键绩效要素	关键绩效指标
产品创新	产品效能	新产品投资利润率
		新产品利润贡献率
	开发成本	研发成本控制率
	开发能力	研发项目阶段成果达成率
		项目开发完成准时率

表2-5(续)

关键成功领域	关键绩效要素	关键绩效指标
市场领先	市场份额	对公存款市场份额
		个人存款市场份额
		中间业务收入市场份额
	产品覆盖率	法人客户产品交叉销售率
		个人高价值客户产品交叉销售率
	市场规模	日均存款净增
		贷款净增
		重点产品销售
	品牌形象	公共媒体宣传策划与实施
		社会公益活动
	渠道建设	网点建设/装修完成率
		自助银行建设/改造完成率
客户管理	法人客户管理	重点客户营销
		对公结算账户净增
		小微企业贷款净增
		现金管理客户净增
	个人客户管理	个人高价值客户及金融资产净增
		有效信用卡客户净增
		个人电子银行客户净增
		理财产品销售
	客户关系管理	客户满意度
		高价值客户增长率
		客户流失率
		客户获利率
利润与增长	利润	人均经济增加值
		经济资本回报率
		拨备后利润计划完成率
	成本	成本收入比
	资产管理	资产回报率
		净资产收益率
服务管理	服务流程	服务标准化
	服务质量	业务交易时间
		业务差错率

表2-5(续)

关键成功领域	关键绩效要素	关键绩效指标
员工与文化	员工培训与开发	优秀员工流失率
		绩效改进计划完成率
		员工培训计划完成率
	企业文化建设	员工满意度
风险控制与管理	风险管理	风险管理制度
		风险事件
	内控管理	内部控制
IT 支持	信息系统建设投入	信息系统建设投入率
	信息设备管理	计算机系统安全运行时间
		信息设备平均使用率

5. 确定部门 KPI 和 PI

部门绩效指标一般由关键绩效指标和一般绩效指标构成。关键绩效指标绝大部分来自于对组织关键绩效指标的承接和分解，也有一部分是部门自身独有的指标。一般绩效指标通常来源于流程、制度或部门核心职责。

首先，要确认组织绩效指标能够直接被相关部门承接，如银行对公存款净增、个人存款净增等，这些关键绩效指标就可以直接确定为部门关键绩效指标。其次，对不能被直接承接的指标，则必须对这些指标进行进一步的分解：一是按照组织结构分解，二是按照主要流程分解。比如银行“中间业务收入”这一关键绩效指标需要由公司业务部门“对公业务中间业务收入”、个人业务部门“个人业务中间业务收入”、国际业务部门“对公国际业务收入”、信用卡业务部门“信用卡业务收入”和电子银行业务部门“电子银行业务收入”等几个指标共同支撑才能实现。

在一般情况下，企业关键绩效指标需要全部落实到具体的部门，否则必然会影响银行战略目标的实现。部门关键绩效指标的确定也可以看成在组织关键绩效指标库中根据部门分工进行指标选择的过程，一般采取矩阵表的形式进行分解。某银行部门关键绩效指标分解矩阵如表 2-6 所示。

表 2-6　　某商业银行部门关键绩效指标分解矩阵表（示例）

序号	关键绩效指标	公司业务部	个人业务部	国际业务部	信用卡部	计划财务部	办公室	人力资源部	…
1	对公存款净增	√							
2	个人存款净增		√						
3	中间业务收入	√	√	√	√	√			
4	对公结算账户净增	√		√					
5	个人高价值客户净增		√						
6	对公产品交叉销售率提升	√							

表2-6(续)

序号	关键绩效指标	公司业务部	个人业务部	国际业务部	信用卡部	计划财务部	办公室	人力资源部	…
7	个人高价值客户产品交叉销售率提升		√						
8	个人高价值客户金融资产净增		√						
9	理财产品销售	√	√						
10	国际结算量			√					
11	结售汇及外汇买卖业务			√					
12	信用卡有效客户净增				√				
13	个人电子银行活跃客户净增				√				
14	企业电子银行活跃客户净增	√							
15	拨备后利润	√	√	√	√	√			
16	人均经济增加值	√	√	√	√	√			
17	成本收入比	√	√	√	√	√			
18	风险管理	√	√	√	√	√	√	√	
19	资产回报率					√			
20	经济资本回报率					√			
21	声誉风险管理						√		
22	岗位资格认证	√	√	√	√	√	√	√	

部门绩效指标通常包含关键绩效指标和一般绩效指标，并且所有的绩效指标需要全面体现在部门绩效计划中。上述某商业银行公司业务部通过承接或分解组织关键绩效指标确定了部门的关键绩效指标，再补充来自部门职责和流程的一般绩效指标，就获得了该部门的绩效指标体系，如表 2-7 所示。

表 2-7　　　　某商业银行公司业务部绩效计划表（示例）

序号	考核指标	指标类型	权重分	目标值	完成值	考核得分	计分方法	数据提供部门
1	对公存款净增	KPI						
2	对公中间业务收入	KPI						
3	对公结算账户净增	PI						
4	重点目标客户营销	PI						
5	对公产品交叉销售率提升	KPI						
6	对公拨备后利润	KPI						
7	部门经济增加值	KPI						
8	部门成本收入比	KPI						
9	重点工作	PI						
10	机关效能建设	PI						

部门经理签字　　　　　　　　　　　　　　　　主管领导签字

6. 确定个人 KPI 和 PI

同部门关键绩效指标的设计思路一样，个人关键绩效指标主要通过对部门关键绩效指标的分解或承接来获得。当然，对于银行基层网点员工来说，个人关键绩效指标也是直接通过网点关键绩效的分解或承接来设置的。个人绩效指标体系同样包括关键绩效指标和一般绩效指标，其中一般绩效指标通常来源于员工所在岗位应承担的职责。

所有部门或网点关键绩效指标最终需要有人来承担，这样才可以确保企业战略能够有效实现。但是，不同的岗位承担关键绩效指标的数量有很大差异，有的岗位承担的关键绩效指标数量多，有的岗位承担的关键绩效指标数量少，甚至有的岗位承担的全是一般绩效指标，没有关键绩效指标。以某银行为例，公司业务部客户经理分别承担了 6 个关键绩效指标和 4 个一般绩效指标，柜员承担了 5 个关键绩效指标和 3 个一般绩效指标，如表 2-8 和表 2-9 所示。

表 2-8　某商业银行公司业务部客户经理个人绩效计划书（示例）

姓名：		部门：	岗位：客户经理		岗位等级：		上级岗位：	
序号	绩效考核指标	指标类型	权重分	封顶分	目标值	理想值	完成值	考核得分
1	中间业务收入	KPI						
2	对公存款时点净增	KPI						
3	对公存款日平净增	KPI						
4	对公产品交叉销售率提升	KPI						
5	日均对公自主理财产品	KPI						
6	贷款净增	KPI						
7	名单制目标客户营销	PI						
8	客户关系管理	PI						
9	贷后管理工作	PI						
10	客户评级授信	PI						
合计								

员工签字　　　　　　　　　　部门经理签字

表 2-9　某商业银行网点柜员个人绩效计划书（示例）

姓名：		网点：	岗位：非现金柜员		岗位等级：		岗位：	
序号	绩效考核指标	指标类型	权重分	封顶分	目标值	理想值	完成值	考核得分
1	个人日均存款净增	KPI						
2	个人高价值客户净增	KPI						
3	信用卡有效客户净增	KPI						
4	重点产品销售	KPI						
5	客户满意度	KPI						
6	业务量	PI						
7	识别推荐	PI						
8	业务准确率	PI						
合计								

员工签字　　　　　　　　　　网点负责人签字

（三）指标权重与员工责任

设计良好的关键绩效指标是绩效管理成功的保障，它所提供的基础性数据是绩效评价的标准和绩效改进的依据。关键绩效指标对员工个人具有引导和规范作用。指标被赋予不同的权重，对员工产生的影响完全不同。一个岗位的关键绩效指标的数量一般控制在5~10个之间，指标过少可能导致重要工作被忽略，指标过多可能导致目标分散，导致员工不能突出工作重点。指标权重过高可能导致员工“抓大放小”，而忽视与工作密切相关的其他指标。而且权重过高可能导致绩效评价的风险过于集中，万一该指标不能完成，则整个绩效管理工作陷于被动。指标权重太低则对评价结果影响力小，也容易产生无法突出工作重点的现象。

员工绩效是结果与行为过程的集合体。对于处在不同层次和不同岗位的员工而言，反映其工作绩效结果和行为过程的关键绩效指标所占的比重是不一样的。由于高层管理者对组织的整体经营管理负责，因此对财务指标负有更大的责任，其评价指标中财务指标所占的权重较大。中层管理者的经营、服务类指标的权重更大些。对于职能部门而言，如前台营销部门的财务指标、经营指标权重要比中后台部门更大些。对于一般员工而言，如从事中后台岗位的员工，服务类和管理类指标权重更大些。

（四）关键绩效指标的优势与不足

1. 关键绩效指标的优势

关键绩效指标作为一个绩效管理工具，在企业绩效管理实践中得到了广泛的运用。运用关键绩效指标进行绩效管理，有助于发挥企业战略导向的引领作用，形成对员工的激励和约束机制。

（1）确保商业银行战略目标有效落地。一方面，关键绩效指标体系直接源于组织战略，通过分解战略找出关键成功领域，然后确定关键成功要素，最后通过对关键成功要素的分解得到关键绩效指标，这个过程有助于在组织系统内形成一致的行动导向，从而推动企业战略目标的实现；另一方面，通过使关键绩效指标体系与企业战略保持动态一致，确保企业在环境或战略发生改变时，关键绩效指标会相应地进行调整以适应企业战略重心的变化，有利于增强绩效管理系统的适应性和操作性。

（2）促进组织绩效与员工个人绩效共同成长。员工个人关键绩效指标是通过对组织关键绩效指标的层层分解而获得的，员工努力达成个人绩效目标的过程就是助推组织绩效实现的过程，也是助推战略目标实现的过程。因此，实施基于关键绩效指标的绩效管理，有利于实现组织与员工个人的双赢。

（3）有效把握工作重点。关键绩效指标强调目标明确、重点突出、以少带多。通过实施关键绩效指标管理，有利于迅速抓住关键，把握工作重点，提升工作效率。

2. 关键绩效指标的不足

关键绩效指标为企业提供了一个新的管理思路和管理工具，在企业绩效管理中得到了广泛的运用。但是随着管理实践的不断深入，关键绩效指标也暴露出某些不足和问题，主要表现是：

（1）关键绩效指标的战略导向不够全面

关键绩效指标没有关注企业的使命、愿景和核心价值观，这种导向是不全面的，因而缺乏战略检验或调整的根本标准。在面对不确定环境的时候，或在企业战略需要调整和修正的时候，关键绩效指标的局限性表现得尤为明显。

（2）关键成功领域缺少明显的逻辑关系

关键成功领域是根据企业战略确定的，由于其是相对独立的领域，因而往往造成关键绩效指标之间缺乏逻辑关系。在管理实践中，由于关键成功领域是仁者见仁、智者见智的问题，不同的设计者可能会提出不同的关键成功领域，因而最终就会导出不同的关键绩效指标。

（3）关键绩效指标对绩效管理系统的引领方向不明确

各关键绩效指标之间相对独立且缺乏明确的逻辑关系，可能导致关键绩效指标对员工行为的引领方向不一致。这会造成关键绩效指标对资源配置的导向作用不明确，甚至出现指标间相互冲突，容易导致不同部门和不同员工在完成各自绩效指标的过程中，对有限的资源进行争夺或重复使用，造成不必要的耗费和损失。

（4）关键绩效指标缺乏对绩效过程的管理

关键绩效指标过多关注结果，缺乏对绩效实现过程的全面关注，因此可能不能确保商业银行获得持续稳定的高绩效。

五、经济增加值评价法

经济增加值（Economic Value Added，EVA）是税后净利润扣除资本成本后的经营利润，其核心思想是：一个公司只有在其资本收益超过为获得该收益所投入的资本的全部成本时才能为股东带来价值。经济增加值评价法首先由美国斯特恩—斯图尔特公司于 1982 年引入，用来作为全面考评一个企业价值创造能力和盈利能力的一种企业绩效评价系统。运用 EVA 来评价企业的经营绩效可以反映和测度经营行为导致公司价值的增减变化，从而实现企业价值最大化。目前 EVA 理论已在美国和欧洲的很多企业里广泛应用，包括花旗银行、汇丰银行、渣打银行等国际知名银行。它们已经建立起一套复杂的绩效信息系统，能够计算银行整体、产品、分支机构、客户经理以及客户的 EVA，并将其作为业绩评价体系中的核心财务指标进行测量。在我国，近年来一些商业银行也开始将其引入，用来考评下属分支行和总体的经营绩效。

（一）商业银行 EVA 的计算方法设计

EVA 在企业绩效当中的计算公式为：

EVA＝NOPAT（税后净营业利润）－WACC（加权平均资本成本）×TC（资本总额）

税后净营业利润是经过调整之后的税后利润。资本成本包括债务资本和权益资本。

商业银行作为金融企业具有一定的特殊性，在资本充足率等方面对最低资本有一定的要求，在 EVA 作为评价指标对银行绩效进行评价时，要对一些指标进行适当修正，其中：

（1）税后净营业利润=税后利润总额+贷款呆账准备的本年变化数+坏账准备的本年变化数+其他资产减值准备（长期投资减值准备、风险投资准备、在建工程准备等）的本年变化数+累计折旧调整+递延税项调整+投入资本的费用项目调整（如研究与开发费用）+营业外支出-营业外收入-营业外支出×所得税率+营业外收入×所得税率。

（2）加权平均资本成本（WACC）= 股权资本成本=无风险收益率+β 系数×市场风险溢价。

其中，加权平均资本成本是指企业债务资本成本和权益成本的加权平均，但目前我国商业银行的资本构成中，债务资本占比很低，大部分商业银行都没有或者很少发行金融债券，权益资本占比较高，所以加权平均资本成本可以被近似地看成权益资本成本。

无风险收益率是指无违约风险的证券或者证券组合的收益率。从理论上讲，无风险利率的最佳估算是 β 为零的组合，而这种组合难度大，很难在估算无风险收益率时使用。结合我国实际情况，可以 5 年期国库券的利率来代替。β 系数反映该银行股票相对于整个市场（一般用股票市场指数来代替）的系统风险，β 系数越大，说明该银行股票风险越高，波动越大。β 值可通过银行股票收益率对同期股票市场指数的收益率回归计算得来。风险溢价反映证券市场对无风险收益的溢价，可以根据具体市场状况确定。

（3）资本总额=股东权益+年末的贷款呆账准备+年末的坏账准备+年末的其他资产减值准备（长期投资减值准备、风险投资准备、在建工程减值准备等）+递延税款贷方余额+研发费用资本化的金额+累计的营业外支出-累计的营业外收入。

然后，再通过计算得来的 EVA 值，建立 EVA 评价的相对评价指标。不同银行的 EVA 值由于资产规模的不同而有所区别，为了进行横向比较，可以使用“EVA 回报率”指标来进行分析。

（二）基于 EVA 的绩效评价体系

设计合理的组织层级是商业银行业绩评价体系能够真实反映银行经营业绩的前提。国外先进银行一般将业绩评价体系覆盖的层级划分为总行、分支行、责任中心，这种贯穿于整个银行内部的各个部门的评价方式值得我国商业银行学习。

我国一些商业银行在借鉴国外先进银行经验的基础上，以产品和业务为主线，根据各个部门职责的不同划分成本中心或者利润中心，通过分别计算各部门相应的内部转移收入和成本费用分摊来评价各个部门的经营绩效。

1. 责任中心的划分

（1）成本中心，是指企业中只归集成本费用的责任部门和不承担相应收入的部门。它具有三个特点：一是它只考虑成本费用；二是它只分摊可控成本；三是它只对该部门产生的成本进行考核和控制。总行成本中心的控制目标根据全行平均水平来确定，分行成本中心控制目标按所分摊的总行成本以及分行自身水平来计算确定。银行的成本中心主要包括总行及各分支行中后台管理部门。

（2）利润中心既是利润的创造者，也是成本的承担者。与成本中心相比，利润中心有自己相对独立的收入，并且往往是银行考核的主要对象，如分支行、前台营销部门等。除此之外，利润中心的收入和支出可以比较容易地区分，能够对本行的盈利和成本进行核算和控制。利润中心主要是各分支行机构，也包括银行的公司业务部、个人金融部、国际业务部等前台部门。

2. 成本费用核算和内部资金转移价格

（1）费用成本

费用成本是指商业银行在经营管理过程中发生的各项费用支出，银行会计核算中归属于“业务及管理费用”，如人员费用（员工工资、职工福利费、工会经费和职工教育经费等）和经营管理费用（业务招待费、租赁费、固定资产折旧、业务宣传费等）两个部分。目前，商业银行大多按照收益原则、可控性原则和成本效益原则进行核算。费用分摊的方法根据不同层级的组织结构而采取不同的分配方法，主要有分批成本法、分部成本法和作业成本法等。

一般来说，银行网点宜采用分批成本法，因为银行网点没有内设机构，几乎所有的成本都与产品营销直接相关。支行及以上机构宜采用分部成本法，因为支行及以上机构都内设了部门，这些部门一般不直接参与产品营销，所产生的费用与产品没有直接的联系，因此，可以先把费用成本明细项目按照成本中心进行归集，再通过经营性成本中心向产品进行分配。作业成本法是通过对作业成本的确认、计量，最终计算产品成本，同时将成本计算深入到作业层次。作业成本法进一步提高了费用归集分摊的科学性和合理性。目前我国一些商业银行已开始探索进行作业成本管理。

（2）内部资金转移价格（FTP）

■内部资金转移价格的含义

内部资金转移价格是银行从管理角度出发制定的，用于衡量资金在内部不同分支机构之间、部门之间和各产品之间流动的虚拟价格。内部资金转移价格一般不发生实际的资金流动，属于内部成本收益核算范畴。内部资金转移价格确定了资金资源在银行内部分配时的一个价格尺度，体现了银行使用资金的有偿性原则。内部资金转移价格直接影响银行的营业收入，进而影响银行业绩评价。

■内部资金转移价格的确定

国际上成熟银行已经有了内部资金转移定价机制，是在较为完善的外部市场基准利率（如 LIBOR）的基础上形成的，它反映了资金的真实市场收益和机会成本。是否可以采用市场基准利率作为内部资金转移价格，取决于货币市场的发展程度。我国商业银行是按照资金的筹集成本来确定其利率的。

目前，内部资金转移价格的定价方法主要有单资金池法、多资金池法和期限匹配边际成本法。

单资金池法是将银行所筹集的资金集中起来，统一放在一起，并赋予一个价格。单资金池法的优点是简单易行，缺点是不考虑资金的期限结构，无法规避利率风险，容易造成责任中心业绩考核不公平。

多资金池法认为所筹集的资金具有不同性质，应按照银行资产和负债的不同特点，建立各自的对应关系，按照各个资金池的特征确定与之对应的资金价格。其优点是考虑了资金的不同期限，缺点是该方法比较复杂，运作成本较高，加上每个资金池的资金不可能完全匹配，容易造成资金的浪费和短缺。

期限匹配边际成本法考虑了资金的期限，将新老资金区别对待，新资金用新的转移价格，老资金按老转移价格计算。该方法的优点是可以对每一笔业务的收益进行精确计算，对于分支机构来说，绝大部分的利率风险可被总行消化，缺点是该方法操作复杂，运作成本较高。

我国商业银行一般以全国同业拆借中心公布的相应基准利率为标准，确定下级机构使用资金的价格，包括存款的拆借利率、贷款的利差。因此，内部资金转移价格的高低直接影响分支机构的业绩。我国商业银行需要按照市场定价的基本原理，建立和完善内部资金转移价格的形成和调整机制，从而传递市场环境的最新变化和经营导向。

3. 商业银行各层级组织 EVA 的计量

（1）总行层级 EVA 的计量

商业银行总行的业绩是全行整体经营业绩的反映，是其所有分支机构业绩的汇总，其 EVA 指标的计算公式为：

总行 EVA＝风险调整后税后营业利润－资本的社会平均回报率

＝税后净营业利润－（各项资产应计提的减值准备－各项资产减值准备余额）－（信用风险经济资本+操作风险经济资本+市场风险经济资本）×资本期望回报率

在计算 EVA 时，需要对会计报表中的净利润进行一些必要的调整，如对商誉、研发支出、营业外收支、准备金和递延税款等项目进行相应调整。资本的社会平均回报率可以采用资本定价模型计算，但是由于我国市场定价不够完善，而且计算 β 系数比较困难，所以对于社会资本平均回报率的计算，各商业银行可以统一设定一个固定数值，一般设定为 10%～15%，比如交通银行为 15%、国家开发银行为 10%。

（2）责任中心和部门 EVA 的计量

商业银行层级比较多，因此分支行 EVA 的计量也比较重要。分支行在计算 EVA 时需要考虑内部资金转移价格。另外，市场风险下的汇率风险和利率风险一般由总行承担，计算时不需要考虑市场风险。分支行属于利润中心，因此其责任中心的 EVA 计算公式如下：

责任中心 EVA＝税后净营业利润+内部转移收支净额－成本分摊额－（信用风险经济资本+操作风险经济资本）×经济资本期望回报率

操作风险经济资本可以由总行按照以前年度分支行营业收入乘以一定的分配系数来确定。

由于商业银行各层级部门设置的差异性，对于一个产品由不同部门分管的情况，可以将产品 EVA 按照一定的比例拆分到相应部门。

部门 EVA = ∑所管机构（网点）EVA + ∑本级产品 EVA + ∑非本级直属网点产品 EVA

对于银行中后台管理部门，其主要职能是对前台部门的支持和保障，没有营销职责，所以一般不需要进行 EVA 考核。

（3）产品 EVA 的计量

产品的业绩计量方法是：第一，提取各产品的利息收支、中间业务收入、汇兑损益等来确定产品的收入；第二，按照内部资金转移价格计算相关产品的成本；第三，通过成本分摊法将营业费用分摊到产品，计算产品分费用；第四，按照产品资产质量分类和内部评级法计算风险成本；第五，计算营业税金和所得税，计算产品的税务成本；第六，根据不同产品占用的资本成本，计算 EVA。

（4）客户 EVA 和员工 EVA 计量

银行可以根据客户所使用产品的对应关系，将相关产品的 EVA 汇总，就可以计算出客户的 EVA，即客户 EVA = ∑产品 EVA。

员工 EVA 根据员工所营销的产品进行对应，将相关产品的 EVA 汇总，就可以形成员工的 EVA，即员工 EVA = ∑营销产品 EVA。

（三）EVA 评价体系的优势与不足

1. EVA 的优势

EVA 作为一种新兴的绩效评价方法，在一定程度上克服了现有财务指标的缺陷，能够较为客观地反映商业银行的经营成果和价值增长情况。其主要优点为：

（1）真实反映了商业银行的经营业绩

在传统会计核算体系下，会计利润只考虑债务资本的成本，而没有考虑权益资本的成本。EVA 则考虑了企业全部资金的机会成本，包括银行所有者权益资本和债券资本。当银行的收益超过银行的所有资本的成本时，说明经营者为银行增加了价值，而银行的收益低于银行的所有资本的成本，则说明银行投资者的财富受到了侵蚀。用 EVA 来衡量银行的绩效能够真实全面地反映商业银行的经营业绩。

（2）尽量剔除了会计失真的影响

对于 EVA 来说，虽然传统的财务报表仍然是进行计算的主要信息来源，但是它要求对财务报表中的会计信息进行必要的调整，以尽量消除公认会计准则所造成的扭曲性影响，从而能够更加真实、完整地评价商业银行的经营业绩。

（3）EVA 使决策者与股东目标一致

商业银行所有者（股东）的目标是投出资本的资本安全和资本增值，关心银行的稳定发展和长远利益，追求股东财富的最大化。商业银行经营者（决策者）的目标则可能为经理效用（利益）的最大化，获取更高的报酬，这是商业银行“逆向选择”与“道德风险”问题时有发生的主要原因。而EVA则是将银行所有者目标与经营者目标紧密衔接的一条纽带，各利益集团都可以借助EVA来实现自身的最终目的。

（4）注重企业的可持续发展

EVA方法通过对传统会计准则中计算利润的一系列调整来减少管理者可能的短期行为，降低管理者以牺牲长期业绩来追求短期效果的可能，使管理者着眼于企业的长远发展，并鼓励其进行能给企业带来长远利益的投资决策，如新产品的研究和开发、人力资源的整合等，这样就能够减少企业经营者短期行为的发生，从而促进企业的可持续发展。

（5）EVA具有广泛的适用性

首先，EVA可以适用于不同的使用对象，它不但适用于商业银行总体的评价，而且还能适用于对商业银行的分支行的经营绩效的评价，还可以运用于不同的部门，对EVA考评的管理可以不断细化，这是运用其评价的独特优势；其次，EVA的使用，能使整个绩效评价系统更易于被理解和实施，并且更容易实现企业财务管理系统一体化。

2. EVA的不足

EVA评价方法作为一种新的评价方法，除了具有其自身的独特优势外，也不可避免地存在一定缺陷：

（1）主要依赖财务数据

EVA主要还是依赖于一些财务数据，无法对影响银行未来业绩增长的服务质量、员工满意度、内部管理和控制等重要的非财务因素做出合理的评价，对一些不易货币化计量的非财务方面的资源和潜力考虑也不周到。在实际应用过程中，可运用平衡计分卡模型，适当结合一些非财务因素来对商业银行的经营绩效加以综合衡量。

（2）单一指标不能满足企业需要

在信息时代，各种信息存在高度不确定性，企业必须通过各种信息系统和沟通渠道去获得影响经营成功的信息。需要综合考虑影响企业经营绩效的多个方面的因素，单一的评价指标并不能满足企业的发展需要。

（3）EVA本身的局限性

EVA作为一个财务业绩指标，无法对财务资本之外的其他方面如无形资产、商誉等核心竞争力进行有效的计量；同时EVA评价模式也有一定的缺陷，通过EVA反映的是银行经营的最终结果，而对经营当中存在的问题的分析却不多。实际上，对商业银行的经营绩效进行评价，除了了解商业银行的财务状况和经营成果外，更重要的方面是找出银行经营中存在的问题，进而对经营活动进行改进。在这一点上，EVA相对于一些传统绩效评价方法来说有较大缺陷。

（4）计算和评价的精确性

EVA对资本成本的计算缺乏精确的计量基础。资本成本的确定要建立在市场价值的基础上，资本资产定价模型所涉及的风险溢价、β 系数等参数的评估数据均来源于资本市场，但我国目前资本市场尚不完善，很多商业银行上市时间也不长，根据有关数据计算的 β 系数不够精确。同时，各家商业银行所处的环境也不尽相同，不同的商业银行可能会根据自己所处的经营环境的特点来设定自己的风险系数、资本成本等，因此对 EVA 的计算以及其相互的可比性尚存在一定的问题。

【案例分析】

EVA 在某股份制银行考核中的运用

国内某股份制银行为了传导 EVA 管理理念，率先对公司客户经理尝试推行了 EVA 考核，其主要考核方式是运用 EVA 实行模拟利润考核，客户经理的绩效工资直接与模拟利润贡献挂钩。

一、绩效工资

公司客户经理绩效工资=公司业务绩效工资+国际业务绩效工资+零售按揭业务绩效工资

公司业务绩效工资=［（存款实际模拟利润+贷款实际模拟利润）-基准模拟利润贡献］×实际模拟利润绩效工资系数（3%）+（存贷款增量模拟利润-基准模拟利润贡献）×增量模拟利润绩效工资系数（2%）

国际业务绩效工资=（国际业务收付汇量-基准业务收付汇量贡献）×0.5%×40%

零售按揭业务绩效工资=（当年新增按揭日均模拟利润-基准模拟利润贡献）×1.6%

二、模拟利润构成

模拟利润由公司存款（即对公一般性存款、金融机构存款）模拟利润、公司贷款模拟利润、银行承兑汇票占有风险资产计算的模拟利润（扣减项）、贴现模拟利润、国际业务模拟利润、资金资本市场业务和部分中间业务模拟利润构成。

三、模拟利润计算

（一）存款模拟利润的计算

存款模拟利润=对公一般性存款模拟利润+金融机构存款模拟利润

对公存款模拟利润=∑｛对公存款日均余额×［收购资金价格（FTP）-存款利率］｝×对公存款利润调整系数（A）

（1）对公一般性存款的存款模拟利润调整系数：

①行政事业单位的财政性存款的利润调整系数为 1.6；

②除行政事业单位的财政性存款外的存款的利润调整系数为：

活期存款（含活期保证金存款）模拟利润调整系数暂定为 1.3；

物流金融三项产品定期保证金存款模拟利润调整系数均为 1.0；

定期保证金存款模拟利润调整系数均暂定为 0.9；

其他定期存款模拟利润调整系数暂定为 1.0；

其他存款的模拟利润调整系数均暂定为 1.0.

(2) 金融机构存款模拟利润调整系数均暂定为 1.0。

对公一般性存款和金融机构存款分别计算模拟利润。分行可根据业务发展的需要和技术能力对不同期限、不同业务品种的 FTP 进行差别定价。

(二) 贷款模拟利润的计算

贷款模拟利润 = {∑ [贷款日均余额×(贷款利率×0.945-卖出资金价格) -内部风险权重计量×风险资本成本率 (0.8%)]} ×贷款利润调整系数 (0.7) -贷款准备金计提

(1) 内部风险权重按照相关资本管理实施方案执行。

(2) 贷款准备金计提=贷款余额×贷款准备金计提标准。

(三) 银行承兑汇票风险资产扣减模拟利润

银行承兑汇票风险资产扣减模拟利润=银行承兑汇票敞口日均余额×内部风险权重×风险资产成本率 (0.8%)

(四) 贴现模拟利润的计算

贴现模拟利润=∑ [贴现利息收入×0.945-贴现票面金额×卖出资金价格 (FTP)×贴现天数/360-贴现票面金额×贴现天数/360×内部风险权重×风险资本成本率(0.8%)] ×贴现利润调整系数 (B)

银行承兑汇票和商业承兑汇票贴现的利润调整系数 (B) 分别为 1.2 和 1.0。

(五) 国际业务模拟利润的计算

国际业务模拟利润仅计算国际业务收付汇量折算的模拟利润，计算办法为:

将各币种国际业务收付汇量统一折算为美元计价的国际业务收付汇量；将折算后的国际业务收付汇量按 1∶3 折算成人民币活期日均存款计算模拟利润。计算公式如下:

国际业务模拟利润=∑ {进出口收付汇量 (美元) ×折算系数 (3.0) × [收购资金价格 (FTP) -活期存款利率]} ×对公存款利润调整系数

国际业务模拟利润计算公式中的对公存款利润调整系数暂定为 1.0。

(六) 资金资本市场业务模拟利润的计算

资金资本市场业务模拟利润按产品实际收入金额放大 3 倍作为模拟利润，资金资本市场业务的范围按相关考核方案执行。

(七) 中间业务收入模拟利润的计算

中间业务收入的模拟利润除短期融券按实际收入放大 2 倍计算外，其他的按实际收入金额计算，中间业务的范围按相关考核方案执行，但不包括国际业务、零售业务和资金资本市场业务的中间业务收入。

四、EVA 考核推行效果

EVA 作为一种新的业绩评价体系，有利于指导、激励和控制企业的价值创造行为。该行实施 EVA 绩效评价体系后，经过三年努力，存贷款市场份额得到了显著提升，一跃成为当地存贷款增量市场份额提升最快的银行，更重要的是，该行重新认识了经营管理中最基本的要素，为企业的体制和文化建设带来了持续的变化，使企业处于一种良性的“价值创造”的企业文化氛围中。

六、平衡计分卡

平衡计分卡（Balanced Score Card，BSC）是美国哈佛商学院教授罗伯特·卡普兰（Robert Kaplan）和诺朗诺顿研究所所长、美国复兴全球战略集团创始人兼总裁戴维·诺顿（David Norton）于 1992 年提出的。该方法不仅完全改变了企业传统的绩效考核思想，还推动了企业自觉去建立实现战略的目标体系，在产品、流程、客户和开发市场等关键领域使企业获得突破性进展。

所谓平衡计分卡，是指从财务、客户、内部流程、学习成长四个角度，将组织的战略落实为可操作的衡量指标和目标值的一种全新的绩效管理体系。与以往绩效考核工具不同，它不再以单纯的财务指标为衡量标准，而是对应地加入了未来驱动因素（即客户因素、内部流程因素、学习与成长因素），即在保证短期效益的同时，更保证了组织未来发展的驱动力，包括良好的财务状况、良好的客户关系、简单而高效的内部流程、优秀的人才队伍建设。平衡计分卡的四个维度如图 2-6 所示。

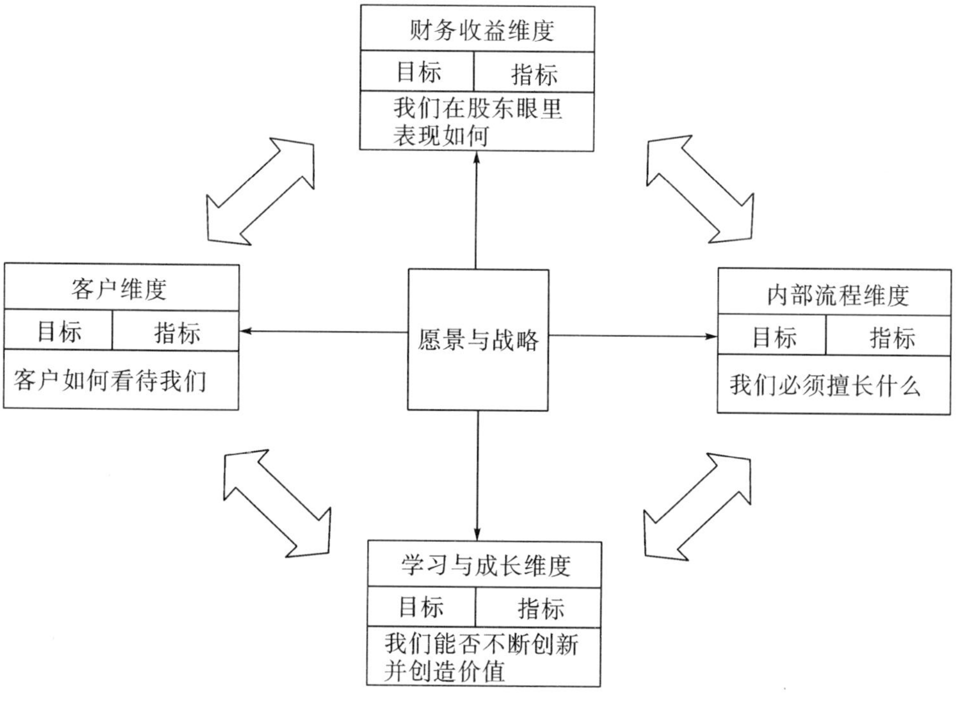

图 2-6 平衡计分卡的基本结构

平衡计分卡的核心思想就是通过财务、客户、内部流程、学习与成长四个方面指标之间相互驱动的因果关系展现组织的战略轨迹，实现绩效考核、绩效改进、战略实施以及战略修正的目标。平衡计分卡中每一项指标都是一系列因果关系的一环，通过它们把相关部门的目标同组织的战略联系在一起；而“驱动关系”一方面是指计分卡的各方面指标必须代表业绩结果与业绩驱动因素双重含义，另一方面计分卡本身还必须是包含业绩结果与业绩驱动因素双重指标的绩效考核系统。

此方法之所以称为“平衡”计分卡，是因为这种方法通过财务指标与非财务指标之间的相互补充“平衡”，同时也是定量评价与定性评价之间、客观评价与主观评价之间、指标的前馈指导与后馈控制之间、组织的短期利润增长与长期发展之间、组织的各个利益相关者的期望之间寻求“平衡”的基础上完成绩效考核与战略实施的过程。

在平衡计分卡理论提出以前，欧美国家的大部分企业都在沿袭传统的单一财务指标对组织绩效进行评价。然而随着企业全球化竞争步伐的加快，越来越多的企业高层管理者认识到，即使最好的财务体系也无法涵盖绩效的全部动态特点。人们开始对只依赖财务指标对绩效进行评价的合理性提出质疑，也开始意识到传统的财务性评价存在缺陷。直到 20 世纪 90 年代，全新的绩效评价体系——平衡计分卡被提出，才从根本上扭转了传统的组织绩效评价体系缺乏全面性、动态性的不足，形成了组织战略目标与组织绩效驱动因素、财务指标与非财务指标相结合的系统的绩效评价体系。目前，平衡计分卡已在全球的管理实践中得到广泛的运用。据统计，全球企业 500 强中，已经有 90%的企业因为使用平衡计分卡而获得“突破式的变革收益”。平衡计分卡也因此被《哈佛商业评论》评价为 21 世纪最杰出的管理工具之一。

（一）平衡计分卡的特点

1. 一种绩效考核系统

平衡计分卡是根据组织的战略而设计的系统的评价指标体系，是一套完整的企业绩效考核系统。它不仅克服了传统绩效考核体系的片面性和滞后性，而且强化了对目标制定、行为引导、绩效提升等方面的管理，使企业绩效的达成有了制度上的保证。

2. 一种沟通工具

传统的绩效考核系统强调控制，而平衡计分卡则注重沟通。平衡计分卡用来阐述企业战略，并帮助个人、部门和企业之间建立一致的目标系统，将企业的全部资源加以整合，为实现一个共同的战略目标而努力。为了实现这个目的，平衡计分卡通过宣讲和传播，使管理者和员工真正了解企业战略和愿景。管理者和员工共同开发各个层次的平衡计分卡，明确自己的目标并努力达成既定目标。因此，平衡计分卡的开发过程本身就是一个沟通的过程，平衡计分卡也就是管理者和员工沟通的工具。

3. 一种因果逻辑关系

平衡计分卡不是指标的简单混合，而是根据组织战略和愿景，由一系列因果联系贯穿起来的有机整体。四个层面的目标通过因果关系联系在一起，从顶部开始的假设是：只有目标客户满意了，财务成果才能实现。客户价值主张描述了如何创造来自目标客户的销售额和忠诚度，内部流程创造并传达了客户价值主张。然后，支持内部流程的无形资产为战略提供了基础，这四个层面目标的协调一致是价值创造的关键。

4. 强调有效平衡

与其他绩效管理工具不同，平衡计分卡强调“平衡”，即强调财务与非财务衡量的平衡、长期目标与短期目标的平衡、结果与动因的平衡。

（1）财务指标与非财务指标的平衡

传统的绩效管理只注重其中一两个方面，特别是只注重财务方面目标的实现，而忽略了客户、内部流程、学习与成长等方面的建设。在市场经济初期，通过财务指标足以评价企业经营状况，但随着市场竞争的日益激烈，企业需要不断增强自身的各种能力，如果只关注财务目标而忽视非财务目标，则可能使企业的竞争能力降低、优秀人才流失加快等，因此，必须重视财务指标和非财务指标的平衡。

（2）长期目标与短期目标的平衡

企业的主要目标是创造持续增长的股东价值，它意味着一种长期的承诺。虽然短期绩效对企业而言非常重要，但企业不能以牺牲长期投资为代价而获取短期效果。在平衡计分卡中，企业通过在四个维度建立起长期目标和短期目标不同的战略主题组合，以确保长短期绩效能够兼顾，从而实现可持续发展。

（3）结果与动因的平衡

企业当然是要实现财务业绩最大化，但这只是一个结果，单纯关注结果可能会导致忽视过程，反而会使得最终目标的实现变得难以确定。如果能够兼顾过程，寻找影响实现这个目标的因素，从而设立分目标，就可以确保最终目标的实现。对因素的追索从而确定分目标正是平衡计分卡的最大特色。平衡计分卡对原因和结果都进行了探讨，平衡了两方面的关系。

（4）企业组织内部群体与外部群体的平衡

平衡计分卡中，股东与客户为组织外部群体，员工和内部流程是内部群体，平衡计分卡认识到在有效执行战略的过程中就可以实现这些群体间的平衡。

（5）领先指标与滞后指标之间的平衡

四个维度中，财务指标是滞后指标，反映的是企业上一年度发生的情况，不能告诉企业如何改善业绩和可持续发展。客户、内部流程、学习与成长指标是领先指标，是未来财务绩效的驱动器。平衡计分卡对于领先指标的关注，使企业更关注过程而不仅仅是事后的结果，从而达到了领先指标和滞后指标之间的平衡。

所以，平衡计分卡考虑了企业内部各利益主体与价值创造主体的利益，兼顾了财务指标与非财务指标，平衡了短期利益与长期利益的关系，明晰了结果与动因之间的逻辑关系，使企业更加稳健地发展。

（二）运用平衡计分卡的前提

运用平衡计分卡，一般应具备以下四个前提条件：

（1）组织的战略目标能够层层分解，并能够与组织内部的部门、团队、个人的目标达成一致，其中个人利益能够服从组织的整体利益，这是平衡计分卡研究的一个重要前提。

（2）计分卡所揭示的四个方面指标（财务、客户、内部流程、学习与成长）之间存在明确的因果驱动关系。但这种严密的因果关系链在一个战略业务单位内部针对不同岗位的个人，计分卡所涵盖的四个方面指标并不是必需的。

（3）组织内部与实施平衡计分卡相配套的其他制度是健全的，包括财务核算体系的运作、内部信息平台的建设、岗位权责划分、业务流程管理以及与绩效考核配套的人力资源管理的其他环节等。

（4）组织内部每个岗位的员工都是胜任各自工作的。在此基础上研究一个战略业务单位的组织绩效才有意义。

（三）平衡计分卡基本框架

对于商业银行来讲，平衡计分卡四个维度具有紧密的内在逻辑关系：要达到既定的财务目标即实现利润，客户是关键。客户的每一次购买等于是对银行经营的认可，只有客户满意了，银行的财务目标才能实现。这样，一个滞后性的指标（财务指标）就可以转变为一个前向性的指标（客户指标），从而使得银行可以对目标更好地把握，所以财务目标的直接原因是客户的满意。要使客户满意，就要将满足客户需要的产品和服务提供给客户，并保障良好的售后服务，这就涉及银行的整个内部流程管理。优质流程的每一个环节质量的保证靠的是每一个员工良好的素质，所以系统地提高员工素质对于支撑优质的流程是至关重要的，这表现为商业银行的学习与成长。

1. 财务层面

财务层面是股东最关心的部分，是银行各种目标的最终落脚点。银行的管理者在设计财务维度指标时必须考虑："我们如何让我们的股东满意？"

财务指标作为商业银行目标的最终落脚点，必然要反映银行的战略目标。因为银行战略是在分析了银行内外部环境和银行自身的能力之后制定出来的，所以财务指标只有严格按照战略目标设定才有可能顺利实现。财务指标一般可以分为四类：盈利性指标、流动性指标、安全性指标和效率性指标。商业银行要达到既定的财务目标，最直接的指标就是利润指标。但是商业银行充足的流动性、风险控制和运营的效率都直接影响商业银行经营安全和利润水平。由此也可以看到，财务指标内部存在"支撑"关系，这种"支撑"亦即平衡计分卡中始终贯穿着的"平衡"思想。如图 2-7 所示。

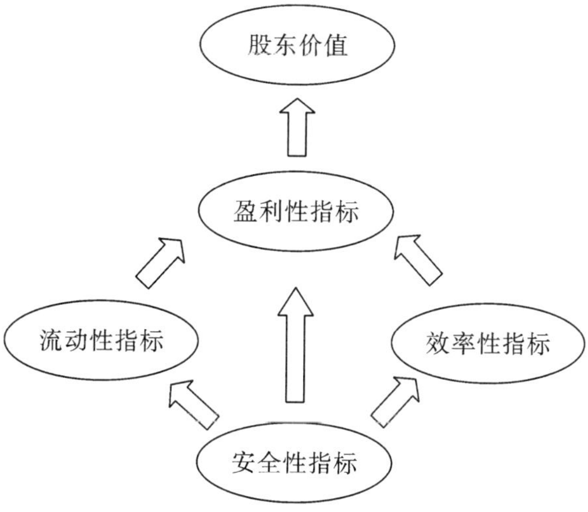

图 2-7　商业银行财务指标内部逻辑关系

商业银行常见的主要财务指标如表 2-10 所示。

表 2-10　商业银行常见的财务指标（示例）

指标类别	具体指标
盈利性指标	净利润、拨备前利润、拨备后利润、经济资本回报率、资产回报率、资本利润率、利润增长率、存贷利差、非利息收入占比
流动性指标	现金资产比率、备付金率、资产流动性比率、存贷比
安全性指标	不良贷款率、资本充足率、拨备覆盖率
效率性指标	人均利润率、人均经济增加值、人均经济增加值增量、资产使用率、成本收入比

2. 客户层面

什么是实现企业利润的关键？利润无论大小，实现的关键就在于客户。作为商业银行，“顾客至上”是永恒的理念。如果不能满足客户的需求，必定会被市场淘汰。

平衡计分卡重新强调了“顾客至上”这个思想，指出其在实现企业利润中的关键地位。随着客户数量的不断增长和银行的不断增加，意味着商业银行除了在吸引新增客户上不断加大力度以外，还将越来越关注存量客户的满意度和忠诚度。银行在不断开发新的客户的同时，还要积极保住老的客户。营销实践证明，开发一个新顾客的成本是保住一个老客户成本的 5~6 倍。

商业银行提升客户的满意度和忠诚度，首先要提高银行产品的功能，为客户创造价值；其次要提高服务质量，提升客户体验，包括服务环境、服务态度、售后服务等；最后是要提升企业形象，体现社会责任，包括积极参加社会公益活动和环境保护活动等。

衡量客户维度的指标区分为前瞻性指标和滞后性指标。

（1）前瞻性指标

■客户开发，包括个人贵宾客户净增、法人客户净增、现实客户与潜在客户比例、单位新客户开发成本等。

■客户维护，包括客户流失率等。

■客户满意度，包括客户签约率、客户增长率、客户满意率、客户投诉率、客户投诉处理周期等。

（2）滞后性指标

■市场份额，包括存款市场份额、贷款市场份额、中间业务收入市场份额、个人贵宾客户市场占有率、法人客户市场占有率等。

■产品销售，包括存款净增、贷款净增、中间业务产品销售、有效信用卡客户净增、个人电子银行客户净增、高价值客户产品覆盖率等。

3. 内部流程层面

在竞争如此激烈的市场环境中，商业银行要使自己的产品和服务获得客户的认可，就必须比同业在某一个或某几个方面更优秀。平衡计分卡在这个维度上向我们提出的问题是“我们必须擅长什么?”商业银行必须通过创新和完善内部流程，实现流程再造，才能向客户提供差异化的产品和优质的服务并使之满足客户的需求和期望，构建银行的核心竞争力。

商业银行内部流程分为金融产品创新流程、客户管理流程、运营管理流程和风险管理流程等。

（1）金融产品创新流程

商业银行为了实现价值最大化，实现收入持续增长，不仅要改善现有的金融产品、提高服务质量以满足客户需求，提高现有客户的利润贡献率，同时也要研发创新金融产品，挖掘潜在客户，开拓新市场。因此，金融产品创新流程是商业银行创造客户价值、实现收入增长的关键环节。银行进行金融产品创新，首先，必须以客户需求为中心，寻找细分市场，开发满足不同类型客户需求的新产品。其次，必须制定严格的金融产品研发流程，包括金融产品创意生成、金融产品开发及营销、金融产品反馈等方面。

（2）客户管理流程

客户管理流程主要包括客户筛选、客户获得、客户保留和客户增长。在客户筛选阶段，银行应通过市场调研、信息反馈等途径了解细分客户，剔除非盈利型客户，瞄准高价值客户，并根据这些客户的价值主张，建立吸引这些细分客户的品牌形象。因此，发现潜在需求是客户选择的前提。挖掘潜在客户，关键在于掌握客户的消费心理动机。商业银行客户消费动机包括安全性动机、保值增值性动机、融资性动机、支付性动机、便利性动机、其他特殊动机六种类型。

面对激烈的竞争环境，商业银行应坚持以客户为中心，满足客户日益增加的金融服务需求。获得客户是客户管理流程中最难实现的环节。首先，金融产品是一种无形产品，金融产品无法在营销过程中让客户直观地了解产品的所有性能，金融产品的无形性使客户做出购买决策变得困难。其次，金融产品的技术性及信息不对称性是难以获得客户的又一原因。因此，商业银行更应注重专业营销人员的培养，在产品营销过程中能将金融产品的特性转化为客户认同的价值主张，从而产生购买欲。此外，商业银行针对细分市场采取不同的营销策略，如针对普通客户、VIP 客户、私人银行客户实行分层经营。客户保留就是使现有客户成为商业银行忠诚的客户群体。忠诚的客户的维护成本不仅比新客户开发成本低，而且还能推荐新客户。因此，商业银行应重视忠诚客户的培育，通过为客户提供优质的产品和服务，让客户满意。

（3）运营管理流程

商业银行运营管理核心是为客户提供高效率、高质量的运营流程。由于银行业务运营采用电子化银行系统，银行系统稳定性及个性化是影响运营效率的重要因素。此外，银行员工的专业技能是运营管理流程的重要保障，缩短业务处理时间、减少差错率等都可以直接提高运营管理的效率和效果，而这些是与客户的价值主张相吻合的。

（4）风险管理流程

风险管理流程与商业银行运营管理流程密切相关，银行作为经营货币和信用的金融机构，风险管理是关键。银行经营过程中面临各种风险，既包括信用风险、操作风险和流动性风险，也包括宏观层面的各种系统性风险。风险管理水平直接影响银行对信用风险、流动性风险及操作风险的控制。如银行的授信往往伴随着信用风险，因此商业银行应加强信贷授信审批流程管理，完善 IT 信息系统建设，实现客户数据共享。此外，内部操作过程不完善、银行员工违规、系统中断都会给银行带来风险。因此，银行在经营过程中应明确治理结构，不仅要设置专门的风险管理机构，而且要制定和完善相应的内部控制制度，加强风险防范和控制。

高效的流程来自于两个方面：一是流程中的每个环节，二是各个流程间衔接的效率。当前商业银行非常重视能带来直接效益的外部客户，但是对于内部客户往往关注不够。国有商业银行内部客户流程存在的主要问题是：

■对内部客户重视不够，影响了员工在经营中的参与度、积极性和工作上的配合程度，从而最终影响外部客户的满意度。据统计，当内部客户的满意率提高到85%时，企业的外部客户满意率则高达95%。

■业务流程片段化。它表现为流程整体性不强，部门和条线业务交叉少，彼此缺少衔接和协调，存在重复和冲突，流程环节过长，部门壁垒森严。

■组织结构形式不灵活。它表现为随市场调整的灵活性较差。如客户经理由于承担了大量的数据录入、报表统计、业务分析和内务等综合性事务，这势必影响客户经理的客户走访和营销，影响客户经理营销潜力的发挥。闭门造车，没有足够的时间及时、动态地了解客户，风险变得更大。

内部流程最关键也是最难的地方在于降低流程的成本，包括人力成本、时间成本和财务成本。商业银行要建立一个高效的流程体系，需要从以下几个方面入手：

■全员客户化理念。银行内部员工与外部客户一视同仁，以客户化的理念指导内部员工的行为，使得员工行为与客户活动有机地结合在一起，既提高了内部员工的工作效率，也提高了服务外部客户的效率。这种内外部客户满意度的统一，是对以客户为中心的深层次认识。

■流程整体化。系统论思想强调整体全局最优而不是单个环节或作业任务最优，设计和优化流程中的各种活动，跨越不同职能和部门的分界线，降低内耗，减少摩擦，消除部门本位主义和利益分散主义。强调流程中每一个环节上的活动尽可能实现最大化增值，尽可能减少无效或不增值的活动，发挥整体团队精神，实现整体流程的价值最大化。

■组织形式灵活化。组织形式与流程优化密不可分。流程为客户而定，组织结构为流程而定。如银行在涉及通用作业情况下，许多跨部门的作业可以整合为一体。例如一些商业银行推行的智能柜台，通过整合后台业务操作，减少了许多人工环节，有效地提高了流程效率，就是一个很好的尝试。

因此，银行需要根据市场的要求不断完善或再造内部流程，推动整个经营模式、管理体制的全面、深入改革，迅速提升服务和管理能力，才能真正从容应对同业的竞争和挑战。

此外，随着时代的发展，企业承担的责任也越来越大，我们称之为“法规与社会责任流程”，它是指企业在谋求股东利润最大化之外所负有的维护和增进社会公益的义务，包括环境、安全和健康、员工雇佣和社区投资四个内容。作为商业银行，通过在一定区域范围内设置机构、经营客户、销售产品和提供服务来获取经济利润，并且接受地方政府的支持和领导，因此其任何经营活动都离不开与当地环境的互动。履行社会责任可能会影响其短期的利润，但从长期来看，商业银行维护良好的区域伙伴关系、保证员工的健康和安全、提高服务质量、注重环境保护和社区投资等社会责任有利于树立良好的品牌形象，从而获得长期而持久的收益，实现长期社会价值和股东价值的双赢。

4. 学习与成长层面

学习与成长层面是银行战略实施的内在驱动力，反映了企业内部流程所需要的各种资源，特别强调了无形资产的重要性。卡普兰认为，组织无形资产主要包括人力资本、信息资本和组织资本。当无形资产与组织战略保持一致时，就能为组织持续创造价值。

（1）人力资本

人力资本主要是指企业实现战略目标所需要的员工知识、技能、品质等素质。美国学者莱尔·M. 斯潘塞（Lyle M. Spencer）将素质划分为知识与技能、社会角色、自我形象、个性与社会动机五个方面，并提出了“素质冰山模型”概念。如图 2-8 所示。

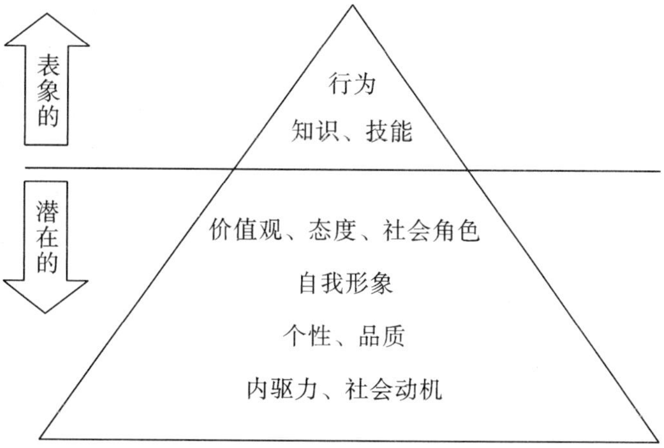

图 2-8　员工素质冰山模型

冰山模型各要素之间是相互驱动和相互作用的。其中行为、知识、技能等要素，可以通过培训、工作轮换、岗位调配等手段，在短时间内实现较大改变。但对于价值观、态度、社会角色、自我形象、个性、品质、内驱力和社会动机而言，则是不易改变的。因此，企业对于员工的知识、技能等职业素质的开发相对比较容易，而对于其他几个方面，则相对困难，有的甚至是企业必须舍弃的。

素质的内涵包括：第一，素质是驱动一个人产生优秀工作绩效的各种个性特征的集合；第二，素质是通过个人的知识、技能、能力、内驱力等方式共同表现出来的；第三，素质直接决定了一个员工能否胜任某项工作以及未来所能创造的工作绩效。而所谓职业素质，就是从事某项具体职业所应当具备的素质以及为获得这些素质所应具备的潜力。

■银行从业者素质

为适应 21 世纪国际金融业严峻的竞争环境，国内外很多著名管理学家纷纷就银行员工的职业素质问题进行了广泛而深入的探讨，提出了很多有见地的研究成果。如德国巴特瓦尔德国际综合经营管理学院的汉斯（Hans）教授提出：“跨世纪银行业的兴衰取决于它的领导力量。作为银行家，应当具备以下这些条件：具有全球眼光；改革的战略性思想；将远见卓识与具体目标结合起来；不断适应社会、政治、经济、文化等方面的变革；具有较强的协调、沟通能力；有管理各种资源的能力；能不断改进质量、成本、程序、产品；有创造性管理的才能；善于掌握情况，通晓决策过程；有判断力，富有创新精神。”

美国宾夕法尼亚大学教授、诺贝尔奖获得者劳伦斯（Lawrence）指出：“现代电子衍生金融交易是一种极其复杂的行业，串联全球，24 小时运作，没有受过专门训练的人才是不行的。”他通过对世界主要金融机构近 1 000 名员工的调查了解提出：“有助于（银行业员工）晋升和成功的因素有：具有占据高层岗位的个人愿望；善于做人的工作；准备经受风险并愿意承担这方面的责任。”

美国著名管理学家詹森·杰克（Johnson Jack）提出了世界优秀银行业者所应具备的基本职业素质条件："善于做明天的计划，建树明天的成就；注意力能集中于组织价值方面；有效调节并保证公司行为符合规律；用系统方案解决系统问题；做到公司资源的合理配置；敢于制定令人不快的决策并能承担起这方面的责任；保证精神振奋和领先地位；善于解决通情达理和不通情达理的人们之间的冲突。"

根据这些研究成果，自20世纪90年代中期起，发达国家的一些大型商业银行开始结合自身业务特点，编制适应企业战略需求的员工素质词典，并应用于实际业务层面，取得了良好的效果。根据素质词典，商业银行员工的职业素质从企业层面可以划分为三类，即业务素质、管理能力和内生素质。业务素质是与企业所处行业特色直接相关的基于工作内容和工作技能的素质，是员工顺利进入某一行业领域工作的基本素质。管理能力是员工成功运用自身所具有的知识、技能、能力等促使团队达成组织目标的素质。内生素质是员工与生俱来所具备的素质，这种素质既可以是自然表现出来的，也可以是潜在的。在商业银行中，由于不同部门不同岗位的差别，对于员工职业素质的构成要素也提出了不同的要求，但总体上讲，业务型员工大都能够体现出较强的业务素质，管理型员工大都能够体现出较强的管理能力，而良好的内生素质则更多地体现在高层领导者身上。

著名学者林惠雯就发达国家商业银行和中国台湾地区商业银行所编制的员工职业素质词典进行了较为系统全面的归纳和总结，如表2-11所示。

表2-11　　商业银行员工职业素质构成要求

职业素质	构成要素	发达国家商业银行评价要求	中国台湾地区商业银行评价要求
业务素质	分析能力	A4	A3
	学习能力	A5	A3
	专业知识	A3	A5
	服务能力	A5	A4
	风险管理能力	A5	A4
管理能力	鼓励他人能力	A5	A3
	冲突管理能力	A4	A5
	内部控制能力	A3	A4
	团队领导能力	A5	A3
	沟通协调能力	A4	A4
内生素质	主动性	A5	A3
	创造性	A5	A4
	适应能力	A4	A5
	协作能力	A4	A5

在业务素质中，银行普遍对员工的分析能力、学习能力、专业知识、服务能力和风险管理能力具有较高的要求。在管理能力中，银行普遍对员工的激励他人能力、冲突管理能力、内部控制能力、团队领导能力和沟通协调能力具有较高的要求。在内生素质中，银行普遍对员工的主动性、创造性、适应能力和协作能力具有较高的要求。商业银行职业素质（素质词典）如图 2-9 所示。

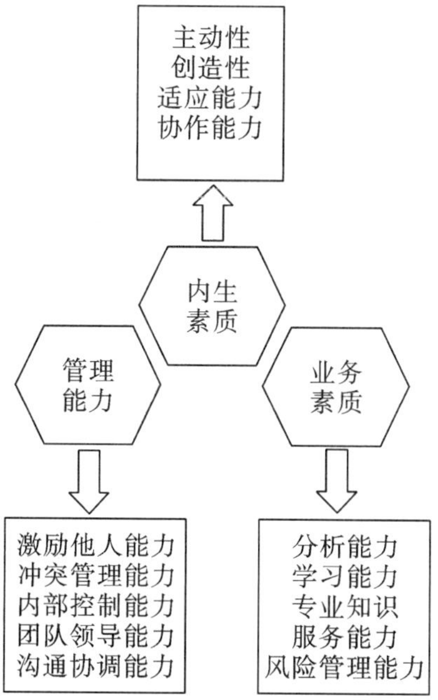

图 2-9　商业银行员工职业素质模型

员工业务素质、管理能力和内生素质三者的关系是：员工的业务素质是管理能力的基础，也是对员工职业素质开发的第一阶段。管理能力是对员工较高的素质要求，是职业素质开发的第二阶段，而员工的内生素质则是决定其业务素质和管理能力开发成效的先决条件。同时，无论是对业务素质的开发，还是对管理能力的开发，其基本的运行平台都是基于内生素质的。通过前面对“素质冰山模型”的分析可以得知，员工内生素质的开发难度是很大的，往往投入巨大而收效甚微。对于企业而言，应更关注员工业务素质和管理能力的开发。

■职业素质提升

商业银行员工职业素质提升是一个长期的战略举措，有效的员工职业素质提升有利于支撑平衡计分卡的前三个层面，最终体现为企业绩效的提升。商业银行员工职业素质提升可以划分为职前开发、企业开发和个人开发三个途径。

职前开发是指企业在招聘过程中应用职业素质测评等手段，对应征者进行甄别，剔除不具有组织所要求必备素质的人员，以确保所招聘的员工的整体素质能够较好地与组织要求吻合的过程。职前开发有利于降低员工职业素质的后期开发成本。职前开发对于银行员工职业素质要素的影响程度由高到低依次为：学习能力、专业知识、沟通协调能力、分析能力、冲突管理能力、激励他人能力、内部控制能力、团队领导能力、服务能力和风险管理能力。因此，学习能力、专业知识应是商业银行职前开发的重点。

企业开发是指企业通过培训等手段激发现有员工的潜力，促进员工在工作过程中丰富实践经验、在学习过程中提高专业能力，实现员工职业素质在解决实际问题中获得提升的过程。职业素质可以分为一般职业素质和特殊职业素质，企业对员工素质的开发也可以分为一般开发和特殊开发。在企业开发过程中，员工是处于被动的一方，员工只能在企业提供的开发内容、开发方式中进行有限的选择，很容易弱化员工对培训开发的兴趣，影响开发的成效。所以，企业有必要通过考核等激励手段，激发员工的学习兴趣，使其能够主动地投入到企业的开发过程中。企业开发对于商业银行员工职业素质的影响程度由高到低依次为：风险管理、内部控制能力、服务能力、团队领导能力、冲突管理能力、专业知识、激励他人能力、分析能力、沟通协调能力和学习能力。因此，风险管理能力、内部控制能力、服务能力、团队领导能力、冲突管理能力和专业知识应是商业银行开发的重点。企业开发的主要方式包括主管指导、同事引导、岗位轮换、专题培训、在职进修、出国进修和参观学习等。从具体职位来看，企业开发方式对于一般员工的影响效果从高到低依次为：同事引导、专题培训、岗位轮换、在职进修、参观学习和主管指导。对于管理人员的影响效果从高到低依次为：在职进修、岗位轮换、专题培训、主管指导、参观学习和同事引导。

个人开发是指员工通过自身的学习和工作实践，主动提升个人职业素质的过程。工作实践是提升个人素质的重要途径。例如银行员工进行客户管理，不仅可以拓展其业务渠道，而且还能积极促进其服务能力、沟通能力、业务知识的快速提升，在实践中运用所学，丰富经验。个人开发对于银行员工职业素质要素的影响程度由高到低依次为：分析能力、沟通协调能力、激励他人能力、冲突管理能力、服务能力、专业知识、学习能力、内部控制能力、团队领导能力和风险管理能力。因此，分析能力、沟通协调能力、激励他人能力应是员工个人开发的重点。个人开发的主要方式按有效性从高到低依次为：网络学习、NML（报纸、杂志、宣传材料）、向同事请教、自费培训、向主管请教、参与相关组织等。

（2）信息资本

信息资本主要是指企业支持战略执行所需的信息系统及基础设施能力等。随着信息技术的不断发展，信息资本已成为推动商业银行变革，获取竞争优势的重要资产。因此，商业银行在完善服务器、数据库等硬件基础设施的同时，应不断搭建与内部流程一致的核心业务处理系统，如信贷风险管理系统、客户关系管理系统、产品研发系统、金融监管系统等，提高银行金融风险防范和经营管理水平，加快银行产品和业务创新，从而为客户提供全面、快捷和高效的服务。银行信息系统建设有利于员工素质的发挥与提升。有关竞争对手的信息、市场的信息、银行内部上传下达的信息、员工表现的信息等收集系统、分配系统、查询系统和知识共享系统，其效率的高低直接影响员工的工作效率和素质的提升。

(3) 组织资本

组织资本主要表现为推动企业实施战略和组织变革所需要的组织能力，如企业文化、组织结构、领导与协调等。目前很多银行都认识到了企业文化在银行绩效提升、保留优秀员工方面的重要性，但运作起来往往适得其反，不是企业文化内涵不清晰，就是企业文化观念无法深植员工内心。因此，要发挥企业文化的引领作用，首先必须要建立以市场为导向、以客户为中心的服务理念。其次要做好规划，实行系统工程建设。再次要加强宣传，使员工随时感受到无处不在的企业文化的力量。最后要将企业文化体现到奖惩体系上，建立高绩效文化。通过奖惩明确告知员工企业鼓励什么行为、反对什么行为，将良好的员工行为转化为员工的日常习惯。此外，银行管理层应不断提升领导和协调能力，加强与银行各部门、各员工的沟通交流，完善薪酬管理体系和激励体系，保证各部门目标、员工个人目标与银行战略发展目标一致。

学习与成长维度考核指标通常有员工培训计划完成率、员工培训投入率、员工岗位资格通过率、员工专业素质测评分数、员工满意度、优秀员工流失率、新产品投资利润率、研发项目阶段成果达成率、信息系统建设投入率、文化建设项目完成率等。

总而言之，平衡计分卡各个层面之间是由一系列因果关系组成的绩效驱动链。保罗·尼文（Paul R. Niven）曾这样描述平衡计分卡各个层面的因果关系："学习与成长是树根，通过内部流程这棵树干长出客户这条树枝，最终带来财务回报这片叶子。"具体来说，财务层面反映了组织战略的最终结果，客户层面是银行获得财务成果的直接来源。而内部流程是实现客户价值主张的重要保证，通过改善内部流程可以实现财务层面和客户层面的目标。学习与成长层面是实现其他层面目标的内在驱动力，将组织无形资产与企业战略结合，有利于企业实现可持续发展。由此可见，保持企业学习与成长能力和战略协调一致将提高内部流程经营绩效，从而实现客户层面和财务层面的目标，最终保证组织战略的成功实施。

（四）战略地图

战略地图（Strategy Maps）是组织战略要素之间因果关系的可视化表示方法，它以平衡计分卡的财务、客户、内部流程、学习与成长四个层面的目标为核心，通过分析这四个层面目标的相互关系而绘制出组织战略因果关系图。战略地图是平衡计分卡的发展和升华，是一种用于描述和沟通战略的有效管理工具。战略地图的核心内容是企业通过运用人力资本、信息资本和组织资本等无形资产（学习与成长），创新和建立战略优势和效率（内部流程），进而使企业把特定价值带给市场（客户），最终实现股东价值（财务）。

平衡计分卡四个层面之间的目标关系，再加上每个层面内部的因果关系，就构成了战略地图的基本框架。如果把战略地图比作一座四层的楼房，则房顶部分由使命、核心价值观、愿景和战略构成，房子的主体部分从最高层到最低层依次是：财务层面、客户层面、内部流程层面、学习与成长层面。其中财务层面包括收入增长战略和资产收益提升战略。客户层面包括产品领先战略、服务提升战略、客户拓展战略和品牌形象战略。内部流程层面包括金融产品创新流程、客户管理流程、运营管理流程、风险管理流程。学习与成长层面包括三种无形资产，即信息资本、人力资本、组织资本。商业银行战略地图模板如图 2-10 所示。

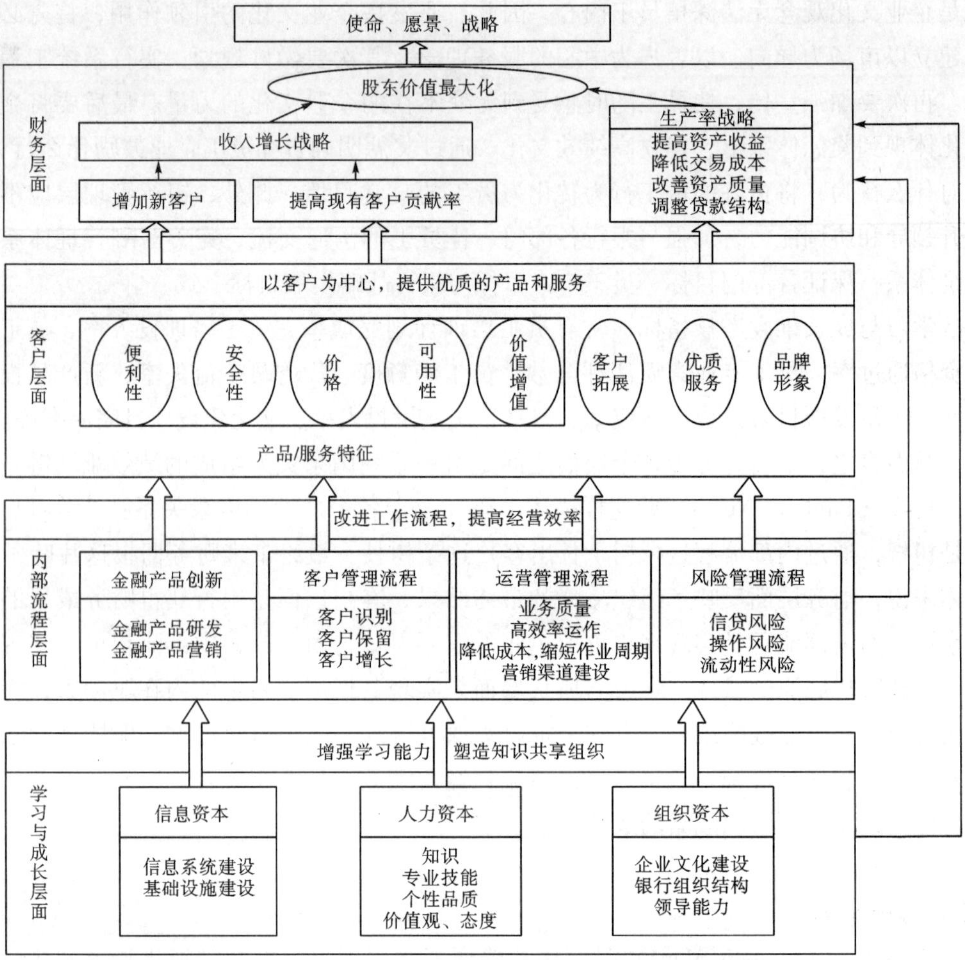

图 2-10　商业银行战略地图模板

把使命、核心价值观、愿景、战略、四个层面及其构成要素通过逻辑关系整合起来所形成的框架，就是卡普兰和诺顿提出的战略地图模板。企业战略地图的构建，为设计企业战略绩效评价指标体系奠定了基础。

（五）平衡计分卡的实施流程

平衡计分卡作为一种新型的战略绩效管理系统，为商业银行实现战略目标提供了指标方向。但实施平衡计分卡是一项复杂的系统工程，必须统筹规划，加强组织沟通，才能确保实施工作顺利进行。实施平衡计分卡一般流程为：

1. 明确使命和愿景，确定发展战略

卡普兰认为，使命和愿景处在平衡计分卡的顶层，在使命的引导下，明确企业发展战略，它是实施平衡计分卡的核心。平衡计分卡是为战略执行服务的，所以在员工中建立对使命与愿景的共识是导入平衡计分卡时必不可少的工作。这种共识的建立，采取的是“自上而下”与“自下而上”相结合的方式。一方面，企业通过各种途径在员工中进行信息收集，结合员工的看法来制定愿景和战略；另一方面，通过引导的方式让员工认识到愿景和战略的重要性。如图 2-11 所示。

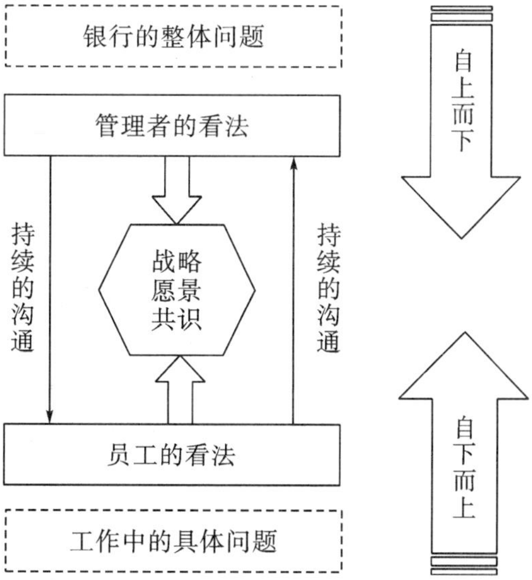

图 2-11　达成战略愿景共识

2. 清晰描述战略，构建战略地图

该步骤为战略展开之初最核心且最关键的一步。如果缺乏对战略的清晰描述，将会在执行中出现偏差，最终导致战略失败。因此，企业明确发展战略之后，必须运用战略地图这一可视化工具，在财务、客户、内部流程、学习与成长层面将战略主题清晰地描述出来，为设计平衡计分卡绩效评价指标奠定基础。

3. 结合管理模式和运作流程，分解战略目标

由于各个企业战略目标不同，在管理模式和运作流程上侧重点不同，因此在战略目标分解时应了解企业自身特点，根据各职能部门职责确定目标，从而保证目标的协调发展。

4. 根据平衡计分卡的四个维度，构建绩效评价体系

按照战略地图描述的财务、客户、内部流程和学习与成长四个层面的战略目标，构建相应的绩效指标体系。这一过程使战略目标转化为四个层面之间具有因果关系的绩效驱动链，由此形成的绩效指标体系以战略为指导，能够反映战略实施的关键环节。

5. 建立有效的反馈机制，不断完善战略地图和平衡计分卡

平衡计分卡是个动态反映的过程，这就要求企业从全局出发，不断优化各个层面

之间的因果关系，修正平衡计分卡评价指标，最终形成科学的战略绩效评价指标体系。

（六）平衡计分卡的优势与不足

平衡计分卡不仅是企业绩效管理的工具，更是企业战略制定和战略执行的工具。自平衡计分卡被提出以来，得到了全球企业界的接受与认同，越来越多的企业在平衡计分卡的实践项目中受益。平衡计分卡存在固有的优点，但也有天生的缺点。

1. 平衡计分卡的优势

（1）使整个组织行动一致，服务于战略目标

平衡计分卡强调了绩效管理与企业战略之间的紧密联系，又提出了一套具体的指标框架体系，能够将个人绩效、部门绩效、经营单位绩效与企业组织整体绩效很好地联系起来，从而确保所有努力方向同企业战略目标保持一致。

（2）弥补了单一财务指标的不足

平衡计分卡遵从财务评价和非财务评价并重的业绩评价体系的设置原则。传统的业绩评价系统主要是对财务指标的评价。在日益激烈的竞争环境中，单一的财务指标评价不能全面反映企业的经营状况。平衡计分卡弥补了单一财务指标在客户、业务流程、产品创新、员工、企业文化等方面的不足，增加了客户、内部流程、学习与成长三个层面的非财务指标，很好地实现了财务指标和非财务指标的结合，形成了一套完整的指标体系。

（3）能够避免企业的短期行为

财务评价指标以过去的信息为依据，无法评价企业未来成长的潜力。非财务指标能很好地衡量企业未来的财务业绩。如提高客户满意度能够增加收入、培养客户的忠诚度、吸引新的客户、减少交易成本，能够提高企业未来的业绩。平衡计分卡从战略目标和竞争需要的角度出发，实现了企业长期战略与短期行为的有效结合。

2. 平衡计分卡的不足

（1）实施难度大

平衡计分卡的实施，要求企业有明确的组织战略，而且高层管理者具备分解和沟通战略的能力和意愿，中高层管理者具有指标创新的能力和意愿，因此管理基础薄弱的企业不适合引入平衡计分卡。

（2）建立指标体系较困难

平衡计分卡对传统业绩评价体系的突破在于它引进了非财务指标，克服了单一依靠财务指标评价的局限。然而如何建立非财务指标体系却是企业面临的一个难题。非财务指标较财务指标难以收集，需要企业长期探索和总结。并且不同的企业处所的行业、面临的环境不同，其战略需求不同，进而目标设定也不相同。因此，企业在运用平衡计分卡时，需根据实际情况加以仔细斟酌。

（3）指标取舍难度大

平衡计分卡涉及财务、客户、内部流程、学习与成长四套业绩评价指标，指标数

量多，指标间的因果关系很难做到真实、明确。按照卡普兰的说法，合适的指标数目是 23~25 个。如果指标之间不是完全正相关的关系，我们在评价最终结果的时候，应该选择哪个指标作为评价依据？如果舍掉部分指标的话，会不会导致业绩评价的不完整性？这些问题都是在运用平衡计分卡时要考虑的。

（4）指标权重分配比较困难

这里包括两个方面的含义，一是平衡计分卡四个层面的权重分配，二是各层面内部不同指标的权重分配。不同的指标权重，其绩效导向不同，最终评价结果不同。而平衡计分卡并没有说明针对不同发展阶段和战略需要确定指标权重的方法，因而权重的确定也没有一个客观标准，这就不可避免地使得权重的分配带有浓厚的主观色彩。

（5）部分指标的量化难以落实

部分指标尤其是部分很抽象的非财务指标的量化非常困难，如客户维度中的客户满意度以及学习与成长维度中的员工满意度如何量化等。这也使得在评价绩效的时候，不可避免地带有主观因素。

（6）实施成本大

平衡计分卡要求企业从财务、客户、内部流程、学习与成长四个方面考核战略目标的实施，并为每个方面制定详细而明确的目标和指标。除对战略的深刻理解外，需要消耗大量精力和时间把它分解到部门，并找出恰当的指标。而落实到最后，指标可能会多达 20~30 个，这在收集和考核数据时，也是一个不小的负担。并且平衡计分卡的执行也是一个耗费资源的过程。一个典型的平衡计分卡需要 3~6 个月去执行，另外还需要几个月去调整结构，使其规范化，因而总的开发时间经常需要一年或更长的时间。

（七）基于 BSC 和 EVA 的关键绩效指标体系的构建

如上所述，任何一种绩效评价方法都有其缺陷。近年来，一些商业银行将平衡计分卡、经济增加值评价法和关键绩效指标法三种方法结合起来，探索建立基于 BSC 和 EVA 的关键绩效指标的评价体系。其基本思路是以 EVA 为核心，以平衡计分卡（BSC）为纽带，通过价值传递，从 BSC 的四个层面去设计 KPI 指标，形成一套多方位的绩效评价指标体系。如图 2-12 所示。

1. 财务层面的 KPI 设计

商业银行的财务成果指标如净利润等，能够反映银行一定时期的经营活动的最终成果。在现代企业股东价值成为企业经营目标的环境下，银行的财务指标应该反映股东创造的价值。银行只有在获取比资本成本更高的收益时，才能为股东创造财富。由于 EVA 具有反映股东价值的特性，因此它成了各种指标的核心和原发性指标。按照 EVA 基本计算公式，遵循“杜邦财务分析法”的思路，进行层层分解，通过对银行盈利性、流动性、安全性和效率性进行分析，设计相互关联的财务层面的 KPI 指标。

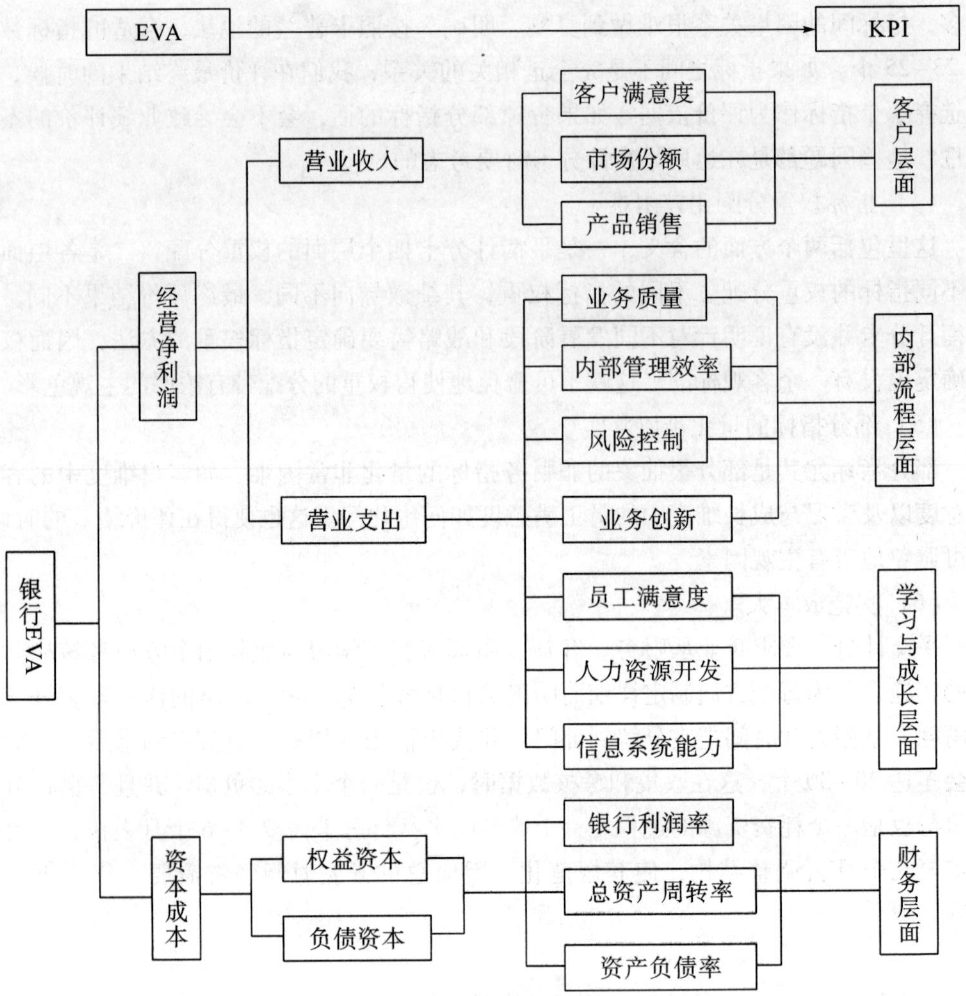

图 2-12　基于 BSC 和 EVA 的关键绩效指标体系的构建（示例）

（1）盈利性指标

商业银行的最终目标就是银行价值最大化，盈利水平的高低是评价和衡量商业银行经营效益的基本标准。因此，银行首先关注的是利用资产创造价值的水平，即银行的盈利能力。盈利性指标通常有总资产收益率、存贷款利差、资本利润率等。

（2）流动性指标

流动性作为清偿能力监管的核心指标，是指银行资产在不发生损失的情况下，能以合理价格获取可用资金并迅速变现的支付能力。银行不同于一般性质的企业，由于其经营货币并要应付日常的提取、结算以及法定准备金的要求，就会严重危及银行信誉，影响业务的发展，还会增加额外的经营成本。银行的流动性主要体现在资产和负债两方面，所以在指标设置时也应综合考虑这两方面的情况。流动性指标通常有流动性比率、存贷款比率等。

（3）安全性指标

简单而言，安全性就是要求银行能正确处置风险，尽量避免各种不确定因素对其资产、负债、利润、信誉等方面的影响，确保商业银行信用活动的稳健。银行在经营过程中面临着各种金融风险，而银行的资金来源中产权资本相对较少，资本杠杆比率比一般工商企业高，这使得银行承受风险的能力相对较差。为了保证银行的正常经营，必须充分注意资金的安全性。安全性指标通常有不良贷款率、资本充足率等。

（4）效率性指标

效率性原则是指商业银行经营过程中的财务效率化程度，即人员配置、资金的运用与设备投资的最佳组合等，良好的财务效率有助于提升商业银行的经营能力，而无效率往往是造成银行失败的主要原因。效率性指标通常有总资产周转率、成本收入比等。

2. 客户层面的 KPI 设计

在市场经济条件下，商业银行面临着激烈的竞争，银行必须满足客户需求，提供客户偏好的产品和服务，以确保市场份额。通过市场调查和市场细分，寻找自己的客户群，确定目标客户，提高市场占有率。同时，做好存量客户的维护和新客户的拓展，提高客户的忠诚度、满意度及获利能力。客户层面设立的指标通常包括市场份额、客户满意度、客户保持率、客户获利率、高价值客户及金融资产增长率、存贷款增长率、银行产品销售率等。如图 2-13 所示。

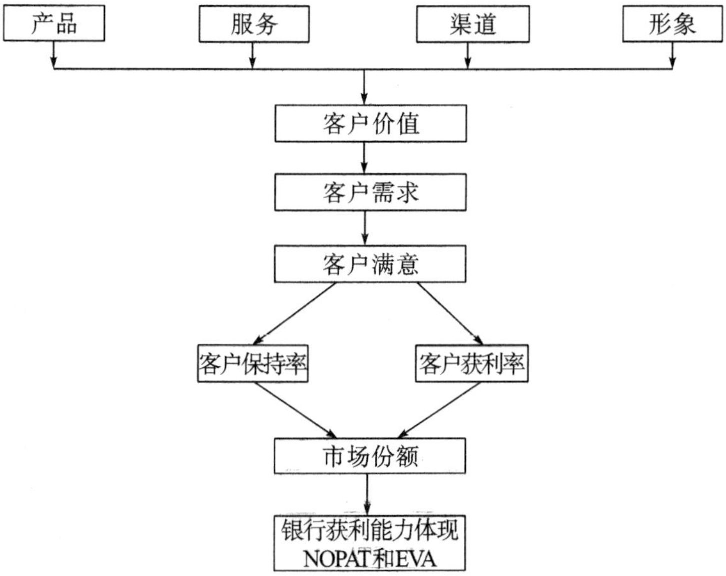

图 2-13　产品和服务—客户价值—银行盈利能力传递图

3. 内部流程层面的 KPI 设计

内部流程是指商业银行的内部业务流程的运作。内部业务流程的运作即客户需求—产品研发—产品营销—售后服务—满足客户需求的一系列活动。内部业务流程的有效运作是提高银行绩效的有力保障，是最大的业绩驱动因素。通过内部运作的实施，银行的战略目标得以落地、年度经营计划得以实施、客户需求得以满足。内部运作维度的指标选取可以按照业务质量、内部管理效率、风险控制和业务创新四个方面进行设置。业务质量指标通常有业务交易时间、业务差错率等。内部管理效率指标通常有前台/中后台员工比率、人均利润率等。银行风险控制指标通常有违规操作次数、诉讼案件数、内控评价、风险管理专项考核等。业务创新指标通常有新产品投资利润率、新产品利润贡献率、研发成本控制率、研发项目阶段成果达成率和项目开发准时率等。

4. 学习与成长层面的 KPI 设计

学习与成长是商业银行立足长远、面向未来的投资，是根据银行战略确定的未来发展方向而进行的人员储备，有利于银行在未来保持核心竞争力，形成竞争优势。只有通过学习与成长，提升员工素质、开发新产品，银行才能提高内部经营效率和服务质量，为客户创造更大的价值，获得新的市场，提高收入和利润。学习与成长包括人力资本、组织资本和信息资本。人力资本指标通常有员工培训合格率、培训项目投入等。组织资本指标通常有员工满意度、员工保持率、员工流失率等。信息资本指标通常有信息系统建设投入率、信息设备平均使用率等。

【案例分析】

为什么导入不如预期

两年前，某商业银行为了提升市场竞争力，夺回失去的市场份额，实现“区域领先银行”的企业愿景，聘请专家制订了战略规划，并开始在全行导入平衡计分卡管理工具。所有的导入计划和效果预测都让人感到欣喜。

但完备的导入计划在实施 15 个月后，这家银行的业绩不仅与当初的财务预期相差甚远，而且在当地的同业市场份额进一步下滑。

为什么导入不如预期？我们发现，这家银行的战略具体实施步骤和技术架构都相当完备，但是银行高层管理者在绩效管理导入过程中仍然固守着短期利益思维，有意或无意地过分强调财务指标，忽视非财务指标，这种“换汤不换药”式地固守传统绩效管理模式的做法，当然不会带来预期的效果。

据统计，我国企业制定详细的绩效目标后，90%并不会达到原来的预期。虽然财务指标可以很好地反映企业的投入与产出的对应关系，如资产回报（ROA）、经济增加值（EVA）、成本收入比等，可以反映企业的盈利能力，但是过于重视财务指标带来的问题是，重视短期盈利能力，而缺乏对长期利益的关注。在一味地追逐短期盈利当中，企业的发展定位要么“眼高手低”，要么对既定的发展目标“钻牛角尖”。现代管理学大师彼得·德鲁克指出，对于企业经营目的只有一种适当的解释——“创造消费者”。消费者决定了企业的本质。现实情况下，我国企业过分重视财务指标，根本谈不上为顾客创造价值，这使得企业所制定的战略缺乏基础。

于是，就会出现这样一种现象：当被财务目标吸引的企业面对目标客户增长乏力的尴尬局面时，管理者们便将发展战略束之高阁，绩效管理的作用被淡化，寄希望于用先进信息技术的量化数据和技能培训来提升绩效，于是企业资源计划系统（ERP）、客户关系管理系统（CRM）、全面质量管理、标准化管理等被大家热烈追逐。

当然，信息管理系统和标准化管理确实能够帮助银行提升业绩，却不能保障银行得到可靠的绩效结果。因为信息技术与标准化管理并不能使员工更加热爱工作，也不能准确传达战略决策。员工因缺乏对银行战略的了解和认同而无法产生持续的内在动力。因此，尽管CRM被普遍使用，但银行仍然被不满意的顾客纠缠，经过标准化管理导入的网点的服务质量仍然出现反复。

过度重视财务指标对于企业并没有太多意义。目前我国商业银行生存在越来越开放的市场环境中，财务和非财务指标因素将业绩评价与战略实施结合起来，使得财务指标与非财务指标对业绩评价系统都非常重要。很显然，当银行着眼于确定预算和短期目标时，财务指标的使用高于非财务指标。但是非财务指标评价与银行长期业绩关系紧密，企业战略、企业文化、经营环境以及外部报告和预算信息因素，都会对银行业绩评价产生长期而深远的影响。

非财务指标之所以对企业十分重要，是因为它能帮助企业修改既定的目标或计划，保持战略执行的灵活性。企业文化等非财务指标能让组织成员产生强烈的集体归属感，通过精神的感召力影响员工的行动。它也能够促使中层管理人员重视对企业员工至关重要的激励与培养。因此，非财务指标是企业业绩长久持续增长的内在动力。事实上，也只有非财务因素才能使业绩评价系统与企业战略管理真正联系起来。因此，忽视非财务因素无疑会最终导致绩效管理导入失败。

【知识链接】

汇丰银行员工职业素质词典

自20世纪90年代中期起，发达国家的一些商业银行开始结合自身业务实际，编制适合企业战略需求的员工素质词典，并应用于实际业务层面，取得了良好的效果。英国汇丰银行员工职业素质词典如表2-12所示。

表2-12

类型		内容
内生素质	主动性	·能够阐述、传递对自我能力的强烈自信 ·作为执行主管能够保持自己的主动精神 ·时刻准备做出和支持、执行决定 ·面对高级主管，勇于承认自己的不足和错误、导致的风险 ·乐于接受反馈和向他人提供反馈 ·直接、公开的交流 ·听取他人意见、考虑他人需求，善于移情思考问题 ·了解自己对他人的影响，识别他人动机，判断他人优势

表2-12（续）

类型		内容
内生素质	团队精神	·能够在自己的领域和思想中包容他人 ·能够与同事共享信息、知识、关系、网络及其他资源 ·准确使用可获得的各种支持服务，善于利用团队成员的技能 ·乐于介绍他人的思想与建议
	影响力	·有风度、魅力和较高的领导艺术 ·行为得体，有策略、艺术地说服他人，善于理解他人 ·能够激励他人的热情，传递正能量 ·善于在群体中传达、交流重大决定和方针 ·注重现场管理
工作能力	组织能力	·善于组织会议，确保产生最佳影响 ·善于识别工作的优先次序，有计划地安排各项工作 ·善于从最后期限倒推，周密安排工作进度 ·能够预见资源需求 ·进行目标管理，为自己和员工设定时间要求 ·善于处理员工个人利益与银行组织利益的关系
	业务承担能力	·能够在工作时间框架内提出解决问题的办法 ·勇于承担任务、问题、困难，克服个人因素，确保解决问题 ·主动行动，勇于设定挑战性目标 ·承认自我发展领域，努力获取新技能、能力等
	目标能力	·坚持计划，不走歧路，为了将来可以牺牲现在 ·条件不成熟时不急于求成，能够等待时机和最佳时机 ·采取长期观点，根据长期目标评价选择方法
	合作能力	·勇于承担集体责任 ·具有合作意识与眼光 ·能够努力为公司其他部门寻求生意机会
知识素质	了解能力	·发展、保持高层网络和与公司内外的正式沟通 ·了解将要发生的事情和当前的进展 ·监督竞争活动 ·掌握时事、经济、文化问题与情况
	分析能力	·对复杂问题总揽清晰、认识深刻、理解透彻 ·迅速、准确地抓住信息和问题的核心 ·善于根据新信息进行思考 ·容忍冲突和分歧的信息与思想，并善于处理冲突与分歧
	指示能力	·能够创造、选择方法，并能预见所选择的方法对他人的影响 ·创造能够赢得他人尊重的创新解决方法 ·明确战略方向
	适应能力	·赞同变化 ·向现状挑战

七、非系统考核法

在实际工作中，除了前面我们讲到的系统的绩效管理方法外，还会运用到很多零散的考核方法，我们称之为非系统考核法。非系统考核法的运用比较有针对性，具有一定的实践意义。这里我们主要介绍评级量表法、图解式考核法、关键事件考核法和行为等级锚定法等银行常用的考核方法。

（一）评级量表法

评级量表法是一种被广泛采用的考评方法，它把员工的绩效分成若干项目，每个项目后设一个量表，由考核者做出考核。评级量表法之所以被运用得最多，是因为它极易完成，而且费时少，又易学，有效性也很高。某商业银行员工行为考核评定表法如表 2-13 所示。

表 2-13　　员工行为考核评定表

<table>
<tr><td>姓名：
单位：
岗位：
日期：</td><td colspan="5">考核说明：
1. 每次仅考虑一个因素，不允许因某个因素给出的考核结果而影响其他因素的考核。
2. 考核整个考核时期的绩效情况，避免集中在近期的事件或孤立事件中。
3. 以满意的态度记住一般员工应履行的职责，考核结果高于一般水平或优秀的，表明该员工与一般员工有明显的区别。
4. 评定标准：A. 10 分，B. 8 分，C. 6 分，D. 4 分，E. 2 分。</td></tr>
<tr><td>考核等级
考核内容</td><td>A. 优秀，不断地超出要求</td><td>B. 良好，经常超出要求</td><td>C. 一般，一直符合要求</td><td>D. 低于一般，需要改进，有时不符合要求</td><td>E. 较差，不符合要求</td></tr>
<tr><td>求实进取：
工作讲求实际，脚踏实地，并以结果为导向，设定较高目标，不断超越自我，力求把工作做到最好。</td><td></td><td></td><td></td><td></td><td></td></tr>
<tr><td>客户导向：
以客为尊，有帮助和服务客户的愿望及行动，努力发现并满足客户的需求，提升客户满意度，实现双赢。客户包括内部客户和外部客户。</td><td></td><td></td><td></td><td></td><td></td></tr>
</table>

表2-13(续)

诚信合规： 诚恳正直，信守承诺，秉持个人行为与本行的企业价值观、道德规范的统一；正确理解、贯彻执行银行现行的规章制度体系，践行和倡导合规文化。					
团队合作： 以实现共同的团队目标为导向，明确团队角色，积极配合团队成员工作，协调化解内部冲突，提升团队成员归属感，实现共同利益目标。					
创新变革： 能够适应环境的变化，解放思想，接受并参与变革；善于学习和吸收新知识、新观念，能创造性地开展工作。					
高效执行： 及时响应客户需求和上级指示，提高执行效率；传达、检查和评估工作目标的执行，确保执行效果。					
合计分数					
改进和成长： □当前是最好的或接近最好的绩效； □经过进一步培训和实践能取得进步； □没有明确的改进方向。 员工自我评价：同意□　　　不同意□ 负责人评价：					

员工	负责人	审核人
日期	日期	日期

在表 2-13 中，对每项考核内容和每一考核等级都给出了定义。对考核内容和等级描述得越精确，则给员工的绩效评价越精确。有些考核表对被考核者做出最高或最低考核评价时，要求考核者说明理由。例如对一名员工的“客户导向”项目考核为“较差”，则考核者需要提供这种低考核结论的书面说明，这样做的日的在于避免出现过于草率的评价。

评级量表法既简单又省事，可以测评很多考核目标。但评价量表法也有缺陷，使用这种量表，考核者很容易产生晕轮效应误差和趋中效应误差。过于宽大的或中庸的考核者，会把每个人的每个项目很快地评为高分或平均分。多数评级量表法并不针对某一特别岗位，而是适用于组织的所有单位，因而不具有针对性。

（二）图解式考核法

图解式考核法也称图尺度考核表。图解式考核法主要针对每一项评定的考评内容，预先订立基准，包括依不间断分数程度表示的尺度和依等级间断分数表示的尺度，前者被称为连续尺度法，而后者被称为非连续尺度法。实际运用中，常以后者为主。

利用图尺度考核表不仅可以对员工的工作内容、责任及行为特征进行考核，而且可以向被考核者展示一系列被认为是成功工作绩效所必需的个人特征（如合作性、适应性、成熟性、动机等），并对此进行考核。员工行为能力图尺度考核表如表 2-14 所示。

表 2-14　　　　员工行为能力考核图尺度考核表

<table>
<tr><td colspan="3">员工姓名：</td><td>单位：</td></tr>
<tr><td colspan="3">岗位：</td><td>日期：</td></tr>
<tr><td colspan="4">考核目的：□年度考核　□季度考核　□试用期考核　□晋升
□绩效不佳　□其他</td></tr>
<tr><td colspan="4">说明：请按照尺度表中标明的等级来核定员工的工作绩效分数，并将其填写在相应的分数框内，最终的考核结果通过将所有分数加总和平均而得出。</td></tr>
<tr><td colspan="4">考核等级说明：
O：杰出（outstanding）。在所有各方面的表现都十分突出，并且明显地比其他人优异得多。
V：很好（very good）。工作的大多数方面表现明显超出岗位的要求，工作水平是高质量的，并且在考核期间一贯如此。
G：好（good）。称职的和可信赖的工作水平，达到了工作绩效标准的要求。
I：需要改进（improvement needed）。存在缺陷，需要进行改进。
U：不令人满意（unsatisfactory）。工作总的来说无法让人接受，必须立即加以改进。</td></tr>
<tr><td>考核要素</td><td colspan="2">考核尺度</td><td>考核实施依据或评语</td></tr>
<tr><td>求实进取：
工作讲求实际，脚踏实地，并以结果为导向，设定较高目标，不断超越自我，力求把工作做到最好。</td><td>O　□
V　□
G　□
I　□
U　□</td><td>100~91
90~81
80~71
70~60
60 及以下</td><td>分数：

事实依据或评语：</td></tr>
</table>

表2-14(续)

客户导向： 以客为尊，有帮助和服务客户的愿望及行动，努力发现并满足客户的需求，提升客户满意度，实现双赢。客户包括内部客户和外部客户。	O □ V □ G □ I □ U □	100~91 90~81 80~71 70~60 60 及以下	分数： 事实依据或评语：
诚信合规： 诚恳正直，信守承诺，秉持个人行为与本行的企业价值观、道德规范的统一；正确理解、贯彻执行本行现行的规章制度体系，践行和倡导合规文化。	O □ V □ G □ I □ U □	100~91 90~81 80~71 70~60 60 及以下	分数： 事实依据或评语：
团队合作： 以实现共同的团队目标为导向，明确团队角色，积极配合团队成员工作，协调化解内部冲突，提升团队成员归属感，实现共同利益目标。	O □ V □ G □ I □ U □	100~91 90~81 80~71 70~60 60 及以下	分数： 事实依据或评语：
创新变革： 能够适应环境的变化，解放思想，接受并参与变革；善于学习和吸收新知识、新观念，能创造性地开展工作。	O □ V □ G □ I □ U □	100~91 90~81 80~71 70~60 60 及以下	分数： 事实依据或评语：
高效执行： 及时响应客户需求和上级指示，提高执行效率；传达、检查和评估工作目标的执行，确保执行效果。	O □ V □ G □ I □ U □	100~91 90~81 80~71 70~60 60 及以下	分数： 事实依据或评语：

图解式考核法的优势是实用，开发成本小。其不足是不能有效地指导行为，也就是说，评定量表不能清楚地指明员工必须做什么才能得到某个确定的评分，因而对被期望做什么可能一无所知。例如在“团队合作”这一项上，员工被评为“I”级，可能很难找出如何改进的办法。此外，图解式评定量表在评价过程中也可能因潜在的偏见而影响考核的准确性。

（三）关键事件法

关键事件法又称重要事件法，它由美国学者弗拉赖根（Flanagan）和贝勒斯（Baras）创立。关键事件法就是利用收集到的有关工作表现的特殊事例进行考核。关键事件法在商业银行绩效考核中被广泛地运用。

1. 关键事件的含义

关键事件是由员工或团队的关键行为产生的、对个人或团队绩效产生决定性影响的行为结果。关键事件应该能够反映个人的行为特征，对工作本身、工作团队或组织能够产生较大的作用，对工作发展有较深远的影响。但是，关键事件必须是与关键绩效相联系的关键行为及结果，员工履行其职责的日常性行为、非工作行为及其结果不应被视为关键事件。

员工的关键事件按性质可以分为正向关键事件和负向关键事件两种类别。正向关键事件是指对个人绩效及组织绩效产生了积极影响的关键事件，包括：超出了个人绩效承诺目标或一般工作要求的工作业绩，对组织绩效提升有重大贡献；支持周边协作、跨部门项目工作；在本职工作以外为组织或部门的文化建设、组织氛围建设等做出了明显的贡献；提出合理化建议并取得了重要或重大成果。负向关键事件是指对个人绩效及组织绩效产生了消极影响的关键事件，包括：重大的或重要的工作失误、重大的违纪行为等。对于关键事件的分类还可以按照属性或范围进行界定。但是无论如何，关键事件总是由行为和结果两方面构成的，并且关键事件法就是通过对这些正向或负向的关键事件的记录，从而对员工的绩效或能力作出判断与评价。正向的关键事件被用于支持和佐证员工的某种绩效状况，负向的关键事件则用于否定员工的某种状况。

2. 关键事件法的含义

关键事件法（Critical Incident Method，CIM），又称工作抽样法，它是由考核者通过观察、记录被考核者的关键事件，而对被考核者的工作绩效进行考评的一种方法。如前所述，当被评估者的某种行为对组织的绩效产生了积极或消极的重大影响时，这种行为就可以被称为关键事件。关键事件法要求评估者对具有代表性的关键事件进行书面记录，这些记录将同其他资料一起被用于对被评估者的工作进行评价。关键事件法通过工作中的关键事件，制定相应的扣分和加分标准，以此对被考核者的业绩进行评价。比如绩效考核中的所谓“一票否决制”，其实就是从这里衍生出来的。某商业银行关键事件考核示例如表 2-15 所示。

表 2-15　　某商业银行员工正向关键事件考核（示例）

1. 考核期间员工堵截、防范各类诈骗案件、重大业务差错的，每次加计 1 分。
2. 考核期间本人受到市分行、省分行、总行表彰奖励的，分别加计 1 分、2 分、3 分。
3. 考核期间员工参加技能比武或条线竞赛受到市分行、省分行、总行表彰奖励的，分别加计 1 分、2 分、3 分；得前三名或一等奖，加倍计分。
4. 考核期间网点负责人所在网点受到市分行、省分行、总行表彰奖励的，分别加计 1 分、2分、3 分。
5. 考核期间运营主管与下列事项加分挂钩： （1）对单位负责人或业务主管部门的违规、违纪行为予以抵制，并及时向上级行书面报告的，每次计 1 分。 （2）主动发现、揭露、制止重大违规问题、事故、案件的，每次计 2 分。 （3）网点堵截、防范各类诈骗案件、重大业务差错的，每次计 1 分。 （4）所在网点运营管理条线受到营业部、省分行、总行表彰奖励的，分别计 1 分、2 分、3 分。

3. 关键事件法的操作

关键事件法的操作包含了三个重点：第一是观察，第二是书面记录，第三是依据关键性事实考核。这种关键性事实，应该是上级主管平常及时记录在案，并在考核时点，通常是季度和年度，由主管依据记录对被考评者进行考核。

关键事件的操作步骤可以归纳为 STAR 法，即在平常进行记录时要关注以下几个要点：Situation（情景）——事件发生时的情景是怎样的；Target（目标）——要达到什么样的目的；Action（行动）——被考核者当时采取了什么样的行动；Result（结果）——被考核者采取行动之后获得了什么样的结果。

关于关键事件法的操作与运用，一般还有如下几种具体方法：

（1）关键事件清单法。关键事件法也可以开发一个与员工绩效相联系的关键行为清单，以此进行绩效考核。关键事件清单法常常给予不同的项目以不同的权重，表示某些项目比其他项目重要。

（2）行为定位评级表。这种量表把行为考核与评级量表结合在一起，用量表对员工绩效做出评级，并以关键事件对量表值做出定位。

4. 关键事件法的优势与不足

（1）优势

■可以为考核者向被考核者进行绩效反馈提供确切的实施证据。

■可以避免近因效应的误区。因为绩效考核所依据的关键事件是在一个考核周期内累积出来的结果，是被考核者在整个考核期内的表现，所以能够有效避免近因效应。

■有利于保存一种动态的关键事件记录，还可以获得关于被考核者是通过何种途径消除不良绩效的实例。

（2）不足

■运用关键事件法进行绩效考核，需要花费大量的时间去收集那些关键事件，需要进行长期的认真观察，了解员工的工作行为并加以概括和分类，操作过程比较长，成本比较高。

■关键事件法缺乏横向或纵向的比较，有一定的主管随意性。

■关键事件法关注的是对工作绩效显著有效或无效的事件，这就遗漏了平均绩效水平。所以利用关键事件法，对中等平均绩效的员工就很少涉及，而这部分员工一般是企业的主体。

在实际管理中，商业银行首先要注意结合实际制定关键事件考核办法，明确关键事件操作法的责任人并赋予其相应的管理权限，确定关键事件标准，建立员工对关键事件申报、审批、录入和查阅流程，建立相关考核台账和基于信息技术平台的员工关键事件信息库。其次，在建立起关键事件法管理体系后，员工的各种关键事件不仅可以被运用于员工的绩效管理，还可以被运用于员工的诚信管理，以及日常工作过程中的行为及结果的引导。最后，要注意关键事件法的运用与银行网点文化、员工素质模型和任职资格标准之间的相关性，将关键事件作为绩效考核、晋升晋级、评优评先的重要参考依据。

（四）行为等级锚定法

1. 行为等级锚定法的含义

行为等级锚定法（Behaviorally Anchored Rating Scale，BARS）也称行为定位法，是一种将同一职务工作中可能发生的各种典型行为进行评分度量，建立一个锚定评分表，以此为依据，对员工工作中的实际行为进行测评的考评方法。它由美国学者史密斯（P. C. Smith）和肯德尔（L. Kendall）于20世纪60年代提出。

行为等级锚定法是关键事件法的进一步拓展和应用，它将关键事件和等级评价有效地结合在一起。观察一张行为等级评价表可以发现，在同一绩效维度中存在一系列的行为，每种行为分别表示这一维度中的一种特定绩效水平，将绩效水平按等级量化，可以使考评的结果更有效、更公平。行为等级锚定法如表2-16所示。

表2-16　　客户服务行为锚定等级考核表

□7	·把握长远盈利观点，与客户达成伙伴关系
□6	·关注顾客潜在需求，起到专业参谋作用
□5	·为顾客而行动，提供超常服务
□4	·个人承担责任，能够亲自负责
□3	·与客户保持紧密而清晰的沟通
□2	·能够跟进客户，有问必答
□1	·被动回应客户，回答拖延、含糊

行为等级锚定法的目的在于：通过一个等级评价表，将关于特别优良或特别低劣绩效的叙述加以等级量化，从而将描述性关键事件法和量化性评级量表法的优点结合起来。

2. 行为等级锚定法的实施步骤

（1）进行工作分析，获取关键事件，由主管人员做出明确简洁的描述。

（2）建立评价等级。一般分为5~9级，将关键事件归并为若干绩效指标，并给出确切定义。

（3）对关键事件重新加以分配。由另一组管理人员对关键事件做出重新分配，把它们归入最合适的绩效要素指标中，确定关键事件的最终位置，并确定绩效考核指标体系。

（4）对关键事件进行评定。审核绩效考核指标等级划分的正确性，由第二组人员将绩效指标中包含的重要事件由优到差、从高到低进行排列。

（5）建立最终的工作绩效评价体系。

3. 行为等级锚定法的优势与不足

（1）优势

■对员工绩效的考量更加精确。

■绩效考评标准更加明确。评定量表上的等级尺度是与行为表现的具体文字描述一一对应的，或者说通过行为表述锚定评定等级，使考评标准更加明确。

■具有良好的反馈功能。评定量表上的行为描述可以为反馈提供更多必要的信息。

■具有良好的连贯性和较高的信度。使用该方法对考评者使用同样的量表，对同一对象进行不同时段的考评，能够明显提高考评的连贯性和可靠性。

■考评条理清晰，各绩效要素的相对独立性强，有利于综合评价判断。

（2）不足

行为等级锚定法的主要不足有：设计和实施的费用高，比许多考评方法费时费力；考核某些复杂的工作时，特别是那些工作行为与效果的联系不太清楚的工作，管理者容易着眼于对结果的评定而非依据锚定事件进行考核。

【案例分析】

关键事件法在客户管理中的运用

个人高端客户已经成为各家商业银行争夺的焦点，能不能挖掘和维护好个人高端客户已经成为银行能否在金融市场中立足和是否具有竞争力的关键因素。CSX 支行所在区域有 50 万个人优质客户，但该行的市场占有率却不足 20%，与该行大型商业银行地位很不相称。

CSX 支行个人存款市场份额和个人贵宾客户占有率长期无法提升的原因主要在于：个人贵宾客户管理不到位，如个人贵宾客户的指派率和签约率仅分别为 29%和 31%，个人贵宾客户产品交叉销售率为 85%，CFE 使用率为 60%等。因此，制定切实可行的考核办法，强化高端客户营销和维护，是促进 CSX 支行个人业务发展的有效途径。为此，CSX 支行运用关键事件法制定了个人客户经理管户考核办法，旨在加强个人客户经理日常营销和维护个人贵宾客户的过程管理，考核结果不仅纳入个人客户经理综合绩效考核（权重分 10 分），而且与个人客户经理营销费用（如电话费、交通费等）挂钩，有效地激发了客户经理主动营销和拓展个人贵宾客户的积极性，效果十分明显。经过一年的努力，该行个人贵宾客户的指派率和签约率均达到了 90%以上，贵宾客户产品交叉销售率达到了 187%，CFE 使用率达到了 98%，已发卡客户达标率和已达标贵宾客户发卡率均达到了 90%以上，个人存款市场份额明显提升，提前完成上级行下达的各项个人业务目标任务。CSX 支行关键事件法在个人客户经理客户日常管理考核中的运用如表 2-17 所示。

表 2-17　　　　　　　　个人客户经理客户日常管理考核表

考核指标	权重	考核内容		计分规则
客户营销维护日常管理	100	贵宾客户升等	是否按月对本人管理的贵宾客户制订升等计划，次月客户日均金融资产是否提升 10%	每月检查 1 次，没有制订升等计划扣 5 分，次月贵宾客户日均金融资产提升比率未达 10% 扣 5 分
		CFE 系统登录	每日登录 CFE 系统查看工作提醒、商机管理及新指派的客户	每月检查不少于 3 次，未每日登录 C 系统的每缺 1 次扣 5 分
		电话邀约	每天电话邀约维护客户，专职客户经理每天不少于 20 户，其他管户经理不少于 10 户	每月检查不少于 3 次，未达到的 1 次扣 5 分
		客户维护活动	每月开展一次客户维护活动或“三进三扫”活动	未组织开展的 1 次扣 5 分
		客户基础管理	客户信息完备率（包括 C 系统客户信息和贵宾客户信息管理汇总表信息）、贵宾客户发卡率	每月检查不少于 3 次。①客户信息治理：白金卡以上客户未达 100%、金卡客户每月提升比率小于 15% 且 80% 以下的，各扣 5 分；②客户发卡率：白金卡以上客户未达 100%、金卡客户每月提升比率小于 15% 且 80% 以下的，各扣 5 分
		工作日志	每天登记个人贵宾客户管理工作日志	每月检查不少于 3 次，发现一次扣 5 分

第三章　银行战略绩效管理

当前，由于信息技术革命和社会经济金融结构发生了重大变化，商业银行赖以发展的外部经营环境与过去截然不同，所面临的经营压力不断加大，银行运行的不确定性不断增加。因此，传统的管理模式显然已经不能适应银行发展的需要，于是商业银行战略管理便应运而兴，并且不断完善，发展成为现代企业战略管理体系中的重要组成部分。

一、企业战略

“战略”一词自古有之，“战”指战斗、战争，“略”指谋略、策略。在我国《左传》和《史记》中已有“战略”一词。在西方，“战略”一词源于希腊语“strategos”，该词的意思是指挥军队的艺术和科学。

今天，战略的运用早就超出了军事范畴。20 世纪 60 年代中后期，战略思想开始被运用于商业领域，并伴随着社会学理论以及管理学理论的发展而发展。简单地说，所谓战略，是指对重大、带有全局性的或决定全局的问题的谋划和策略。

美国哈佛大学商学院教授安德鲁斯认为：“战略是目标、意图或目的，以及为达到这些目的而制订的主要方针和计划的一种模式。这种模式界定着企业正在从事的或者应该从事的经营业务，界定着企业所属的或应该属于的经营类型。”

哈佛大学的迈克尔·波特也认为：“战略是公司为之奋斗的一些终点与公司达到它们而寻求的途径的结合物。”

美国著名管理学家安索夫认为，企业战略是贯穿于企业经营中的基本主线，这条经营的主线由四个要素构成：①产品和市场范围，即企业所生产的产品和竞争所在的市场。②增长向量，即企业计划对其产品和市场范围进行变动的方向。③竞争优势，即那些可以使企业处于强有力竞争地位的产品和市场特性。④协同作用，即企业内部联合协作可以达到的效果，即 1+1>2 的现象。

美国学者霍弗和申德尔进一步认为，企业在制定自己的战略时，应该考虑企业资源配置和外部环境的相互作用。他们给战略下的定义是：“战略是企业目前和计划的资源配置与环境相互作用的基本模式，该模式表明企业将如何实现自己的目标。”

加拿大麦吉尔大学教授明茨伯格把战略定位为一系列行为方式的组合。他借鉴市场营销学中营销要素的提法，用计划、计策、模式、定位、观念等要素来对企业战略进行描述。其中，“计划”强调战略作为一种有意识、有组织的行动方案。“计策”强调战略作为威慑和战胜竞争对手的一种手段。“模式”强调战略最终体现为一系列具体的行动及实际结果。“定位”强调战略应使企业根据环境的变化进行资源配置，从而获得有利的竞争地位和独特的竞争优势。“观念”强调战略作为经营哲学的范畴，体现其对客观世界的价值取向。

归纳以上的观点，可以将企业战略定义为：企业对其长远发展方向、发展目标、发展业务以及发展能力的选择及相关谋划。企业战略一般有三层含义：一是分析和研究企业的内部条件和外部环境。二是确定企业的经营方向和发展目标以及实现这些方向和目标的政策、计划和措施。三是确保有关政策、计划和措施的落实。因此，企业战略的目的是明确企业的经营环境和市场定位，确定企业的长期发展方向、范围和任务，以求得企业在市场竞争中保持长期、持续和稳定的发展，从而实现企业价值最大化。

第二次世界大战结束后，随着现代科学技术和世界经济的迅猛发展，企业经营管理的内部条件和外部环境都发生了巨大变化，市场竞争也越来越激烈，如何未雨绸缪、运筹帷幄而决胜千里，成为所有企业家思考的课题。在此形势下，将战略运用于企业经营管理便成为企业家谋取竞争优势和实现企业长期发展的关键。

企业战略管理是对企业的经营活动实行的总体性管理，是企业制定和实施发展战略的一系列管理决策与行动。其核心是使企业自身条件与环境相适应，求得企业的生存和发展。

二、银行战略

商业银行战略分为总行层面的战略和经营单位（分支机构）层面的战略。总行层面的战略关注的是商业银行整体战略目标和活动范围，以及如何管理各个战略经营单位（分支机构）来创造企业价值。经营单位战略主要关注商业银行经营的各个经营单位（分支机构）如何获取竞争优势、识别和创造市场机会、产品和业务创新，从而达到商业银行所设定的总体目标。

商业银行战略管理是指商业银行为适应外部经营环境的变化，应对市场竞争，确保银行市场价值不断增长和长期可持续发展，而对未来一定时期内经营发展所要达到的目标及为实现这一目标所做的策划和谋略，即“为未来做现在的决策”。商业银行战略不只是书面的关于银行未来发展的规划策略文件，更表现为一种行动。商业银行战略管理包括使命愿景、战略目标、业务战略、职能战略四个部分。

使命愿景：企业未来要成为一个什么样的企业。

战略目标：企业未来要达到一个什么样的发展目标。

业务战略：企业未来要在哪些区域、哪些客户、哪些产品、哪些渠道发展，怎样发展。

职能战略：企业需要在市场营销、金融创新、人力资源管理、财务运营管理、信息科技、风险管理、品牌管理、企业文化等方面采取什么样的策略和措施以支持企业愿景、战略目标、业务战略的实现。

商业银行战略的根本目的是要解决银行的发展问题。使命愿景是商业银行战略的起点，它指明了银行的发展方向。战略目标是商业银行战略的要求，它明确了银行发展速度和发展质量。业务战略，包括区域战略、客户战略、产品战略和渠道战略，它是实现银行战略的手段，为银行的发展提供了发展点。职能战略是银行战略的支撑，它为银行发展提供了发展能力。使命愿景、战略目标、业务战略和职能战略构成了商业银行战略自上而下的四个层面。上一层面为下一层面提供方向和思路，下一层面为上一层面提供有力支撑，它们之间相互影响，构成一个有机的战略发展系统，如图3-1所示。

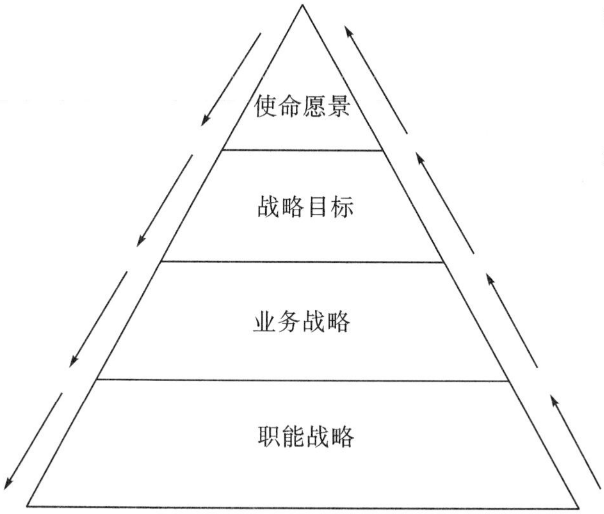

图3-1　商业银行战略框架

（一）使命愿景

企业愿景是指企业渴望实现的未来景象，是企业对未来长远发展方向的规划。它回答的是"企业在未来将成为什么样的企业"的问题。企业使命是在界定企业愿景概念的基础上，回答企业经营活动的范围和层次。

企业愿景是企业长期发展的方向、目标、理想、愿望，是企业自我设定的社会责任和义务，明确指出了企业在未来时间里是什么样及达到什么样的状况。关于其"样子"的描述主要从企业对社会的影响力，在市场或行业的排名，与客户、股东、员工、社会等利益相关者的关系等方面来表达。一般来说，企业愿景包括三个基本要素：大家愿意看到的（期望的）、大家愿意为之努力的（主动的），通过努力可以逐步接近的（可实现的），这是一个"胆大包天"的梦想。

伟大的公司都会制定远大的企业愿景来激励企业进步。远大的愿景可以促使大家团结一致集中于企业伟大的目标，激发所有人的力量，并为实现伟大目标而努力奋斗。

美国花旗银行的企业愿景是"一家拥有最高道德行为标准、可以信赖、致力于社区服务的公司”，使命是“致力于为消费者提供各种金融服务”。

中国建设银行的企业愿景是“为客户提供更好的服务，为股东创造更大的价值，为员工搭建广阔的发展平台，为社会承担全面的企业公民责任”，使命是“始终走在中国经济现代化的最前列，成为世界一流银行”。

中国工商银行的企业愿景是“建设最盈利、最优秀、最受尊重的国际一流现代金融企业”，使命是“提供卓越金融服务，服务客户、回报股东、成就员工、奉献社会”。

中国农业银行的企业愿景是“建设城乡一体化的全能型国际金融企业”，使命是“面向‘三农’、服务城乡、回报股东、成就员工”。

招商银行的企业愿景是“力创股市蓝筹，打造百年招银”，使命是“为客户提供最新最好的金融服务”。

中国民生银行的企业愿景是“创立义为先、利为基的富有社会责任的民营银行”，使命是“社会进步、慈善责任”。

（二）战略目标

战略目标是指企业为实现其愿景而在一定时间内对主要成果期望达成的目标值。战略目标反映了企业对发展速度与发展质量的要求，它的时限一般是3~5年。战略目标的设定，是对企业愿景的展开和具体化，是对企业愿景在企业某个发展阶段的进一步阐明和界定，是对企业经营活动所要达到的水平的具体规定。

商业银行战略目标是银行经营管理的起点。战略目标按时间维度可分解为年度目标、季度目标和月度目标，并形成商业银行从高层管理者到中层管理者再到基层员工自上而下的目标体系。战略目标是银行配置资源的依据，银行根据战略目标、各经营单位目标的大小，制订实现目标的计划，并配置相匹配的资源支持。

战略目标不仅使商业银行有了明确的发展方向，而且还使银行各层级、各经营单位、各部门及每位员工都有了奋斗目标。战略目标会使企业各方面的力量在战略目标引导下集中起来，形成一股合力，推动企业不断前进。战略目标及围绕战略目标分解形成的目标体系对各层级、经营单位、各部门和员工都具有很大的激励作用，它对每位员工都是一种鼓舞、一种动员，激励着每位员工充分发挥自己的积极性、主动性和创造性。

企业战略目标离不开战略资源的支持。商业银行主要战略资源有：

（1）第一战略资源，包括人力资源、人才资源和组织资源。

人力资源是指组织成员及其所具有的知识、技能、能力和潜力。人才资源是人力资源的一部分，是优质的人力资源。从人权角度讲，人不能为任何其他个人或组织所有，因此人力资源不能在资产负债表中反映出来。银行只能通过与员工签订劳动合同的形式来购买员工的时间、技能和劳动。商业银行可以通过资源的投入进行人才资源的开发和管理。这种投入与开发就形成了银行的人力资本，即银行通过教育、培训、轮岗等手段提升员工的技能、知识、能力，这种知识与技能可以为其所有者带来工资等收益，因而形成了一种特定的资本。

组织资源是指企业的组织结构类型与运作流程，其直接控制和运用各种要素，能够为企业带来增值。

（2）第二战略资源，包括客户资源、信息资源、知识资源、技术资源。

（3）第三战略资源，即金融资源，包括资本资源、资金资源。

此外，还有一些资源如环境资源（宏观和微观环境、一般和特殊环境、外部和内部环境）、关系资源（长期的、信任的合作关系和通过这种关系网络获得的外部资源与支持系统）、形象资源（员工形象、企业形象、社会形象）、物质资源（土地、建筑、设施、设备、材料）等。这些是由市场供求关系或企业自身的需要程度来决定其整体战略属性的资源。

优秀的企业都会制定一个具有挑战性的战略目标。万科为了实现“成为中国房地产行业的持续领跑者”的愿景，在 2005 年初制定了“2014 年实现销售收入 1 000 亿元，净利润 100 亿元，市场占有率 3%”的挑战性目标。华为公司制定了 2013—2017 年企业业务市场的 5 年战略目标，即“继续践行被集成战略，以客户需求为导向，在 2012 年企业业务收入 19 亿美元的基础上，2017 年销售收入达到 100 亿美元，实现国内和海外同步增长，并各占半壁江山”。

国内某大型商业银行 GS 银行通过深入分析，制定了 2009—2011 年战略目标，其预估值均高于其上个三年规划目标，如表 3-1 所示。

表 3-1　　　　GS 银行 2009—2011 年主要经营指标战略目标

指标		2008 年	2009—2011 年	
核心经营指标	资产收益率(ROA)	1. 21%	1. 12% ~ 1. 18%	
	股东权益回报率(ROE)	19. 39%	18. 4% ~ 18. 85%	
	成本收入比	29. 54%	控制在 38%以内	
	资本充足率	13. 06%	12%左右	
	核心资本充足率	10. 75%	保持在 8%以上	
	不良贷款率	2. 29%	控制在 2%左右	
	拨备覆盖率	130. 15%	力争维持在 130%以上	
	每股收益	0. 33 元	0. 44 元	其中:2009 年每股 0. 36 元,2010 年每股 0. 4 元

表3-1(续)

指标		2008 年	2009—2011 年	
主要发展目标	资产增长率	12.40%	保持 12%左右	其中:2009 年增长 17%~18%,2010—2011 年增长率保持在 12%左右
	贷款年增长率	12.10%	维持 10%左右	其中:2009 年增长 18%~23%,2010—2011 年增长率为 11%左右
	存款增长率	19.20%	12%	其中:2009 年增长率为 18%~19.5%,2010 年和 2011 年分别增长 12%左右
	非信贷资产增长率	12.60%	2009 年保持在 12%以上,2010—2011 年保持在 13.5%左右	
	净利润增长率	35.60%	三年年均复合增长率力争达到 10%	
	手续费及佣金收入增长率	14.70%	保持年均 20%左右	
结构调整目标	贷款净额/总资产	45.50%	2009 年提高至 47% ~ 49%,2010—2011 年控制在 46%左右	
	债券投资/总资产	31.20%	保持在 30%~32%	
	客户存款/总负债	89.90%	维持 90%水平	
	存贷利差/营业净收入	47.40%	2009 年 46%~48%,2010—2011 年保持下降趋势	其中,2010 年 45%~47%,2011 年下降至 43%~45%
	手续费及佣金净收入/营业净收入	14.20%	19%左右	其中:2009 年达到 16.5%左右,2010 年达到 18%左右
	投资利息收入/营业净收入	33.50%	2009 年力争保持在 28% ~ 30%,2010—2011 年保持在 30%左右	
效率目标	人均资产(万元)	2 530 万元	3 580 万元	其中:2009 年达到 2 930 万元左右,2010 年达到 3 230 万元左右。2011 年比 2008 年增长 42%
	人均营业净收入(万元)	81 万元	95 万~100 万元	其中:2009 年达到 81 万~84 万元,2010 年达到 85 万~90 万元
	人均拨备后利润(万元)	38 万元	49 万元	其中:2009 年达到 41 万元,2010 年达到 45 万元
	网均资产(亿元)	6 亿元	8.7 亿元	其中:2009 年提高至 7 亿元,2010 年提高至 7.8 亿元。2011 年比 2008 年增长 45%
	网均营业净收入(万元)	1 879 万元	2 290 万~2 390 万元	其中:2009 年达到 1 900 万~2 000 万元,2010 年达到 2 050 万~2 150 万元
	网均拨备后利润(万元)	881 万元	1 180 万元	其中:2009 年达到 980 万元,2010 年达到 1 070 万元。2011 年比 2008 年增长 33%

表3-1(续)

指标		2008 年	2009—2011 年	
竞争目标	贷款金融同业占比	13.70%	12%	保持同业第一位
	存款金融同业占比	16.60%	15%	保持同业第一位
	其中:个人存款	18%	18%	保持同业第一位
	手续费及佣金业务净收入同业占比(11 家上市银行占比)	27%	26%~30%	保持同业第一位。
	托管业务(11 家上市银行占比)		不低于 23%	市场占比第一位
	年金业务(11 家上市银行占比)		不低于 25%	
	电子银行业务(四行占比)		个人网银保持 40%,企业客户 45%	
	信用卡业务(六行占比)		发卡量 25%以上,信用卡消费额25%以上	确保同业第一位
	结算业务(四行占比)		35%以上	比 2008 年提高 5 个百分点,确保同业第一位

备注：四行即工商银行、农业银行、中国银行、建设银行；十一行即工商银行、建设银行、中国银行、交通银行、招商银行、中信银行、民生银行、浦东发展银行、兴业银行、华夏银行、深圳发展银行。

（三）业务战略

业务战略是指企业对未来发展目标的重大规划与策略。业务战略的主要目的是解决企业发展的战略增长点问题。商业银行业务战略包括区域战略、客户战略、产品战略和渠道战略等。

1. 区域战略

区域战略是企业在一定时期内对区域发展目标的规划及策略。商业银行从小到大会经历一个区域经营范围的变化，从最初的在一个城市经营，到达到一定规模开始跨省经营，再成为一个全国性的商业银行，直至全球性商业银行。商业银行在区域发展不同阶段的历程中，必然面临着要选择适合自身发展的区域战略模式。例如：

中国建设银行的区域战略是重点发展长江三角洲、珠江三角洲和环渤海地区等经济较发达地区市场的主要城市，并加快发展中国内陆省份的省会城市业务。

招商银行较早提出了“立足深圳，凭借香港，依托股东，积极发展国际业务”的区域发展战略。后来，随着业务规模的不断扩大，招商银行在完善国内网点布局的同时，加快了国际发展步伐。国内网点布局全国 30 多个省会城市、直辖市、经济资源集中地区，网点总数 400 多家，形成了覆盖珠江三角洲区域、长江三角洲区域、环渤海区域城市群以及其他经济中心城市的全国性服务网络。同时，积极实行国际化经营扩张，先是在香港设立了分行，后又在纽约设立了代表处。目前，招商银行已与 70 多个国家和地区的 900 多家银行建立了代理关系。这些海外机构的设立，使得招商银行更好地与国际金融市场接轨。

商业银行区域化战略模式包括异地设立分支机构，以及不同金融机构之间的联合、重组和并购等。

如上海银行，其前身为上海城市合作银行，从1998年成立之初总资产只有不到300亿元、存款余额200多亿元、贷款余额仅100亿元，发展到2005年末，上海银行总资产达2 394亿元，人民币存、贷款余额分别为1 939亿元和1 219亿元。上海银行依托长三角经济圈这一全国经济最发达地区的优势，在自身实力得到不断提升的基础上，开始谋求跨区域经营的发展战略。2005年，上海银行开始在宁波设立分行，成为我国第一家跨区域设立分行的城市商业银行。实施跨区域战略有利于上海银行充分利用上海作为国内金融中心在信息、技术、人才、市场、资金等方面的资源优势，实现银行资源的最佳配置，是上海银行布局长三角经济圈的一颗重要棋子，也将助推上海银行的国际化进程。

位于珠三角经济圈的深圳市商业银行，采取引进中国平安保险（集团）股份有限公司战略投资的方式，不仅获得了平安保险良好的公司治理结构、先进的管理机制、强大的销售网络等优势，更为重要的是深圳市商业银行可以依托平安保险集团的全国性经营性质，突破地域限制，成功实现跨区域发展战略目标。

天津市商业银行通过引进境外战略投资者——澳大利亚和新西兰银行集团20%的股权的方式，进一步增强了天津市商业银行在本地乃至环渤海地区和全国的综合竞争力，提升了天津市商业银行现代化经营管理能力和业务产品的创新能力，为天津市商业银行走出天津，服务和辐射京津冀经济圈奠定了坚实的基础。

2. 客户战略

客户战略是指企业在一定时期内对客户发展方面的规划和策略。任何一家企业的资源都是有限的，为了让有限的资源创造出最大的回报，商业银行必须在不同的客户类别上做出选择，集中定位服务对象。如汇丰银行将客户分为八大类：初出茅庐，刚参加工作；事业刚起步；事业小有成就；中年富有；退休富有；退休不富有；学生；家庭主妇。与国内目前都是“一个产品包打天下”不同，汇丰银行将其服务对象集中定位于事业小有成就和中年富有人群，其次是事业刚起步人群，对退休富有人群也提供一定服务。

中国建设银行客户战略是加强与大型企业客户的传统良好关系，关注电力、电讯、石油和燃气以及基础设施等战略性的龙头企业，以及与主要金融机构和政府机关的传统的良好关系，并选择性地发展与中小企业客户的关系。在个人银行业务方面，大力提高来自高收入客户市场的收益，同时通过提供更具成本效益和规模经济效益的产品，巩固大众客户基础。

中国民生银行客户战略是“民营企业的银行、小微企业的银行、高端客户的银行”。经过多年的积累，民生银行支持了一批民营企业进入世界500强、亚洲500强、中国500强。同时，民生银行自身公司价值和品牌效益也得到了大幅提升。在小微企业方面，民生银行从中国100万家小微企业中选出40万家小微企业进行信贷支持。稳定优良的信贷业务结构，对于民生银行的可持续发展和健康发展起到了重要作用。

3. 产品战略

产品战略是指企业在一定时期内对产品发展方面的规划和策略。商业银行提供什么样的产品，产品的定位是什么，产品的功能、特点怎样设计，都需要产品战略来解决。产品战略在业务战略中处于核心地位。区域战略、客户战略、渠道战略都需要通过产品战略才能落实。因此，很多商业银行非常重视产品创新。据统计，20世纪70年代以来，国际最优秀的商业银行提供的金融产品和服务，从当时的50多种增加到现在的500多种。目前，产品和服务创新正从传统的业务贷款经营模式向中间业务经营领域渗透，主要表现在三个方面：一是由单一产品创新逐步改变为商业模式和组合化服务创新；二是由以控制风险为目的的低风险传统产品逐步演变为突破经营风险的中度风险产品；三是由传统的总分制组织模式变革为依托专业化人才、先进的科技平台和科学的市场规划的专业化经营。如民生银行在金融市场业务、公司业务、零售业务、电子银行业务和一些中间业务等经营领域推出了一系列创新性产品和服务：公司业务方面，买方付息票据、企业财务革新计划和票据包买产品和服务；零售业务方面，“民生家园1+3”、钱生钱、信用卡及移动按揭三大绿色贵宾通道；电子银行业务方面，账户信息及时通知服务和网上开证等产品和服务。民生银行通过注重产品和服务创新，树立了良好的品牌形象。

当前，我国经济发展进入新常态，金融环境在发生深刻变化，金融脱媒加剧、利率市场化加快、互联网金融崛起以及新资本协议广泛实施、金融市场全面开放等，对商业银行传统的经营模式产生了巨大的冲击。特别是来自“互联网+金融”的颠覆性的挑战，已经让银行业沦落为一般企业。在此背景下，如何实行产品和服务的转换升级是银行面临的一个首要课题。为此，有些商业银行开始了积极探索。如民生银行在“以客户为中心、客户至上”的客户服务理念下，不仅要为战略客户提供现有的一揽子成体系的服务，还会紧贴互联网，与互联网平台企业成为相互合作的伙伴，为客户提供“金融+互联网”“互联网+金融”的“双+”服务。这主要体现在：首先打造智能化的客户服务系统，即智能管家服务，通过数据挖掘、行为分析，提供个性化的金融服务。其次，在大数据的支持下，改变原先自上而下的串联式审批，通过串联加并联，以数据化管理的方式提高审批效率。最后，在交易环节，实现完全网络化、数据化的线上系统，将网络融资和现金管理紧密结合起来。通过上述三个方面的创新，民生银行成为一家具有体制、机制活力和现代服务手段，最终能够支撑战略客户产业升级和可持续发展的现代银行。

4. 渠道战略

渠道战略是指企业为客户提供各种产品、服务方式或途径的规划和策略。在很大程度上，商业银行渠道的多寡、完善程度以及运营效率，体现了一家银行的市场竞争力，其中，渠道建设能力及其运营能力构成商业银行核心竞争力的重要内容。目前，商业银行渠道主要包括物理渠道（物理网点、自助银行）和虚拟渠道（电话银行、网上银行、手机银行等），它们相互依赖，相互补充，共同为客户提供金融产品和服务。

当前，国内商业银行在渠道建设方面存在的不足主要表现在：一是渠道定位不明确，发展方向不清晰。例如，手机银行、网上银行目前没有进行客户群划分，缺乏积极主动的营销，对于自助银行应提供多种业务的办理还是应作为营业网点的补充而专注于现金业务，以及各地区 ATM 是否应根据各城市的不同情况而赋予不同的功能等，定位仍不明确。二是网点布局不合理，网点资源利用不充分。尽管目前国内商业银行普遍加大了网点建设和改造力度，纷纷开始实施网点硬转型和软转型，但与客户的期望值仍有较大差距。三是渠道业务负载不平衡，虚拟渠道对柜台的代替作用没有充分发挥出来。许多客户对自助渠道和虚拟渠道认知度低，缺乏安全感，认为操作很复杂。四是网上银行和手机银行缺乏互动，客户使用热情不高。互动性是银行营销的根本。由于手机银行和网上银行程序化界面既缺乏亲切感又难以完整表达客户个性化的需求，银行因此失去了许多获取高利润的机会。五是各渠道比较注重交易功能，营销功能比较薄弱。比如新兴的虚拟渠道本身具有很多营销的优越性（与客户 24 小时对接、更容易获得高层次客户的青睐等），但由于功能开发和整合不够深入，虚拟渠道仍然以复制柜台简单的流程化交易功能为主，针对客户的具有营销功能的个性化产品和服务还很少。六是渠道间缺乏横向业务逻辑的复用，信息不能实现跨渠道共享。国内商业银行目前各渠道系统大都是在不同时间，采用独立的、无统一标准的方式陆续建成的，各渠道业务系统有着相互独立的交易处理流程、各自的数据信息、各不相同的业务架构和操作流程，信息不能实现跨渠道共享。七是缺乏内部转移价格，渠道利益冲突明显。各渠道各自为政，客户信息不能实现共享，渠道之间竞争无序，不能实现合作共赢。比如，在一些商业银行的绩效考核和产品计价机制下，由于考核数据提取以及绩效分成等因素，员工在销售产品时不愿意介绍客户向低成本渠道转移。

因此，商业银行必须加快渠道整合，充分发挥渠道整合的效应，实现业务数据和客户信息的统一处理，实现渠道之间相互的支持和配合。第一，把握整体战略，制订渠道发展战略规划。在充分研究和有效把握各种渠道对各种产品、各类客户、各类服务的不同作用，以及各类客户对不同渠道需求的基础上，积极稳妥地推动各类渠道与各类客户及产品和服务之间的整合，让客户、产品和服务与渠道合理适配，让各类渠道互为补充，充分发挥多渠道、立体化的效率与效应，以提升整体销售服务能力与竞争能力。第二，明确渠道地位，优化升级现有渠道。营业网点渠道方面，不断升级网点功能定位，实现网点由交易型向销售型转型。虽然虚拟渠道在银行交易规模中占比越来越大，但网点依然是商业银行最重要的渠道。从美国的情况看，尽管 20 世纪 90 年代以来，金融机构数量下降了 29%，但银行网点的数量却增加了 15%。这些新增的网点主要是针对富裕人群的高端客户的财富管理中心。未来营业网点的定位是：高附加值产品的销售场所，差异化服务场所，客户关系管理中心，高端客户理财中心，私人银行等。网上银行渠道方面，主要定位于非现金交易的低成本客户，进一步加强与现金管理、财富管理平台整合，锁定集团型企业客户和高端个人客户；充分发挥网上银行整合交易和信息的门户作用和网上银行零距离客户体验优势，增强个性化营销能力；同时以网上支付为基础，建设多功能的电子商务平台。手机银行渠道方面，主要定位于快捷支付领域的“资金池”，将是商业银行宣传信息、产品信息发布的主要渠道。第三，建立渠道整合平台，实现信息共享。在优化和升级各渠道基础上，商业银行应集中统一各渠道的运行维护管理功能，实现运行监控、权限管理、产品发布、统计分析、绩效考核、收费和优惠等业务管理功能，提供管理信息的统一视图。加强对渠道分析决策功能的研究和开发，制定统一的分析数据提取规范，为各渠道营销和经营管理提供科学有效的管理手段。建设多渠道间的产品知识、营销信息、客户资源和管理信息共享视图，丰富和完善客户信息系统对渠道的应用主题，完善客户信息内容，提高客户信息的准确度和综合利用率。通过提供统计分析等技术手段，为各渠道营销服务提供信息支持，使客户在任何渠道都能获得一致的服务。第四，优化流程，提高渠道运作效率。渠道整合的关键之一是流程优化，包括单一渠道内部的流程优化和渠道间协作流程优化。比如香港银行在整个架构中实行前、中、后台的分工，前台直接为客户提供“一站式”、全方位的服务，中台为前台提供宏观性、专业性的管理和指导，后台为全行提供后勤支持和中央化操作服务。近年来国内一些商业银行推广运用智能化的客户识别（人脸识别系统）、触摸技术、视频传输等技术的“智能柜台”等渠道创新，将网点中后台操作进行整合，有效地提高了流程效率。第五，建立技术架构，为渠道整合提供 IT 支持。坚实的技术架构是银行渠道整合和渠道发展的基础。商业银行首先要建立统一的数据资源平台和数据挖掘系统，进一步加强客户信息系统建设。在此基础上，加快知识库建设。实现对产品设计、产品营销、产品服务、销售管理、绩效考核等方面的支持，满足所服务客户对相关知识的查询、分析、挖掘和利用。实现产品应用由业务主导型向市场主导型转变，市场营销由产品中心型向客户中心型转变，经营管理由经验型向知识型转变。其次要进一步加强多渠道的客户管理系统（CRM）建设。根据客户需求变化，将柜台、网络、电话和自助银行设备等各种渠道与服务手段进行充分、深层次的整合，将各类系统中的客户签约资料、开户资料、贷款资料、代发工资记录和使用各种渠道的接触历史记录，载入客户信息数据库，让各渠道都能充分掌握客户的资料，以便更好地销售和经营产品。如图 3-2 所示。

综上所述，商业银行渠道战略不是简单地进行渠道的取舍，而是实行渠道整合，将各种独立渠道利用信息技术通过统一的通信标准和应用体系整合起来，实现所有虚拟渠道之间以及虚拟渠道与物理渠道之间的互联互通和信息共享，从而完整、实时地收集所有渠道的客户信息和业务数据，并根据对客户需求和行为的分析来设计产品和服务，最终通过适当的渠道把适当的产品和服务提供给适当的客户。

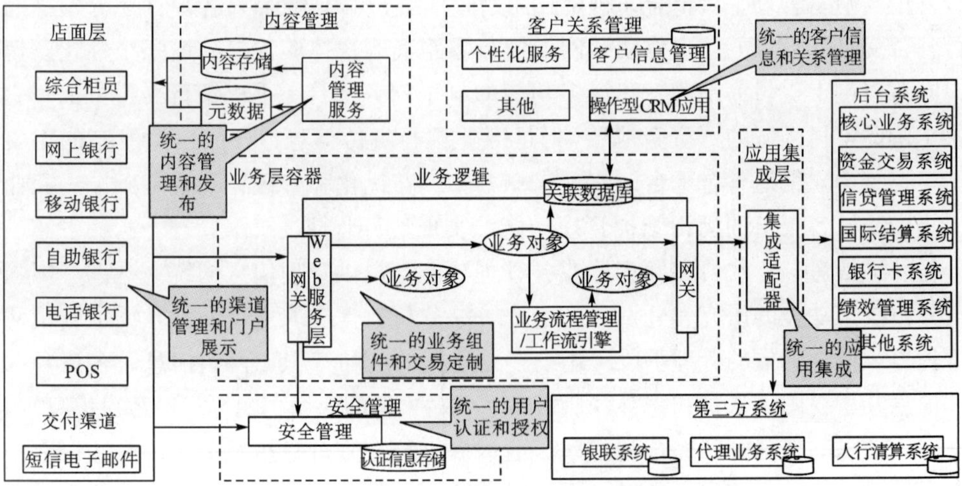

图 3-2　商业银行渠道整合逻辑框架图

（四）职能战略

职能战略是指企业为实现企业愿景、战略目标和业务战略，在企业职能方面的重大规划与策略。职能战略的主要目的是解决企业发展所需要的核心能力问题。商业银行职能战略包括营销战略、金融创新战略、人力资源战略、财务运营战略、科技战略、风险管理战略、品牌战略、企业文化战略等。职能战略是为战略目标和业务战略服务的，所以必须与战略目标和业务战略配合。

职能战略描述了商业银行在执行战略目标和业务战略的过程中，银行职能部门所采取的方法和手段。职能战略与业务战略有着本质上的不同：首先，业务战略是职能战略制定的基本依据，为职能战略提供基本方向，职能战略是业务战略的支持，服从业务战略的需要。其次，业务战略是解决银行发展的战略增长点问题，而职能战略为银行发展的战略增长点提供核心能力支持。以招商银行为例：

（1）金融创新战略

招商银行于 2004 年启动零售银行战略转型，目前已成为国内零售银行的标杆。近年来，受市场环境影响，商业银行过去依靠风险资产扩张的发展模式已难以为继，转型迫在眉睫，加上互联网金融的冲击，银行业不得不开启新的金融创新。在经营转型上，招商银行在 2014 年把“轻型银行”明确为二次转型的方向，并确立以零售金融为主体，公司金融、同业金融协调发展的“一体两翼”战略转型。在其“一体两翼”战略定位中，零售金融的重点业务突破口是财富管理、消费金融、小微金融三大领域，公司金融业务聚焦于交易银行、投资银行两大业务体系，同业金融的重点则是资产管理和金融市场双轮驱动。在零售金融创新上，招商银行推出“网上转账全免费”和“刷脸取款”新举措。在互联网金融创新上，招商银行以“流量、平台、数据”为结构布局，在互联网金融领域陆续小范围、实验性地进行探索。比如，“小企业 e 家”、

"招赢通"、智慧供应链金融系统，依托远程银行运营中心打造的财富管理 O2O 模式，利用移动互联网轻渠道和大数据技术搭建了大众客户移动互联轻平台等。

（2）科技领先战略

面对互联网的发展和普及，招商银行管理者确立了以科技创新促进业务发展的战略，致力于网络创新，大力发展网上银行，奠定了国内技术领先型银行的地位，是其核心竞争力的构成要素之一。2003 年 6 月，招商银行"一网通"作为中国电子商务和网上银行的代表，登上了被誉为"国际信息技术应用领域奥斯卡"的 CHP 大奖的领奖台。这是中国企业首次获此殊荣。

（3）品牌营销战略

"产品可以被竞争者仿造，而品牌是独一无二的"。招商银行打造的"一卡通""一网通"品牌，定位于文化人、对现代网络等新知识接受能力强的白领，通过网络延伸银行服务的触角，达到了节约银行服务成本、方便客户的双重效果。

（4）以人为本战略

一是实行"六能机制"。招商银行借鉴西方商业银行的管理体制，在国内商业银行中率先推出"六能机制"：人事管理上实行全员合同聘任制，员工和银行之间实行双向选择，能进能出；没有终身制和铁交椅，干部职务能上能下；收入能多能少，依工作绩效上下浮动。二是注重培训激励。招商银行对业绩优秀的员工，给予不同奖励，不断激励和挖掘员工的工作热情、智力潜能和创新意识，逐渐形成了一支素质高、业务精、敬业自强、朝气蓬勃的员工队伍，保证了招商银行实现一次次的新跨越。三是坚持"专家治行"和"以人为本"，不断完善人力资源管理和培训机制。招商银行每年进行 1 000 期培训，培训业务骨干 7 万多人次；此外，设有博士后科研工作站，与国内外科研院所建立了密切的研究合作关系。这些都对招商银行研究能力的增强、管理素质的提升以及高级人才的培养和引进产生了积极影响。四是柔性开放的沟通渠道。管理者必须善于沟通，使全员对组织的未来发展方向达成共识。招商银行拥有局域网 NOTES，员工可以运用电子论坛等渠道自由地发表言论，这种开放式的柔性沟通加强了组织的执行力和决策力。

（5）企业文化战略

企业文化是企业全体员工在创业和发展过程中形成的共同遵守的最高目标、价值标准、基本信念以及行为规范等的总和，能够促进企业核心竞争力的形成。招商银行在 18 年发展历程中创造了以"拼搏、创新、奉献"为核心，以"共同进取"为主要特征的"招银精神"和"招银文化"。这种独特的企业文化融入员工的行为、工作之中，成为招商银行管理的重要手段，从精神层面推动了招商银行的快速稳健成长。

招商银行完全依靠其内部资源整合形成的核心竞争力，在银行同业中脱颖而出。这种核心竞争力主要包括"力创股市蓝筹、打造百年招银"的战略定位，领先的业务创新以及强大的持续创新能力，以品牌营销为特色的市场营销，以人为本、任人唯贤的柔性管理，以"因势而变""一三五理念"为代表的鲜明的企业文化等，还有其他组成因素，如适宜的激励约束机制、高素质的员工队伍、成熟的风险控制理念、“因势而变、因您而变”的服务能力等。

三、银行战略实施与绩效管理

不少企业制订了非常规范、详细的战略规划，但大都被封存在保险柜里，只有上级领导到来时才成为“展示品”，企业实际的运行情况与战略规划相差甚远。也有不少企业制订了完整的战略规划，也试图执行，但欠缺有效的方法和手段，无法使企业战略与企业日常经营管理联系起来，最终战略规划的执行也只有不了了之，企业的战略无法有效落地。

商业银行在制定战略以后，最重要、最紧迫的一项任务就是努力实施战略，使之有效地落地。这是商业银行管理者面临的一个重要课题。

由于企业战略只是一个框架性的规划，时间跨度一般3~5年，所以执行起来往往比较困难。只有把战略转化为时间更短、企业各层级责任更加明确的具体目标，战略才能更加容易落地。一般来说，商业银行战略目标要逐步转化成年度目标、部门目标、经营单位目标以及个人目标，从而形成一个自上而下、自长而短的银行各层级的经营目标体系。

银行经营目标体系是自上而下层层分解的，即上级行经营目标通过分解落实到下级行的经营目标，而下级行的经营目标又需要通过分解落实，直至形成每一个员工个人的计划目标。

目标是商业银行各层级人员开展工作的主要依据，而银行各层级目标的达成就会自然地实现企业战略目标。商业银行各层级的目标达成，需要绩效管理体系来保障，因而，银行各层级的目标又对应形成银行各层级的绩效目标。与经营目标相反，理想的绩效目标体系是：个人绩效支撑组织绩效，下级行绩效支撑上级行绩效。因此，理想的绩效管理体系是自下而上、自短而长层层支撑的。商业银行各层级目标体系、商业银行各层级经营目标与关键绩效指标分别如图3-3、图3-4所示。

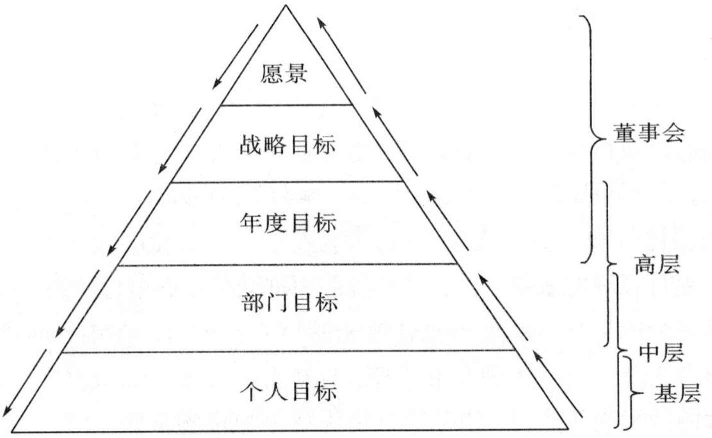

图3-3 商业银行各层级目标体系

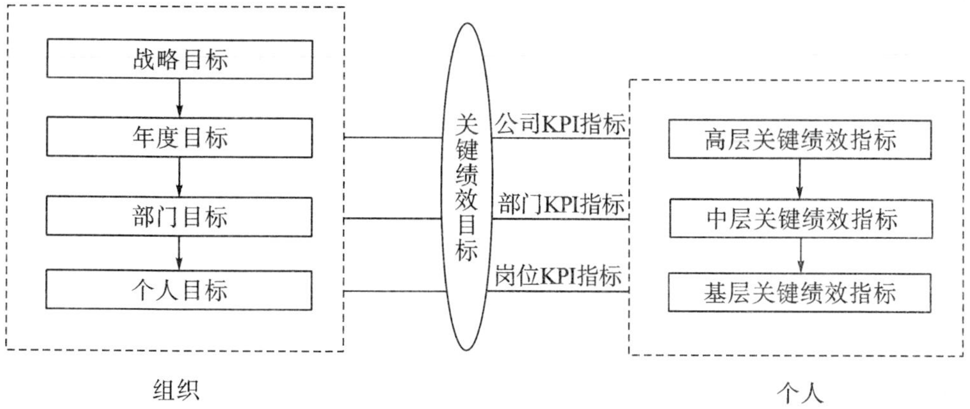

图 3-4　商业银行各层级目标与关键绩效指标

那么，如何把绩效管理与企业战略结合起来，使绩效管理能有效帮助企业战略落地，保证企业战略有效实现呢？

1992 年初，哈佛商学院教授罗伯特·卡普兰（Robert S. Kaplan）和戴维·诺顿（David P. Norton）先后发表与出版了一系列关于平衡计分卡与战略地图的文章和书籍，详细阐述了平衡计分卡和战略地图方法论体系。平衡计分卡和战略地图从财务、客户、内部流程、学习与成长四个角度来阐述绩效管理，它是一种面向战略的绩效管理体系。平衡计分卡与战略地图使企业绩效管理与企业战略落地有效地结合起来，被《哈佛商业评论》评为 21 世纪最具影响力的管理工具之一。

四、平衡计分卡与战略地图

平衡计分卡（The Balanced Score Card，简称 BSC），是 20 世纪 90 年代初由哈佛商学院教授罗伯特·卡普兰和诺朗诺顿研究所所长、美国复兴全球战略集团创始人兼总裁戴维·诺顿创立的一种全新的绩效管理方法。

平衡计分卡自被创立以来，在国际上，特别是在美国和欧洲，很快引起了理论界和企业界的浓厚兴趣与巨大反响。它打破了传统单一使用财务衡量业绩的方法，在财务指标的基础上加入了未来驱动因素，即客户因素、内部流程因素和学习与成长因素。

（一）平衡计分卡理论的创立

1992 年初，哈佛商学院教授罗伯特·卡普兰和诺朗诺顿研究所所长、美国复兴全球战略集团创始人兼总裁戴维·诺顿在《哈佛商业评论》上发表了《平衡计分卡——驱动业绩提高的测评体系》一文。在论文中，卡普兰和诺顿正式提出了平衡计分卡的概念和理论框架，第一次将财务指标与非财务指标结合起来，从财务、客户、内部流程、学习与成长四个层面衡量组织绩效，并详细地阐述了 1990 年初参加本研究项目采用平衡计分卡进行公司绩效考核所获得的成果。该论文发表后，卡普兰和诺顿很快就受到了几家公司的邀请，平衡计分卡开始受到企业界关注。

平衡计分卡是一种全新的绩效管理方法，能使高层管理人员快速而全面地考察企业的测评指标。平衡计分卡就如同飞机座舱中的刻度盘和指示器。为了操作和驾驶飞机，飞行员需要掌握关于飞行的众多方面的详细信息，诸如天气、燃料、飞行高度、速度、方向、目的地，以及其他能说明当期和未来环境的指标。如果只依赖一种指标，可能是致命的。同样的道理，在今天，组织的复杂性要求企业经理们能同时从几个方面来考察绩效。平衡计分卡一般从四个重要方面来考察企业，如图 3-5 所示。

（1）客户维度：客户如何看待我们？

（2）内部流程维度：我们必须擅长什么？

（3）学习与成长维度：我们能否不断创新并创造价值？

（4）财务维度：我们在股东眼里表现如何？

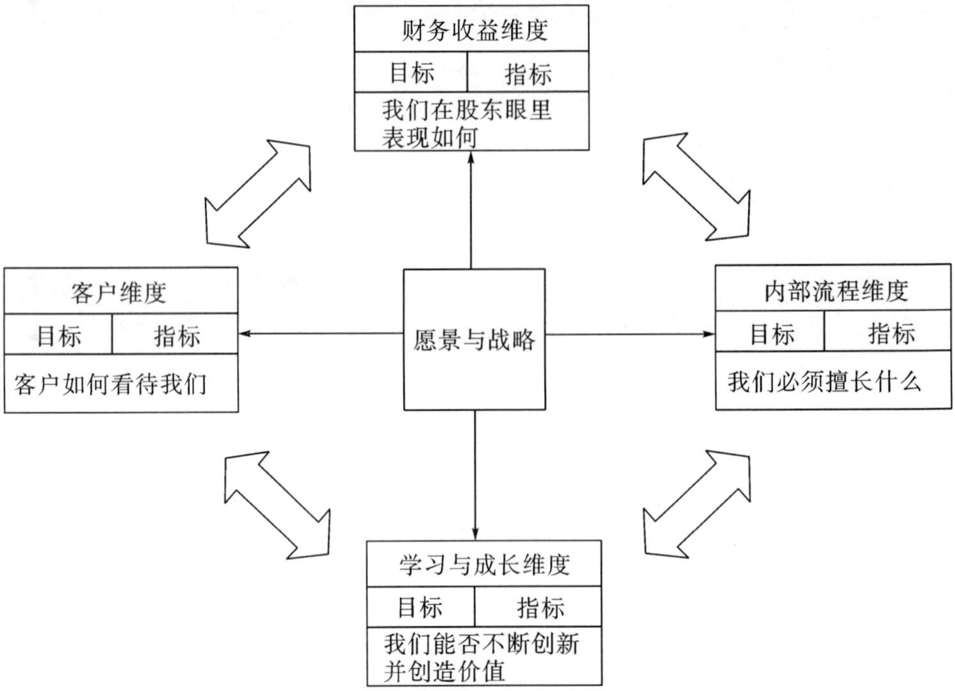

图 3-5　平衡计分卡的四个维度

第一，从客户维度看。许多银行都认识到客户的重要性，客户是商业银行利润的来源，客户资源是现代市场经济中最稀缺的资源，因此，银行要取得效益就必须考虑客户的需要，为客户创造价值。商业银行如何测评客户的需求呢？平衡计分卡要求把客户的需求转化为具体的考核指标，通过这些指标反映为客户带来价值的程度。

第二，从内部流程维度看。客户指标非常重要，但银行必须做什么才能实现客户预期的需求呢？客户的满意来自银行组织内部的程序、决策和行为，当具备这些核心能力时，为客户创造价值的问题自然迎刃而解。因此，商业银行管理者需要关注银行内部业务活动，确定和测量自己的核心能力。

第三，从学习与成长维度看。内部流程决定了商业银行为客户创造价值的能力，体现了银行的竞争优势。但是，银行经营的环境是不断变化的，激烈的竞争需要商业银行不断改进产品和流程，开辟新的业务。因此，商业银行需要测评自身的学习与创新能力，以保证商业银行稳健和可持续发展。

第四，从财务维度看。财务指标如利润、资产收益率等，是企业过去一段时期业绩的直接体现，是股东最为关注的指标。

（二）平衡计分卡理论的发展

自1992年罗伯特·卡普兰和戴维·诺顿在《哈佛商业评论》上合作发表了里程碑式的文章《平衡计分卡——驱动业绩提高的测评体系》一文，正式提出了平衡计分卡的概念和理论框架后，平衡计分卡在企业和其他许多组织得到了广泛的运用，许多知名的大企业、非营利性机构纷纷采用平衡计分卡体系来改善组织绩效。

1993年，卡普兰和诺顿发表了关于平衡计分卡的第二篇文章《在实践中运用平衡计分卡》，回顾了在实践中将平衡计分卡与公司战略衔接的经验，将平衡考核理论延伸至组织战略领域，特别提出依据对战略成功实施的重要性来选择绩效指标的观点。

1996年，罗伯特·卡普兰和戴维·诺顿在《哈佛商业评论》发表了他们的第三篇论文《运用平衡计分卡作为战略管理系统》。文中指出，平衡计分卡已成为重要的管理框架，涵盖了包括目标设定、运营计划、薪酬规定、学习与发展在内的众多企业运营环节，将平衡计分卡的应用提升至战略管理的高度。

1996年，罗伯特·卡普兰和戴维·诺顿关于平衡计分卡的第一本专著《平衡计分卡——化战略为行动》正式出版，书中详细阐述了平衡计分卡如何在四个维度分解企业战略，并将平衡计分卡考核指标与企业战略链接，以及在平衡计分卡的指标框架下，如何通过目标、行动计划、预算、反馈、学习和实施来贯彻企业战略。

（三）战略地图：从平衡计分卡到战略计分卡

早期平衡计分卡理论强调从四个维度衡量绩效，但未能明确四个维度之间以及每个维度内从上至下的逻辑，在实施过程中操作难度较大，因此在实践中，它作为管理理念的重要性远超过其作为具体的绩效管理方法。1995年，卡普兰和诺顿在其BSC管理咨询实践中逐渐开发出这一有效的沟通方式，即依据一系列战略分解与执行的逻辑关系，应用平衡计分卡基本框架建立因果关系的指标体系，使平衡计分卡变得便于操作和易于理解。2000年，卡普兰和诺顿的文章《自上而下打造战略地图》，系统地介绍了战略地图的思想，并提出了通用战略地图模板。管理人员可以依据通用战略地图模板设计他们自己的战略地图。

2001年，随着平衡计分卡在全球的风靡，卡普兰和诺顿在总结众多企业实践成功经验的基础上，又出版了他们的第二部关于平衡计分卡的专著《战略中心型组织：平衡计分卡的制胜方略》。在该著作中，卡普兰和诺顿指出企业可以通过平衡计分卡，依据公司的战略来建立企业内部的组织管理模式，要让企业的核心流程聚焦于企业的战略实践。该著作的出版标志着平衡计分卡开始成为组织管理的重要工具。

2004 年 1 月，卡普兰和诺顿的第三部著作《战略地图——化无形资产为有形成果》出版。战略地图是在平衡计分卡的基础上发展起来的，与平衡计分卡相比，它增加了两个层次的内容：一是颗粒层，每一个层次下都可以分解为很多要素；二是增加了动态的层面，也就是说战略地图是动态的，可以结合战略规划过程来绘制。战略地图建立了全面的组织运营战略框架，对组织战略进行了具体而系统、全面的描述。战略地图以平衡计分卡的四个层面目标（财务层面、客户层面、内部流程层面、学习与成长层面）为核心，通过分析这四个层面目标的相互关系而绘制出企业战略因果关系图。战略地图理论体系使平衡计分卡过渡到战略计分卡，成为指导组织战略的工具。战略地图使管理者之间及管理者与员工之间建立了正式的沟通桥梁，便于对组织战略达成共识。

2006 年，卡普兰和诺顿又通过《组织协同：运营平衡计分卡创造企业合力》一书，集中阐述了集团公司总部如何通过战略地图和平衡计分卡促进组织协同，创造企业价值的问题。卡普兰和诺顿认为，企业的价值定位阐述了企业如何创造合力的策略，而它可以通过平衡计分卡的四个层面来演绎。在财务合力层面，企业的价值来源于有效的内部资金管理和企业品牌管理。在客户合力层面，企业的价值来源于交叉销售和统一的客户价值定位。在内部流程合力层面，企业的价值来源于共享服务和合理有效的价值链整合。而在学习与成长合力层面，企业的价值来源于无形资产的有效利用。企业通过协同多个业务单元和共享服务单位，就可以创造合力从而实现企业价值创造。

五、战略执行：绩效管理五部曲

“对于一艘没有航向的船来说，任何方向都可能是逆风。”一个企业要在商战中乘风破浪，开疆拓土，首先就得保证它持续行进在正确的航线上。那么，有什么可以保证做到这一点呢？答案是：战略！执行！企业的战略与执行已经成为决定现代企业竞争成败的关键性因素。战略是企业的灵魂，在整个企业管理中居于核心地位。一个企业若没有战略，就好像一个人没有思想、没有奋斗目标，终将无法长久。而相对于战略本身的优劣，企业是否具备执行战略的能力显得更为重要，也是成功的关键。据《财富》杂志所做的一项调查，70%左右公司的失败，其问题出在执行力方面，而非战略本身的优劣。从某种意义上说，执行力就是竞争力。

执行是一套系统化的流程，它包括对目标和方法的讨论与制定、坚持不懈地跟进、责任的具体落实、绩效产出的评估，以及随着环境变化而不断变革的前提假设和提高执行能力以适应战略挑战的实际流程和机制等。商业银行战略绩效管理执行流程包括战略地图构建、绩效计划制订、绩效监控、绩效评价和绩效反馈五个步骤。

（一）战略地图的构建

“战略地图”这个概念是卡普兰和诺顿（1996）在哈佛商学院出版社出版的《平衡计分卡报告》中联合提出的，它是平衡计分卡概念的发展和升华。战略地图就好像军事地图一样把组织愿景、组织战略、关键成功因素和行动方案按因果关系描绘在一张图上。战略地图不仅使组织战略变得一目了然，组织战略横向、纵向沟通变得可能，也使得企业预算、资源配置更加科学合理。构建战略地图首先要从制订一个明确的企业战略和年度目标计划开始。它是战略地图构建的基础。战略绩效管理流程如图 3-6 所示。

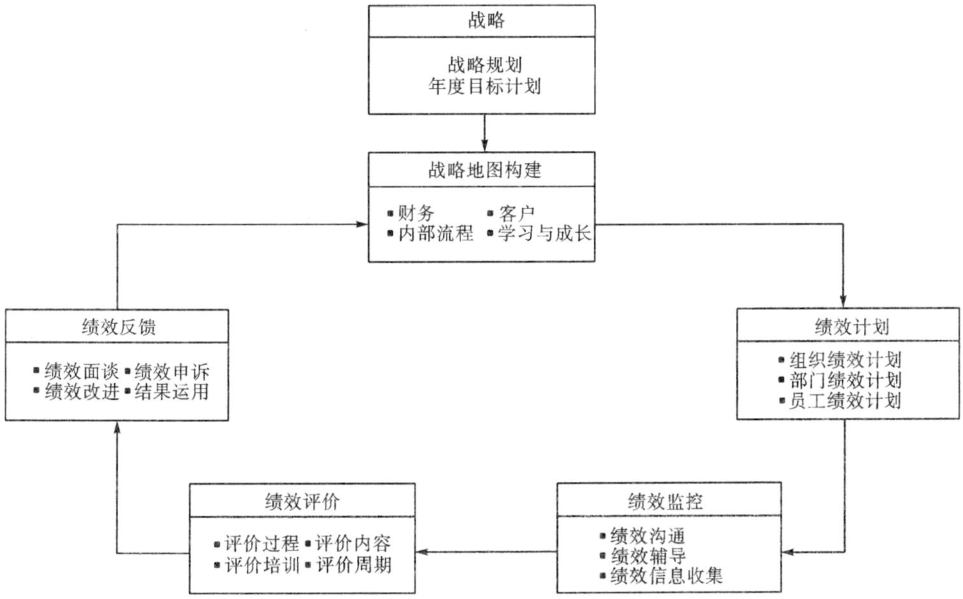

图 3-6 战略绩效管理流程

战略地图从财务、客户、内部流程及学习与成长四个维度制定战略主题，来保证企业战略和年度目标计划的实现。战略主题是实现战略目标的关键领域和主要推动力，它的作用是界定战略活动的范围和主要任务。战略主题通常需依据企业战略和年度目标计划，同时结合分析企业面临的外部环境与威胁、优势与劣势来确定。战略主题确定后，需要把它转化为组织实施的步骤和举措，即所谓绩效计划和行动方案，使每一项战略主题具有实实在在的内容。

（二）绩效计划的制订

绩效计划分为组织、部门和个人三个层面的绩效计划。绩效计划最主要的内容包括绩效指标设计、指标权重设计、绩效标准设定和行动方案制定等。

绩效指标（Performance Indicator）是用来衡量绩效目标是否达成的标尺，即通过对绩效指标的具体评价来衡量目标的实现程度。各层级关键绩效指标的设计，其实质是战略地图的分解过程，即把组织战略主题转化成各层级关键绩效指标的过程。绩效指标设计是绩效计划中一项具有较高技术含量的工作。因此，在绩效管理过程中，绩效指标扮演着双重角色，既是“晴雨表”又是“指挥棒”：既用于衡量实际绩效状况，又对管理决策和员工行为产生指引作用。

绩效指标权重在衡量绩效目标是否达成的过程中，表达了各项指标的相对重要性。不同的指标权重对员工行为具有指引作用，确定指标权重是一项非常重要的工作，也是一项具有较高技术要求的工作。

绩效标准描述的是绩效指标需要完成到什么程度，反映组织对该绩效指标的绩效期望水平。在设计绩效指标时，需要为每个指标确定相应的绩效标准，便于管理者在绩效监控和绩效评价中判断绩效指标的完成情况。

行动方案是达成绩效目标的途径，是有时间限制的自主决定的项目或计划的集合，区别于组织的日常运营活动，旨在帮助组织实现绩效目标。

（三）绩效监控

绩效监控（Performance Monitoring）是连接绩效计划和绩效评价的中间环节，也是耗时最长的一个环节。绩效监控的过程，就是上级管理者与下级员工进行定期或不定期的沟通，了解绩效计划执行的进度。上级管理者在必要时对下级员工给予辅导，帮助员工制订绩效计划，并跟踪绩效计划的实施情况，及时帮助员工排除制订和实施绩效计划过程中遇到的障碍，必要时帮助员工修订绩效计划。通过沟通与辅导，帮助部门和员工不断改进工作方法和技能，随时纠正部门和员工与绩效目标的偏离，从而能够达成绩效目标，实现企业的战略目标。沟通与辅导贯穿于绩效管理的整个过程，它可以通过如月度会、周例会、晨夕会以及其他非正式的如工作中经常性的肯定和鼓励、工作之余的各种交流等多种形式进行。

（四）绩效评价

绩效评价（Performance Appraisal，PA）是绩效管理的核心环节，涉及“评价什么”“谁来评价”“多长时间评价一次”和“如何评价”等重要问题，在实践中受到管理者和员工的广泛关注。

绩效评价根据部门和员工的绩效合同或绩效计划书，通过各种方法和手段收集信息和数据，并按绩效的衡量标准对部门和员工的实际绩效及表现进行评价。绩效评价的信息和数据来自于两个方面：一是相关部门提供数据，如存款净增、客户增长、产品销售、不良贷款等。二是绩效管理周期中收集和记录的部门或员工的关键事件或数据，如服务质量检查考核、员工岗位履职考核等检查记录。评价的科学性与准确性是成功实施绩效管理的关键。

（五）绩效反馈

绩效反馈是对被评价对象整个绩效周期内的工作表现及绩效目标完成情况进行的

全面回顾。有效的绩效反馈对绩效管理起着至关重要的作用。绩效反馈包括绩效面谈、绩效申诉、绩效改进和绩效结果运用。

绩效评价结束后，管理者与下属通过绩效反馈面谈，将评价结果反馈给下属，并共同分析绩效不佳的原因，制订绩效改进计划。一般来说，影响绩效的因素主要有：一是员工自身的因素，包括员工的态度、技能、知识、人际关系等。二是工作本身，包括工作的难度、工作目标、工作资料准备等。三是工作方法，包括工作工具、工作流程、工作协调、工作组织等。四是工作环境，包括工作信息、工作条件、工作场地等。五是管理机制，包括激励、检查、监督、领导等。通过对这些绩效因素的分析，找出产生差距的原因，然后针对这些因素有计划地进行改进。对于影响员工绩效的外部障碍，应设法帮助员工排除；对于员工自身原因造成的差距，需要与员工进行有效沟通，指出其不足，帮助其制订绩效改进计划，并监督其执行改进计划，最终达到绩效提升的目的。

绩效结果运用是绩效管理中的一个重要内容。如果没有这个内容，那么绩效管理将不会对员工产生任何影响，甚至会使得绩效管理不但不能成为激励员工、提升员工的工具，反而会成为影响组织绩效的一个累赘。绩效结果运用包括薪酬分配、晋升晋级、岗位调整、员工培训、职业发展等方面。通过对绩效优秀者的奖励和绩效较差者的惩罚，可以鼓励员工的正确行为，激励员工为达到企业目标而共同努力。绩效结果虽然运用于对过去绩效的奖惩，但更强调实现将来绩效的提升。这一次阻碍绩效达成的因素，将会成为下一个绩效管理周期的绩效目标，这时绩效管理又来到了下一个起点。

六、战略绩效管理的目的

从绩效考核理论来看，绩效考核的目的是薪酬分配、职位升降、岗位调整和员工培训等，但这些只是绩效管理的一个环节，并不是绩效管理的核心目的。绩效管理的核心目的包括执行战略、员工管理、员工激励、绩效诊断和培训开发五个方面。

1. 执行战略

为了实现企业战略，绩效管理应当通过制订绩效计划而将员工的工作活动与组织的目标联系起来。执行组织战略的主要方法之一是：首先界定为了实现某种战略所必需的结果、行为以及（在某种程度上还包括）员工的个人特征是什么，然后再设计相应的绩效衡量系统和反馈系统，从而确保员工能够最大限度地展现出这样一些特征、从事这样一些行为以及制造出这样一些结果。为了达到这样一种战略目的，绩效管理系统本身必须是具有一定灵活性的，这是因为当企业目标和战略发生变化的时候，组织所期望的结果、行为以及员工的个人特征需要随之而发生相应的变化。然而，实际中的绩效管理系统常常无法达成这一目的。在企业绩效评估体系中，很少有企业会有意识地运用它们的绩效评价体系来向员工传达企业的战略与目标。

2. 员工管理

通过绩效管理可以促使员工履行自己的职责，保证企业的经营管理得以顺利实现，保证企业各项规章制度、工作流程能够得到贯彻执行和良好运行。企业通过绩效管理，鼓励员工表现出企业所期望的工作行为和工作结果，反对和限制员工不好行为的出现。

3. 员工激励

通过绩效管理，使绩效结果与员工薪酬、晋升、奖罚等有效地联系起来，实现奖优罚劣、奖勤罚懒，充分调动员工的积极性、责任心和使命感。良好的绩效管理体系能给员工提供最多和最大的成长机会，也能给优秀的员工提供最大的回报，对促成取得良好的个人绩效、部门绩效和企业总体绩效起到至关重要的作用。

4. 绩效诊断

绩效管理也可以说是自身绩效健康的检验过程，通过诊断分析，找出症结，寻找解决办法，排除阻碍因素。在影响绩效的因素中，有的是员工自身的因素，有的是企业管理机制、工作环境以及企业外部因素。绩效管理的目的就是要寻找到这些因素。当企业管理机制、工作环境以及企业外部因素等影响员工的绩效时，如果企业通过绩效管理找到了这些因素并加以排除，那么绩效管理的诊断目的就实现了。

5. 培训开发

绩效管理系统并不仅仅是要指出员工绩效不佳的方面，以及找出导致这种绩效不佳出现的原因所在——比如，存在技能不足、知识缺陷或其他抑制因素，更重要的是，要采取针对性的措施，对员工进行知识和技能的开发，提升员工达成绩效目标的能力和素质。

七、战略绩效管理系统

一个良好的绩效管理系统包括绩效指标体系、绩效架构体系、绩效方法体系和绩效环境四个方面。

（一）绩效指标体系

绩效指标体系由关键业绩指标、关键行为指标构成。

1. 关键业绩指标

关键业绩指标（Key Performance Indicator，KPI）主要来源于战略，是战略的量化表现形式。商业银行关键业绩指标从总行整体的 KPI 开始，通过层层分解，形成经营单位、部门以及岗位等各层级的 KPI。基于银行总体战略下的关键业绩指标并不意味着“一刀切”，经营单位在将上级行战略目标层层分解的同时，也需要根据环境变化对银行自身绩效的影响做出充分分析和识别，制定出面向市场的适合自身特色的独有的业绩指标。此外，职责是业绩指标的补充来源。

2. 关键行为指标

关键行为指标（Key Conduct Indicator，KCI）是关键业绩指标的补充，是考察员工在一定时间、一定空间和一定职责范围内关键工作行为履行状况的量化指标。关键行为指标的具体标准可分为频率标准（即行为表现发生的频率）、类别标准（即行为表现所属的类别）、次序标准（即行为表现在整体中所处的次序）、差距标准（即行为表现与标杆的差距）、比率标准（即行为表现与标杆的比率）五种形式。例如，“资产规模 100 万元（含）以上的贵宾客户，管户人员每周至少发送一次金融或产品资讯以及市场研究报告，每月至少电话联系问候一次，每季至少面访一次。支行行长或主管行长每半年至少上门拜访一次”就是符合 SMART 要求的 KCI，“至少一次”就是该指标的具体标准（频率标准）。“年度培训合格率不低于 95%”就是一种比率标准。

KCI 可设置一般标准和优异标准，一般标准用于对工作行为基本要求的管理方面，优异标准用于评估、确认 KCI 执行优异者方面。

无论是关键业绩指标还是关键行为指标的制定都要符合 SMART 原则，即员工的绩效指标及其标准必须是具体的（Specific）、可测量的（Measurable）、可达到的（Attainable）、现实的（Realistic）、有时间要求的（Timebased）。

（二）绩效架构体系

绩效架构是承担绩效指标的框架，清晰的绩效架构有利于绩效指标的分解和传导。单一业务型企业一般是三层绩效框架，包括公司级、部门级和员工级。如果公司是多元化业务公司，公司绩效架构一般有四个层级。如大型商业银行，其绩效层级包括总行级、分支行级（事业部级）、部门级和员工级。

从系统的角度看，绩效架构体系涉及两个层次，上层是组织绩效，下层是员工绩效。员工绩效是绩效管理体系的基础，也是绩效管理体系最重要的部分。组织绩效的实现是建立在个人绩效实现的基础上的，但是个人绩效的实现不一定能保证组织是有绩效的。如果组织的绩效按一定的逻辑关系被层层分解到每一个工作岗位以及每一个人，那么只要每个人都达到了组织的要求，组织的绩效也就实现了。

（三）绩效方法体系

绩效方法体系包括了绩效理念、绩效流程、绩效制度、绩效表单等，它可以保证绩效管理在一个正确理念的指导下，实现绩效管理的良好运行。

（四）绩效环境

绩效环境主要由企业战略与目标计划体系、组织职责体系、激励机制和绩效文化体系构成。绩效环境影响绩效管理系统的效果，清晰的发展战略和目标计划、明确的组织职责、良好的激励机制和健康的绩效文化有助于绩效系统作用的充分发挥。

1. 清晰的发展战略和目标计划

清晰的发展战略和目标，可以使员工都能知晓企业的共同目标，进而可以增强企业的凝聚力和向心力；可以使组织结构设计和资源整合更具有目的性和原则性，进而可以保持组织机构与发展战略规划的匹配性，可以更好地优化资源，有利于实现资源价值的最大化；可以使各部门和个人都能够清楚地了解自己该做什么，进而可以激励员工积极主动地完成目标；可以使企业清楚地了解利益相关者、竞争者和自身的优势、劣势、机会和威胁，从而使企业可以从容地应对市场变化，改进决策方法，提升持久竞争能力。

2. 明确的组织职责

有效明确的职责分工、合理清晰的岗位设置，对于一个企业的发展来说至关重要。对于一个企业来讲，若没有明确的部门和岗位职责，则人力资源配置就会出现问题；岗位职责没有规范清晰，则员工担当的责任和权力也不清晰，即使企业拥有卓越的管理理念，战略规划仍然无法得到有效执行。

3. 良好的激励机制

绩效结果需要与薪酬、晋升、培训等激励手段挂钩。如果没有良好的激励机制，员工对绩效的关注度会大幅下降，从而影响绩效管理的效果。相反，绩效结果单一运用于薪酬和晋升时，会使员工过分关注绩效考评，而忽视绩效管理的战略、诊断、改进等功能，也会使绩效管理的效果大打折扣。因此，良好的激励机制是绩效管理有效发挥作用的保障。

4. 高绩效的企业文化

企业文化的内核首先是企业价值观，它决定和影响着企业存在的意义和目的，为企业的生存与发展提供基本的方向和行动指南，决定了企业全体员工的行为取向。但是价值观要落实下去，从倡导的员工行为取向变为真正的行为，则需要通过绩效管理实现。企业文化与绩效管理之间是一种相辅相成的关系。一方面，企业文化对绩效管理体系的实施运行起着一种无形的指导、影响作用；另一方面，企业文化最终要通过绩效管理体系、价值分配体系的建立与完善来发挥其功能，通过绩效管理让员工逐步确立起企业所倡导的共同价值观。

绩效管理之所以能够发挥“指挥棒”和“牵引机”的作用，就在于它传递了企业对于一个人行为和产出的认可或者不认可的标准，就是在倡导一种价值观。假如一个企业在积极倡导“集体主义”“团队精神”和“奉献精神”时，绩效评价结果排位靠前的都是自私自利、持有本位主义观念的员工，当获得高激励以及更多资源调配权的也是这些员工时，企业内其他员工一定不会认为企业真的是在推行其所倡导的价值观，并且会选择让自己的行为更加趋近于那些受到奖励的员工。

【案例分析】

富国银行的启示

2013 年 7 月 24 日，是值得全球资本市场记住的一天，国际金融危机前一直“默默无闻”的富国银行的市值超过了中国工商银行，坐上了“全球市值第一银行”的宝座。要知道，在此之前，中国工商银行已经稳坐第一把交椅达六年之久。那么在“市值第一”这样的虚名更迭背后，究竟发生了怎样的故事呢？

富国银行原本是一家社区银行，20 世纪 80 年代才开始跨州经营，到 21 世纪初才真正成为一家全国性银行。在富国银行发展壮大的过程中，始终坚持以社区银行、批发银行、财富管理三大核心业务板块为战略重点，摩根大通、花旗银行等大银行纷纷将投资银行业务列为发展重点，而富国银行仍毅然坚守着传统商业银行的战略方向和业务阵地。不仅如此，富国银行的并购对象主要来自美国本土，以至于业界将其称为“或许是当今世界最枯燥乏味的银行”。但正是基于对传统商业银行这一战略方向的坚守，几乎未涉足高风险贷款和“有毒”证券，使富国银行得以在金融危机期间成功避险，并在危机过后稳步拾级而上。

反观花旗银行——一家曾经君临天下、独步世界的银行，长期坚持全球化和全能型发展战略，将分支机构遍设全球几乎所有国家和地区，业务拓展至所有金融领域，并深度介入高杠杆投资银行业务。金融危机期间，面对市场形势发生逆转，资产价格大幅下跌，资产品质下降，违约率大幅攀升，花旗银行遭受了前所未有的重创，并深陷次贷危机漩涡。统计资料显示，在 2007—2008 年，全球 100 多家大型商业银行和证券公司所遭受的 5 000 亿美元资产减记和信贷损失中，仅花旗集团的减记和损失额就超过 550 亿美元，花旗银行股票在危机期间遭遇连续下挫，到 2008 年年末，其股票总市值大致仅为危机前的 2006 年年底的 1/10。

如果仔细分析，可以发现很多国际知名商业银行的风险管理能力其实并没有太大的差距，但在金融危机中的表现却判若云泥，其中重要的原因就在于其发展战略与策略选择的不同。这里不便评判上述两家银行发展战略的对与错，但从比较中不难看出，战略管理能力是一家银行最具价值创造力的核心能力，正确的战略方向带来的价值是巨大的、长远的，任何一家银行尤其是大型银行必须具备这样的核心竞争力。富国银行之所以成功，就是因为其一直坚持植根于本土的战略定位，只做熟悉的客户、熟悉的市场和有优势的业务，持续深耕于个人和小企业客户，辅之以成功的交叉销售策略，在美国本土零售领域形成了难以复制、无可比拟的核心竞争力，并成为同时获得穆迪和标准普尔最高评级的银行。

战略管理至关重要，但如何加强战略管理呢？首先，要准确把握大势，正确制定战略。恰当地把握外部经营形势和同业特别是国际领先银行转型方向是提升战略管理能力的基础。当前，国际国内经济发展和经济结构正面临深刻调整，国际领先银行战略转型风起云涌，国内银行业经营环境面临前所未有的变革。如何顺势而为，科学制定区域、客户、产品和渠道等发展战略和策略，积极有效应对同业及跨界竞争新挑战，是商业银行首先面临的重要课题。其次，要有所为有所不为。战略的方向性决定了必须有所取舍，简单地说就是选择向左走还是向右走的问题。战略选择不仅要高度契合外部经营环境的发展变化，更要紧密结合自身实际，孕育形成长期、可持续、不易被竞争对手复制的竞争优势。明晰自身优势，包括原有的优势是什么、这些优势目前是否还存在，近年有没有出现新的优势，优势变化的原因是什么，当前亟待巩固和培育什么样的竞争优势，等等，是商业银行制定战略、明确战略方向和战略重点的前提。商业银行要充分结合自身实际，突出并做专做强那些应做而未做的业务和领域、应守而未守的业务和特色，果断退出那些不应坚持的业务和区域。最后，要提升战略执行力。战略决定成败，细节层面上的战略执行较之战略制定的重要性，有过之而无不及。如果执行力缺失，再完美的战略也会随时崩溃。正如哈佛大学教授罗伯特·卡普兰所说，好的战略加上差的执行，几无胜算；差的战略加上好的执行，或可成功。

第四章　银行战略地图构建

一、战略地图：让战略可视化

战略地图是企业需要的交流战略和执行战略的过程和系统，它不仅使企业的关键关系可视化，而且明晰了创造预期结果的因果联系，包括企业如何将人员积极性和资源（包括无形资产）转变成有形产出，更重要的是，战略地图可以让员工明了其工作和企业战略间的联系，使员工在企业目标下的协同工作成为可能。

（一）了解战略的最佳方式

"战略地图"这个概念是卡普兰和诺顿（1996）在哈佛商学院出版社出版的《平衡计分卡报告》中联合提出的，它是平衡计分卡概念的发展和升华。战略地图就好像军事地图一样把组织愿景、组织战略、关键成功因素和行动方案按因果关系描绘在一张图上。战略地图无疑是企业管理者用来陈述并管理战略的工具。应用平衡计分卡的四大层面，战略地图可以协助企业清晰地界定它们要创造的战略成果，以及促成该成果的绩效驱动因素，并把这些因素在一连串具有逻辑性的因果关系上完整地呈现。据此，战略地图不但明确地揭示了企业的战略假设，清晰地描绘出执行过程，并解释了企业应选择何种方式将其无形资产转化为创造客户及财务层面的有形资产，更重要的是它还能与平衡计分卡的衡量指标结合作为战略目标达成与否的监测工具。

如图 4-1 所示，它是一家商业银行的战略地图。在该地图中，因果的逻辑关联构成了战略假设。从图中我们可以看出，其财务层面涵盖了两项主题——增加营业收入与提升生产力——以增进股东价值。在客户层面上，价值主张明确地强调差异化的产品、优质服务以及良好的品牌形象，以促进营业收入增加。内部流程层面则包含四项战略主题：开创营销优势（金融产品创新）、增加客户价值（客户管理流程）、建立作业优势（运营管理流程）、加强风险控制（风险管理流程），它们主要是通过落实对客户的价值主张来实现财务上的生产力主题。

图 4-2 是图 4-1 在局部的放大，它描绘出内部流程的战略主题之一，也就是增加客户价值的详细内容，以及平衡计分卡中相对应的关键成功领域及行动方案。从此图中我们可以看出，增加客户价值这一主题，影响着客户层面产品品质、客户满意度和品牌形象等关键成功领域，并对新客户增加、存量客户挖潜以及收入增加有所贡献。该内部流程主题之下也有三项关键成功领域：①客户识别，即识别市场机会、抢夺先机、寻找新的利润增长点的关键。②客户保留，即深度挖掘存量客户的盈利能力，实现存量客户重复购买，留住客户就是留住企业的竞争力。③客户增长，即拓展新的收入来源，保持企业增长动力。此外，学习与成长层面的员工技能、机制和信息系统，支持着内部流程层面所涵盖的战略主题及关键成功领域。

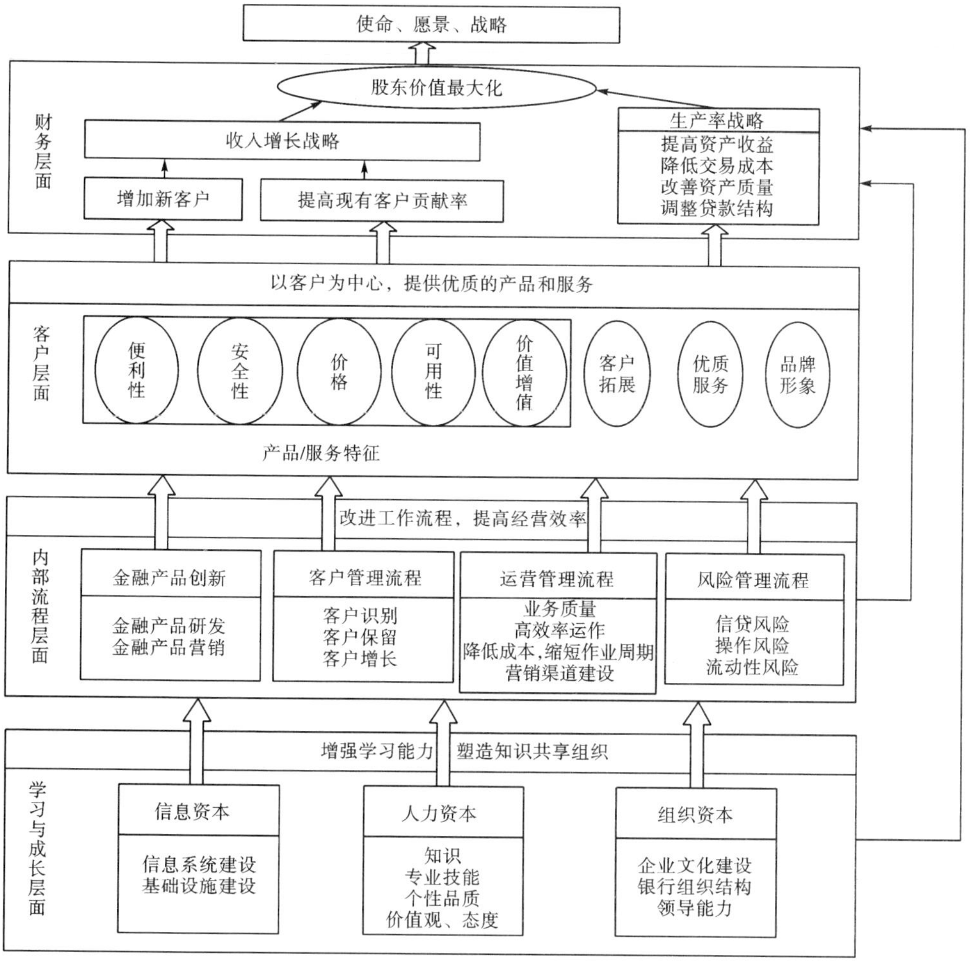

图 4-1　某商业银行战略地图

图 4-2 的战略地图和平衡计分卡界定了“增加客户价值”主题的逻辑内容，显示了如何凭借具有因果关系的关键成功领域的达成来实现客户的保留和增长。由此可见，战略地图中的因果关系以及关键成功领域和行动方案，能完整地描述和展现这项主题的战略内涵。

正如我们在第二章所述的，平衡计分卡突破了传统的纯粹财务衡量系统的局限。它协助企业勾勒出创造价值的流程，以及无形资产在这其中扮演的关键性角色。这些所谓的无形资产，正是当今以知识为基础的战略中最主要的战略驱动因素。

而战略地图中的各项战略主题，就像一道神奇的食谱或配方，描述如何将无形的原料成分（如员工技能、信息技术、组织文化）与特定的内部流程（如增加客户价值）结合，以创造出有形的成果（客户满意度、营业收入和利润）。总之，战略地图能协助企业以一套系统化且具整合性和一致性的架构来发展并描述其战略内涵，实现战略的可视化。

关键成功领域	关键成功因素	关键绩效指标	行动方案
财务 增加营业收入 增加新客户 提高现有客户贡献率	▪ 提高资产收益 ▪ 提高非利息收入 ▪ 提升高价值客户贡献度	▪ 经济资本回报率 ▪ 拨备后利润 ▪ 利息收入 ▪ 中间业务收入 ▪ 高价值客户收入占比	▪ 贷款客户增长 ▪ 营销中间业务产品 ▪ 拓展高价值目标客户 ▪ 提升存量客户价值
客户 客户数量 客户消费额 客户满意度 品牌形象	▪ 增加市场份额 ▪ 提高客户满意度 ▪ 高价值客户增长 ▪ 交叉销售服务 ▪ 提升企业形象	▪ 存款净增 ▪ 贷款净增 ▪ 中间业务产品销售上升 ▪ 市场份额提升 ▪ 对公结算财户净增 ▪ 个人高价值客户净增 ▪ 交叉销售率上升 ▪ 客户满意度上升	▪ 营销高价值目标客户 ▪ 提供差异化的产品和优质服务 ▪ 履行社会责任，树立良好企业形象
内部流程 客户识别 客户增长 客户保留	▪ 客户转推介 ▪ 提高快速服务响应度 ▪ 客户关系维护	▪ 潜力客户识别推介 ▪ 优质客户流失率 ▪ 高价值客户等级提升率 ▪ 高价值客户信息完备率 ▪ 每日客户联系率	▪ 识别推介考核机制 ▪ 业绩分成考核机制 ▪ 客户关系维护考核机制
学习与成长 员工专业技能 机制、文化建设 信息系统建设	▪ 加强员工培训，提升员工素质 ▪ 制度机制建设 ▪ 企业文化建设 ▪ 客户管理系统（CRM）建设	▪ 员工人均培训时间 ▪ 员工满意度 ▪ 组织资本准备度 ▪ 信息系统建设投入率	▪ 营销团队建设和营销技能提升 ▪ 绩效机制建设 ▪ 实行企业文化深植工程 ▪ 扩展和完善CRM系统功能

图 4-2 增加客户价值战略主题

（二）战略地图的构成

企业战略确定后，在财务、客户、内部流程、学习与成长四个层面提出各自的战略主题，这个是构成战略地图的基础。有了战略地图，每个层面则要进一步围绕战略地图展开，提出关键成功领域，找到关键成功因素，并形成衡量驱动因素的关键绩效指标。换言之，战略地图要清晰地揭示企业的使命愿景和战略目标，并向每个员工指明完成该战略目标的一系列方法。

1. 战略脱胎于企业使命

战略并非（也不应该是）单独的一项管理步骤，而是一个连贯的管理体系当中的一环。这个管理体系的起点始于最宏观的企业使命，而该使命必须通过有效的管理体系，逐层展开为组织内每一分子的行动，并使这些行动能一致整合，以促进企业使命的达成。

如果我们想要发展一致性的架构来描述战略，则首先必须将战略在这个连贯的管理体系中的定位标示清楚。如图 4-3 所示，它呈现了一个非常切合实际的战略定位，从最上层的组织使命开始，企业必须先界定自身存在的理由，以及组织内的各个业务单位在宏观的企业架构下扮演的角色。

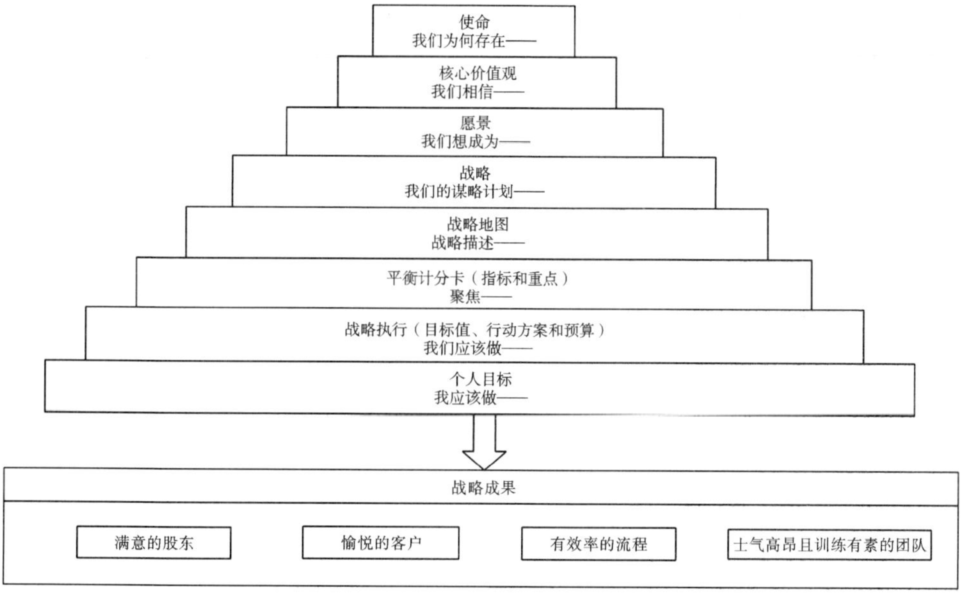

图 4-3　将使命转化为所希望的成果

伴随着企业使命的核心价值观，和使命一样具有长期而不变的一惯性与稳定特质。企业的愿景则描绘出未来的蓝图和发展方向，使组织内的成员了解他们为什么以及应如何贡献自己的力量，以促进企业愿景的实现。在稳定的使命与价值以及动态的战略之间，愿景扮演着重要的衔接角色，而战略则必须不断地随着时间演变，以适应现实世界的各种变化。

2.“行军路线”是一系列因果假设

竞争战略大师波特（Michael Porter）将战略的本质描述为企业所选择的、可以使其成为卓越组织的特定活动。他说：“毕竟，企业在成本和价格上的差异，来自其创造、生产、销售和配送产品及服务所必须从事的数百项活动……差异在于所选择的活动内容和从事这些活动的方式。”换句话说，战略的本质在于使企业选择与竞争者不同的方式来从事经营活动，以创造独特的价值。从波特的观点来看，持续的战略优势源于一套活动的系统，其中每一项活动之间具有彼此强化的功能。

虽然平衡计分卡发展过程与波特的战略理论架构是两项各自独立的事件，然而平衡计分卡——一个描述而非规定性的架构——对于战略的观点却和波特的看法非常近似。平衡计分卡的设计过程也是建立在一项前提即“战略是一种假设”上的。战略暗示了组织如何从现在所在的位置，朝向一个新的、希望中的但还不确定的未来定位发展的过程。正是因为组织从来没有到过那个特定的未来新定位，所以这中间预期的过程自然涉及一连串相关的假设。而平衡计分卡下的战略地图却使得有关战略的假设，可以用一套因果关系来加以明确描述并测试。此外，平衡计分卡要求战略的假设必须辨识哪些活动是促成期望成果（落后指标）的驱动因素（领先指标）。执行战略的关键步骤就在于，使组织内所有成员了解这些基本的假设，并依循战略的假设来整合组织的资源，然后持续地测试战略的假设，并且及时做出必要的修正与调整。

平衡计分卡可以协助企业制定一套完整的近期目标和活动即驱动因素，使得企业可以与其竞争者有所差异，并创造长期的客户与股东价值也就是战略成果。这个流程是自上而下的过程，起始于股东和客户的角度来定义成果。它首先问道："增加收入和提升生产力的财务目标是什么？增加的来源与方式是什么？"当财务层面的目标被明确地界定后，接着问："谁是我们的目标客户，这些客户可以为我们带来营业收入的增长，并且提高产品与服务组合的利润吗？哪些是客户层面的目标？我们怎样衡量是否在这些目标上获得成功？"另外，客户层面还必须涵盖明确的客户价值主张，显示企业如何有别于竞争者，以吸引、留住并深耕与目标客户的长远关系。我们可以说财务层面和客户层面的目标才是企业渴望得到的成果，然而它们两者都无法解释自身的目标如何达成。为此，企业的内部流程——如何设计产品、品牌、市场开发、销售、服务、作业和后勤——界定了必要的活动，以创造预期的客户价值主张、差异化与财务成果。

第四个层面则基于对一项事实的认知，那就是企业是否有能力以创新且差异化的方式来执行内部流程层面的活动，取决于组织架构、员工技能、能力与知识、所应用的信息技术以及工作环境（包括企业文化）等学习与成长层面。

综上所述，平衡计分卡的架构具有上述自上而下的逻辑关系，由企业所渴望达成的财务与客户层面成果开始，逐层界定其价值主张、运营流程、信息基础架构等，能驱动变革并带来差异化竞争优势的相关因素。这些驱动因素与企业所渴望的战略成果之间的因果关系，便构成了所谓界定企业战略时的假设。

3. 战略主题：开辟多条行军路线

战略主题是比较宏大的举措，相对而言是不具体的、比较宽泛的，它描述了战略目标之间的因果关系，说明了战略的目的和成功的关键在哪里。根据经验，企业的领导者常将战略分割成几个重要的主题。例如，商业银行常常围绕着以下四项战略主题来界定战略：①提升工作流程效率；②增加高价值目标客户；③加强风险控制；④创新金融产品。

以上这些主题能协助银行处理长期与短期目标及优先顺序间的冲突，以及成长与获利之间的权衡。一般而言，战略主题的内涵反映了管理团队所认定的必须做好什么事情来使企业获得成功，而非反映财务层面或客户层面的成果（如"增加股东价值"或"提高客户保持率"等）。因此，上述这些主题通常与企业内部流程密切相关。根据战略主题的形式，我们往往可以将商业银行战略的内容区分为以下几种基本的类别：

（1）开创营销优势。开发新的产品和服务，并且拓展新的市场和目标客户。

（2）增加客户价值。通过多重的销售循环来扩展，并且深化或重新界定与现有客户间的关系（例如，实现客户交叉销售、成为可信赖的顾问角色、提升现有客户利润贡献度等）。

（3）建立作业优势。通过内部的流程梳理、创新和完善，使组织能提供高效率、零缺点并满足客户需要的产品与服务。此外还包含无形资产运用管理和资源的管理。

（4）加强风险控制。建立和完善度量、监测和控制风险所必需的所有技术和管理工具，有效应对所面临的信贷风险、流动性风险和操作风险。

上述四项管理主题都有各自的支持性活动，在内容上也各自涵盖了不同的战略假设，即各关键成功领域之间的因果关系链。由于这些主题的架构明确而透明化，商业银行可以指定不同的高层主管专门负责个别主题的执行。如图 4-4 所示。

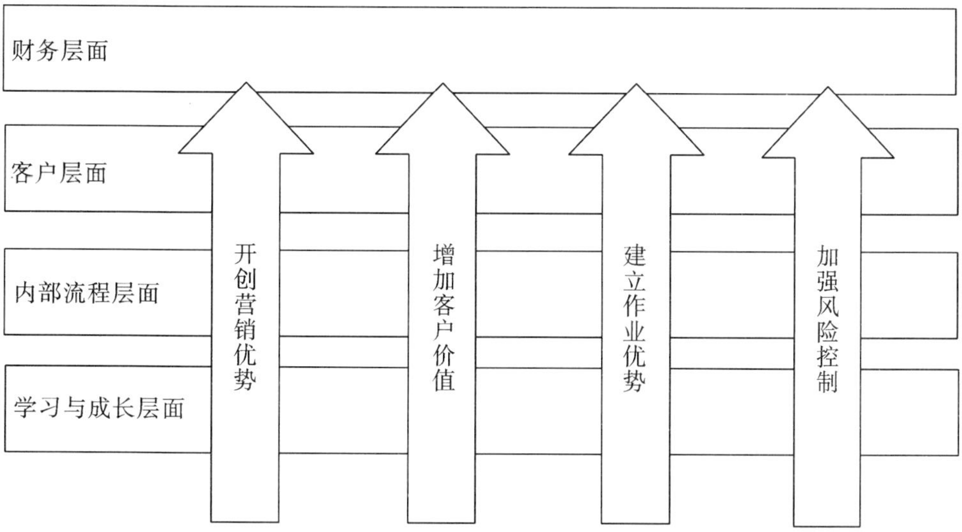

图 4-4　战略主题：多条行军路线

二、战略地图的绘制

绘制一份有价值的战略地图犹如绘制战争中的行军图——在对环境有一个基本的判断之后，我们需要详细且清晰地列出商业银行当前的市场定位，并对竞争者的优势和不足进行分析。更关键的是，我们绘制的战略地图应明确指出银行的前进方向。换言之，战略地图要清晰地揭示银行的使命愿景和战略目标，并向每个员工指明完成该战略目标的一系列方法。

其实，战略地图的构建就是从战略目标开始找出能够达到目标的路线的过程。在开始构建战略地图之前，企业首先必须清楚自己的战略目标和核心价值定位，即企业存在的理由，并在这些信息下发展战略愿景，即企业将变成什么样，以形成对企业总体目标的清晰描述。

根据前面的分析，我们可以发现战略地图的标准模板和平衡计分卡的四方面相对应，也包括财务、客户、内部流程、学习与成长四方面。就像财务报表提供了一个大众普遍接受的描述财务状况的结构一样，这一模板可用于描述任何战略的普遍框架和语言。四个不同方面的因果关系链，将预期结果和产生这些结果的驱动因素相联系，构成了战略地图的框架。

(一) 确定战略所追逐的财务成果

战略地图的发展过程是依循自上而下的顺序，从最上面的财务战略——增加收入、提升生产力和创造股东价值开始。创造股东价值是所有战略所追逐的成果，而企业通常会选择一个最主要的目标作为长期成功的象征。过去，投资回报率（ROI）或资本回报率（ROCE）常常被当成此种财务目标。近年来，许多企业开始采用其他以价值为基础的管理衡量作为目标，例如经济增加值（EVA）、现金流量投资回报率（Cash-flow ROI）或其他不同形态的折现现金流量（Discounted Cashflow），等等。

简言之，经济增加值相当于会计上的净收入减去资本成本。如果企业的收益高于其资金成本（经考虑风险而调整后），则被视为创造了股东价值；反之，则会被看成损害了股东利益。另外，与投资回报率不同，经济增加值可以避免阻碍企业投资于那些回报率高于资金成本却低于平均资金成本（净收入除以所运用的资产）的活动。此外，经济增加值也避免了纯粹的会计净收入算法的缺点，因为后者忽略了资产运用的成本。

无论是选择资产投资回报率、资本回报率、经济增加值，还是其他以价值为基础的量度指标作为最高的财务目标，企业都必须凭借两项基本的战略来实现财务绩效，那就是增加营业收入和提升生产力战略。商业银行财务层面战略地图构建如图 4-5 所示。

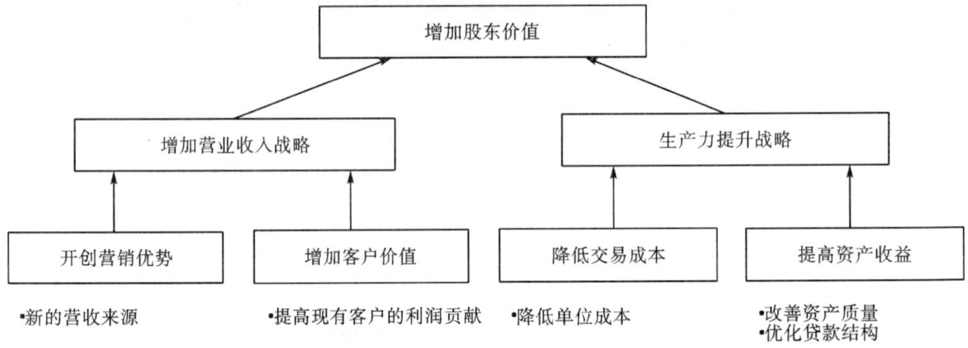

图 4-5　银行战略地图构建：财务层面

首先，增加营业收入的战略必须着重于新收入来源的开发与活动的创造，它通常涵盖两大主要项目：

（1）开创营销优势：从新的市场、产品、客户来开创新的营业收入来源。这个维度的战略涉及最大程度的变革，也需要最长的时间投入来执行。

（2）增加客户价值：拓展现有客户与企业间的关系。这一维度的战略着重于客户交叉销售率的提升以及客户关系深化和价值挖掘。

其次，生产力战略着重于加强为现有客户提供服务的作业活动的效率，这包括成本的降低和效率的提升。

（3）降低交易成本：降低产品和服务的直接成本，减少间接成本，业务单位之间共享一般性的资源。

（4）提高资产收益：改善资产质量，优化贷款结构。

一般而言，生产力提升战略较收入增加战略更容易获得财务上的成果。然而，平衡计分卡的主要贡献之一，就是强调通过收入增长来强化企业长期的财务绩效表现，而不是只偏重成本降低和资产利用。此外，平衡计分卡还可以协助企业确保其生产力提升战略不会妨碍未来成长的机会。事实上，如果一个企业只采用单一的生产力提升战略，那么其实施平衡计分卡的收益就会较为有限。

当企业必须选择在杠杆的两端——收入增加或生产力提升——之间取得平衡时，财务层面的目标与战略的结合就显得十分重要。对于那些处于早期的业务开创阶段，或在业务面看到极端快速成长机会的企业而言，与增加营业收入战略相关的目标和衡量指标是特别关键的部分。当这些企业投入相当大的费用开发新的产品及服务，并拓展到新的市场领域时，成本和生产力提升可以作为辅助性的目标。然而，当企业进入其生命周期中的成熟阶段时，成本降低及资产利用便成为其战略重点，因为相对而言，开发新客户和拓展新市场的机会已经降低。对于商业银行而言，仍是处于生命周期的中间阶段，因此必须选择"获利成长战略"，也就是在增加收入和成本降低、生产力提升之间取得平衡。

我们应特别注意先前提到的战略主题与这两项财务战略之间的关联性。很明显，"开创营销优势"和"增加客户价值"这两项主题能够推动财务上的成长战略，而"建立作业优势"则能保证生产力提升战略的实现。然而，这并非一对一的关系，有时拓展客户人数也能有助于单位成本的降低，而作业优势也有助于企业改善客户服务体验。

（二）设定价值主张及界定目标客户

其实，商业银行战略的核心——将企业的内部流程连接到客户层面的成果——就是银行提供给客户的"价值主张"。该价值主张不但描述了银行提供给客户的独特的产品组合、价格、服务、体验、关系和形象，并且界定了战略所选择的目标客户，以及银行如何在该目标客户上体现其与竞争者的区别。明确的价值主张能为银行的关键性内部流程提供最终的目标，并使其战略能集中致力于实现这些目标。然而调查结果显示，大约70%的领导团队对其客户价值主张缺乏清楚的共识。但战略地图上的客户层面正是平衡计分卡设计流程中最有价值的部分。具体来说，这一过程有两项关键性的工作，即设计价值主张和界定目标客户。

1. 差异化的价值主张

研究发现，成功实施平衡计分卡的企业，其价值主张与人们经常在市场上采取的三类创造差异化竞争优势的方式非常吻合，它们是由管理专家崔西与威瑟玛（Michael Treacy & Fred Wiersema）最先提出的。

（1）产品优势。"具有产品优势的企业，总是第一个将其产品投入到未知的、任何其他竞争者都没有尝试过的崭新领域。"

（2）客户关系。“具有客户关系优势的企业能够与客户建立牢不可破的密切关系；它认识购买它的产品和服务的‘人们’，并且真正知道这群人的需要。”

（3）作业优势。“具有作业优势的企业的产品质量、价格与购买便利性等优势无人能及。”

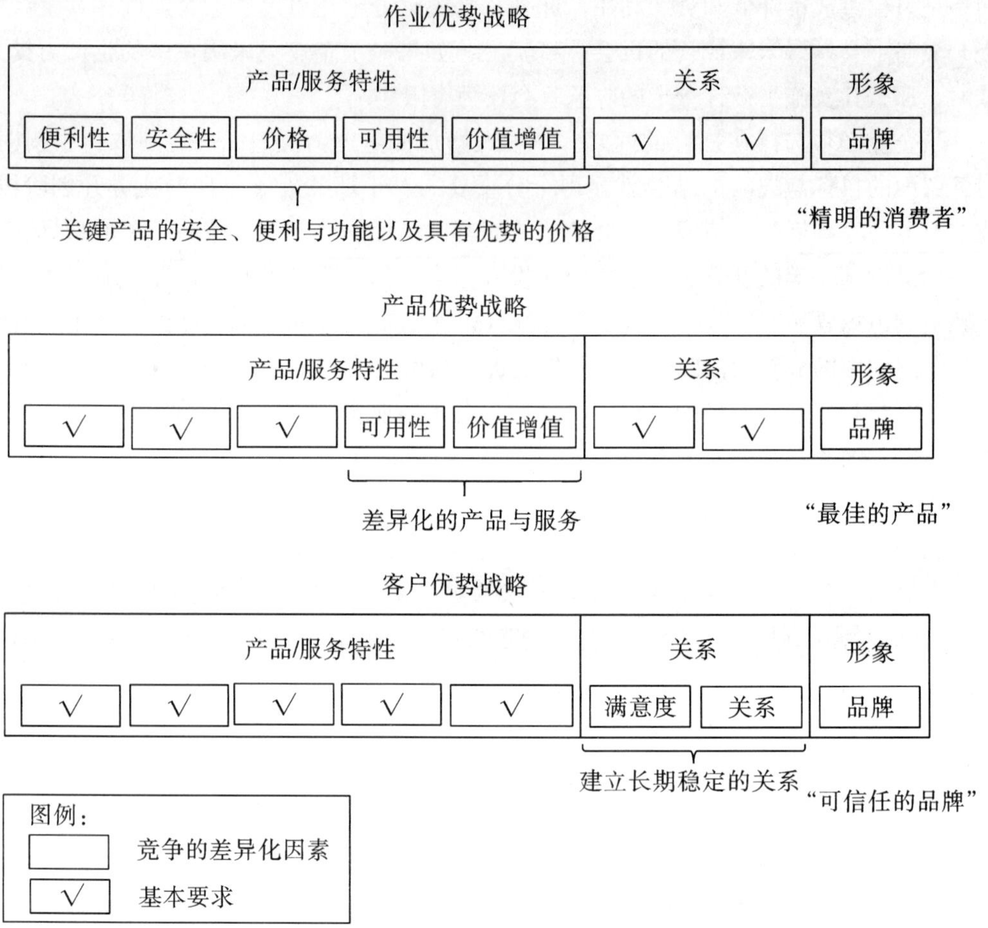

图 4-6 构建战略地图：客户价值定位

如图 4-6 所示，该设计模式显示了商业银行平衡计分卡如何将上述三类战略转化为战略地图的内涵。通常而言，银行要在市场上实现其差异化战略，关键是界定所特有的客户价值主张。也就是说，如果银行选择作业优势作为差异化战略，那么它就必须在服务的便利性、资产的安全性和服务价格水平上超越同业竞争者的绩效表现。如果银行选择产品优势，那么执行的关键就在于其产品的功用、特性和性能。对于选择客户关系战略的银行而言，它们要做的就是不断强化与客户间的关系，并提供完全的解决方案与服务以满足客户的需要。

此外，图 4-6 还可以作为一项诊断的检测表，来检查银行平衡计分卡内的衡量指标是否与其差异化战略吻合。如果采取产品创新或客户关系战略时，属于内部流程的员工操作失误、等候时间等指标权重不宜过重。

2. 界定目标客户

商业银行目标市场是由异质性客户混合组成的，有些客户注重结算服务，有些客户注重理财增值，也有的客户在意价格、质量的一致性以及购买的便利性等。“战略本身是一种抉择”。商业银行应该在一个或几个细分市场的基础上明确适合自身特点的目标客户。一旦银行选择了要在哪些价值主张上表现卓越，也就等于选择了其目标市场——也就是那些认同该银行的价值主张，并且愿意与银行产生商业关系的客户群体。

毋庸置疑，明确地界定目标客户对商业银行而言十分重要。在银行的平衡计分卡上，目标客户是银行衡量其客户层面绩效表现的焦点，因为无论是哪一项客户层面的衡量——满意度、保持率、市场占有率及盈利性——都必须针对目标客户来测评。

通过界定特定的价值主张以及衡量对目标客户的营销成果，平衡计分卡的客户层面可以明确地反映和呈现银行的战略。而且在战略地图当中，银行的价值主张向上可以连接到客户层面的成果以及最上层财务层面的目标，向下则衔接银行关键的内部流程，使银行得以提供其目标客户重视的价值主张。

（三）整合内部流程以实现价值主张

虽然商业银行的客户价值主张以及如何将其转化为股东价值与盈利的成果是战略的重要内涵，但这两者仅是企业想要实现的目标而已。除了界定成果目标，战略还必须同时描述如何实现该成果。波特认为：“战略的根本在于企业的活动——也就是选择与竞争者不同的方法来从事这些活动，或者选择从事与竞争者不同的活动。”“活动就是竞争优势的基本单位”。发展可以成功执行的战略，就在于确保组织内部的活动与其客户价值主张之间的一致性。

银行的创造性活动就体现在构成其价值链的内部流程当中。如图 4-7 所示，我们可以将此价值链区分为四组业务流程，各自对应我们在本章所介绍的四个战略主题。尽管这四项流程都十分重要，但是在的不同时期，银行必须在对其客户价值主张影响最大的一项或者两项流程上表现卓越。相对而言，其他的一项至两项流程则可以作为辅助，而不是主角。

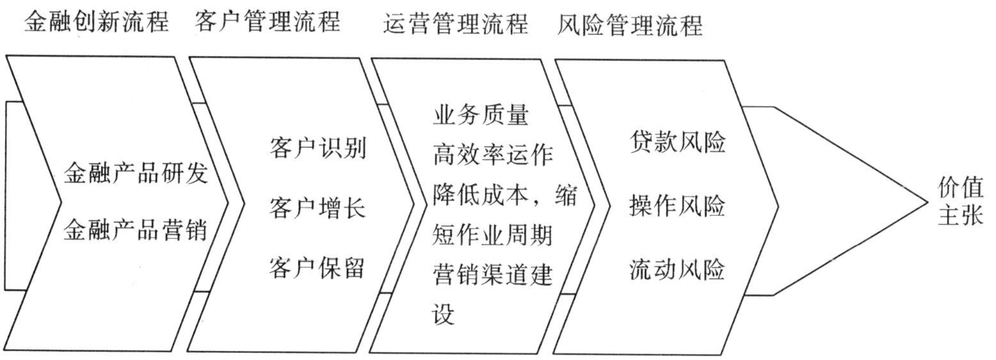

图 4-7　共性的银行价值链

如果银行采取产品优势战略，通常银行必须具备领先的创新流程，才能设计出具有最佳功能的新产品，并且快速地向目标客户营销，以抢占市场先机。

如果银行采取客户关系战略，则银行必须具有优异的客户管理流程，例如先进的客户关系管理系统、优秀的解决方案的制订与执行。当然，为了满足目标客户的需求，银行也可能完善和创新流程，然而其着眼点是为了增进客户的满意度。

如果银行采取作业优势战略，则银行会强调运营流程的速度、效率、成本和质量。

如果银行采取加强风险控制战略，则银行会注重贷款风险、操作风险和流动性风险的管理。

除了以上四项流程外，银行的内部流程还有两个重要的利害关系对象——政府和社会大众，他们也对银行的战略执行有重要的影响。作为现代经济的核心枢纽，商业银行的经营、风险、服务、价格等经常受到政府主管部门的监管。因此，银行应该处理好与政府部门的关系，除了严格遵循所在地有关政府部门的监管要求外，作为大型的企业，还要积极成为履行社会责任的典范，树立起良好的社会形象。因此，如果政府部门和社会大众对商业银行的战略有重大的影响，那么应该将此维度的相关战略主题纳入银行的内部流程层面。

（四）学习与成长层面：无形资产有形化

商业银行为了创造最佳的绩效表现，还必须注重对学习与成长层面的无形资产进行开发和利用，以支持银行所选择的活动，从而创造高价值的客户关系。学习与成长层面通常涵盖以下三个战略主题，如图4-8所示。

（1）战略性能力（人力资本）：团队和员工为成功执行战略规划所必须具备的战略性能力和知识。

（2）战略性技术（信息资本）：为实现战略而必需的信息系统、数据库、工具、网络和设备。

（3）组织气候（组织资本）：在战略执行的前提下所需要的企业文化转变，包括价值观、人际关系状况、态度、制度构成、领导水平等，是组织内部的小环境、软环境。

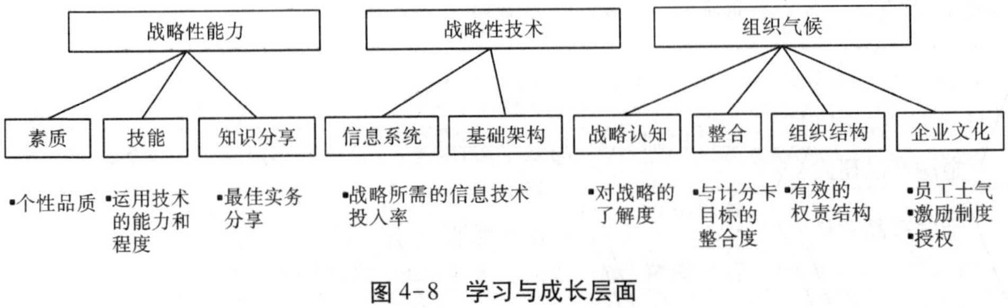

图4-8　学习与成长层面

事实上，企业要成就长期而持续的竞争力提升，创新和学习层面才是战略执行的真正起始点。然而，目前商业银行大部分员工还缺乏对战略目标和实现方法的了解和认识。因此，商业银行需要在界定客户价值差异化内涵及相对应的关键业务流程下，思考人力资源、信息系统建设以及组织气候等关键成功领域和目标。

虽然学习与成长层面处于平衡计分卡四大层面的最底层，但这并不意味着其重要性低。相反，平衡计分卡如此设计的原因，恰恰是向企业管理者点明了学习与成长正是企业其他一切活动的根本，就如同树根一般，是树木所有养分、支撑和成长的本源，正是它们造就了枝繁叶茂（财务奇迹）——也就是那些平衡计分卡上层的一切。总之，企业的无形资产——学习与成长层面的创新和行动才是企业战略成果最主要的动力。

总而言之，平衡计分卡战略地图提供了合乎逻辑且容易理解的结构来解说战略，不但清楚地描述了企业所渴望的成果，而且还说明了应如何实现这些成果。通过战略地图，组织的各单位和员工能因此而认识战略，并进一步思考他们的活动如何在战略之下进行整合，从而对战略执行做出最大的贡献。

三、网点转型：需要合力驱动

从2000年年初工商银行的核心竞争力项目开始的网点战略转型，到建设银行的“蓝色风暴”、一代二代转型以及目前推行的三代综合转型，中国银行的服务销售流程标准化，农业银行的网点软转型项目，各股份制商业银行相继推出的零售网点转型——各家商业银行都在积极推进网点的功能转型。虽然每家商业银行的方法和侧重点不太一样，但是目的是一样的，就是希望将传统交易型的网点转型成为服务销售型网点，提升网点价值创造能力。经过10余年的转型，我们开始感觉到“银行要赚钱”的观念已经被广大员工接受，服务营销的理念意识在强大的指标压力下，并不像想象中那么难以植入。但最难的是员工意识的内化、行为的固化，于是转型之中上下矛盾丛生，效果表现起伏不定。上层担心对基层逼得紧一点，会导致变革失控，影响队伍稳定，于是不敢逼得太紧，转型进展缓慢。基层不乏想有一番作为的人，却苦于无配套支持体系，或缺乏执行力的配套体系，要么扛起超凡责任累得精疲力竭，要么回到起点维持原状，要么陷入僵局选择放弃。如果这类基层人员信心受到打击，那么基层中的观望者、变革抵触者不作为或行为难以固化也是自然发生的事情……

对于转型难以固化的问题，上层管理者的第一直觉反应是认为网点转型欠佳的原因，是网点人员的意识不够、认识不足，于是考虑在执行上采用何种宣传攻势以强化意识、达成共识，怎么通过检查、监督、考核等行政手段来使行为固化。然而，网点转型效果仍然反复不定——转型遇到瓶颈。

如果我们从战略地图内在的因果关系链的角度来分析，出现这种情况不足为奇。正如前面章节所述，战略地图的财务、客户、内部流程、学习与成长四个层面体现了动因和结果的关系，在每个层面内部，关键成功因素和关键策略围绕着战略主题，发挥着绩效驱动的作用，从而构成了相互支撑的因果关系链。这些关系链之间必须足够紧密，否则无法发挥有效支撑，最终不能达成战略所要求的绩效输出。此外，企业要成就长期而持续的竞争力提升，创新和学习层面才是战略执行的真正起始点。虽然学习与成长层面处于平衡计分卡四大层面的最底层，但并不意味着其重要性低。相反，学习与成长正是企业其他一切活动的根本，正是它们造就了那些平衡计分卡上层的一切。学习与成长层面的创新和行动才是企业战略成果最主要的动力。

如图 4-9 所示，以某商业银行为例，该行先后开展了以提升网点文明标准服务和以提升营销技能为主要内容的两次网点转型。尽管转型工作卓有成效，但通过战略地图的分析可看出，无论是服务提升导入还是营销技能提升导入，其所涉及的仅为内部流程层面的客户管理和业务运营两个战略主题，且关键策略手段有限，尤其在战略目标的内驱力——学习与成长层面的企业文化、绩效管理、员工发展、团队建设、领导能力，以及信息系统开发和支持等关键转型策略上明显存在缺位。因而，这种补漏式、碎片化的转型措施，明显表现出支撑力度不足、因果关系不紧密、驱动力不够。同时，转型重心仅局限于零售业务、网点基层等局部业务和对象，加之结构性的体制掣肘，网点转型效果反复不定不足为奇。

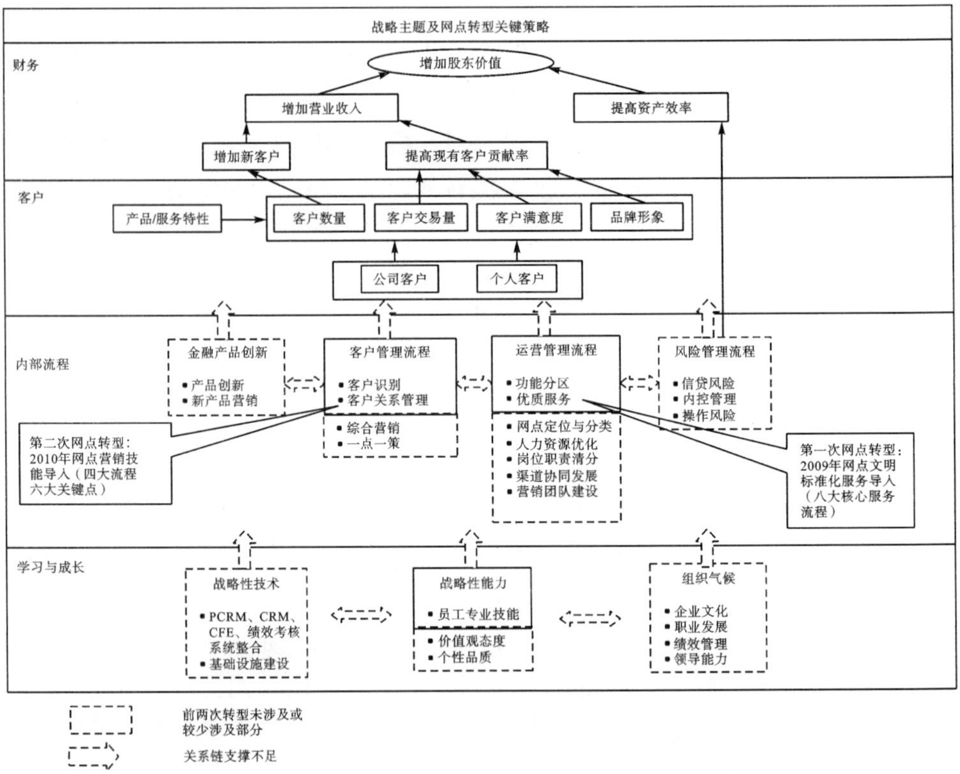

图 4-9　某银行战略主题及网点转型关键策略

尽管网点转型面临种种问题，但银行的改变还是在持续发生。在这种渐进的改变持续发生的同时，金融新时代的竞争格局也在发生剧烈的变化。如果说，加入 WTO 没有给商业银行带来大的外部冲击的话，那么，互联网金融则会从内部倒逼商业银行改革。正如马云所言，“如果银行不改变，我们就改变银行”。金融脱媒、互联网金融、利率市场化——越来越多的银行已经听到这种竞争威胁逼近的脚步声了。随着互联网金融对传统金融业务的不断渗透，以支付宝公司的“余额宝”为代表的互联网基金短期内吸纳了巨量活期资金，对传统银行造成了明显的冲击，倒逼国内银行必须因势图变，用创新和改变来迎接未来竞争。作为重要的应变之策——网点战略转型，必须改变原来那种渐进式、补漏式和碎片式的转型方式，从整体规划的角度设计和实施全方位、结构性、系统化的网点转型。

首先，实施主题全覆盖。从战略地图角度看，网点转型不仅要覆盖内部流程层面的金融创新、客户管理、运营管理和风险管理四大流程主题以及学习与成长层面的战略性技术、战略性能力和组织气候三大战略主题，而且还要覆盖基于上述战略主题的关键成功领域和关键成功因素，具体包括网点定位、网点文化、功能分区优化、劳动组合优化、渠道配置优化、岗位联动营销、公私联动营销、客户关系管理、一点一策、网点日常管理和绩效管理等关键策略的实施，实现从局部转型向整体转型转变。

其次，明晰因果关系，强化支撑力度。战略地图方法论、平衡计分卡四个层面以及基于各层面战略主题和关键成功领域，是一种结果和驱动的因果关系，其相互支撑力度如何，将最终影响企业战略目标的实现。特别是具有驱动性因素的内部流程层面和学习成长层面，其各战略流程管理与各职能部门职责是一一对应的关系，网点转型相关的关键策略也由这些部门制定和推动。因此，要加强因果关系链支撑力度，形成网点转型合力，转型对象不能只局限于基层网点，商业银行各相关职能部门必须参与到网点转型中来。

最后，加强资源整合。网点转型最初发起于零售业务条线，也由零售条线牵头。随着网点转型的深入推进，过去单条线的转型开始变成多条线转型。由于各职能条线都推出了出于自身考虑的转型行动方案，涉及各自的转型资源预算和使用的问题，因此，有必要打破部门壁垒，对基于网点转型的各部门资源进行整合，提高网点资源的利用率，以整体推进网点战略转型。

【案例分析】

“搅局者”“余额宝”带来的启示

2013 年 6 月 13 日，“余额宝”横空出世。作为一种互联网金融产品，凭借其高收益、低门槛、操作简便、流动性强等特点，短期内吸纳了巨量活期资金，对传统银行造成了明显的冲击。截至 2014 年 3 月 31 日，“余额宝”规模达到 5 413 亿元。“余额宝”的出现，是我国互联网金融真正成为影响传统金融体系的新兴力量的标志性事件。“余额宝”为什么能够成功“搅局”？它又能给商业银行带来怎样的启示？

第一，“余额宝”的成功是平台战略的胜利。“余额宝”本质上是用户通过“支付宝”这一媒介购买货币基金。支付宝的诞生，源于交易资金托管这一创新，弥补了我国电子商务发展初期诚信缺失的缺陷，也成了淘宝崛起的重要因素。淘宝乃至支付宝这一平台的发展过程是一个自我强化、不断排他的过程。商家会因为淘宝客户众多而将其作为开店的首选渠道，客户则因为淘宝上备选产品众多、价格低廉等优势而首选淘宝，这样的反馈渠道会不断强化，最终得到的结果就是淘宝在电子商务平台的绝对优势与领先地位。引申而来的，就是支付宝在网购支付中占据绝对领先优势。

而在满足客户网购的支付需求之后，支付宝继续推出信用卡还款、水电煤气缴费等其他多重功能，并推出支付宝联名账户，使得客户在其他网络支付平台中，无须重新注册即可完成支付。支付宝从满足客户的网购支付需求开始，通过横向、纵向的功能扩张，使得客户在线支付的需求得到了一站式的满足，这样就提高了客户的黏性与迁移成本。也就是说，如果客户使用其他支付手段，不仅需要重新注册，还会面临应用场景较少、使用功能单一的窘境，客户的迁移成本十分高昂。在这样的情况下，支付宝实际上已经成了个人普通客户在线支付领域的绝对王者，它通过平台战略，以极低的成本获取了大量的客户。

第二，“余额宝”的成功是长尾理论的最佳实践。“长尾理论”由美国连线杂志前主编克里斯·安德森提出。传统商业理论认为企业界80%的业绩来自20%的产品。但长尾理论认为，只要产品的存储和流通的渠道足够大，需求不旺的产品的市场份额可以和少数热销产品的市场份额匹敌甚至更大，即众多小市场汇聚成可与主流匹敌的市场。互联网的崛起则打破了“二八”铁律。

“余额宝”的成功都得益于长尾理论，它以极低的成本获得了大量普通客户。这些客户大多消费额度很小，但数量很多，众多小企业、贸易公司以及个人用户给公司提供巨大的收入。传统基金理财户均7万元的投资额，而“余额宝”用户的人均投资额仅为1 912.67元。虽然每个用户仅有几十元或几百元，但8亿用户的“长尾”让这笔钱变成了巨款，几天时间，数以亿计的客户让天弘基金“野鸡变凤凰”。

第三，“余额宝”的成功还在于用户体验、产品形式的创新。相对于银行渠道繁琐的开户手续、高昂的学习成本，身为互联网企业的阿里与天弘基金合作，重新开发出全新的网上交易系统和注册登记系统，大大方便了客户上手使用。而相较于传统的货币基金，“余额宝”采用了创新的每日结转收益方式，并通过图形化的表现形式，自媒体晒收益、谈攻略等宣传方式，让客户以轻松的方式真切地体验到投资回报。同时，依靠创新结算方式，借助“支付宝”这一平台实现购物、信用卡还款、水电煤气缴费等多种功能，进一步提升了客户体验。

互联网的前10年，新浪、搜狐等网站改变了信息流通行业；互联网的近10年，阿里巴巴和京东改变了零售行业；互联网未来的10年将会改变金融业。

作为传统的商业银行，该如何应对金融脱媒、互联网金融、利率市场化带来的巨大挑战呢？

首先，商业银行应当以开放的心态，着力挖掘客户的细分需求，打造多层次的平台，既在线上与不同商家打通链接，也在线下与不同商圈形成联系，还可以与其他银行、券商等其他金融机构展开合作，争取成为交易流的枢纽。“余额宝”的成功是建立在淘宝、支付宝成功的基础上的，平台商足够开放之后，就会形成对对手的竞争性排他。商业银行在积累大量的客户基数、交易流量之后，还应当进一步利用大数据方法，精准识别客户需求，实现量身定制营销。

其次，商业银行应当改进客户开发与维护体系，形成分层服务模式。商业银行传统的客户开发维护体系以为大客户提供个性化的专家型服务为主要模式，对普通客户则缺少成体系的服务和维护。“余额宝”的成功，则是利用互联网渠道，实现了对普通客户的全功能、普惠式的覆盖。对于大型商业银行来说，则要充分利用自己的渠道优势，即实体网点的广泛覆盖，进一步赋予一线员工客户维护的职能，并利用自身产品服务广泛的优势，为不同层级的客户提供分层次的服务。

最后，商业银行应当梳理互联网思维，提升用户友好度。互联网思维通常指的是开放、平等、界面友好易学、所见即所得等。商业银行在电子银行、IT 体系方面投入大量的资源，但所产生的产品特点虽然功能齐全，但页面繁杂，客户的学习成本很高。商业银行应当认真学习互联网企业贴近客户需求、顺应人性特点方面的独到之处，改进网络银行、手机银行的表现形式。在终端推广方面，则不只是要让客户开通此项功能，而且要让客户使用它们直至成为习惯。

四、一行（点）一策：差异化造就竞争力

支行和网点是商业银行最基本的经营单元，集中体现了银行经营能力和竞争实力。商业银行各基层支行和网点所处的周边市场环境、网点规模、客户结构和内部人员情况均不相同，需要实施差异化的微观战略和战术——“一行（点）一策”，才能形成有特色的核心竞争能力。

实施“一行（点）一策”，一是有助于明确支行和网点的定位，进而针对目标市场制定个性化和具体化的经营策略和行动方案。二是有助于从关注结果到过程与结果并重。实施“一行（点）一策”，不仅可以指导支行和网点如何完成经营指标或短期任务，更重要的是可以促使支行和网点更加关注其中长期目标以及由此产生的一系列过程指标和行动路径。由于注重过程管理，从而使银行经营结果更加可控。例如，“潜力客户转推介”指标，对于目标市场定位于中小企业的网点而言，可以具体设置为带有经营策略性质的“中小企业客户转推介”指标。三是有助于建立完善的辅导与管控机制。从某种程度上讲，“一行（点）一策”提高了支行和网点的战略经营决策自主权，因而，上级行有必要建立相关的如定期经营分析会或检视会的辅导和管控机制，以推进“一行（点）一策”工作的落实。四是有助于提升基层行特别是网点的经营管理水平。例如，网点实行“一点一策”，能够促使网点负责人和客户经理带着经营的思维去管理网点或客户，思考如何制定过程指标以体现战略经营思路，以及如何制定战略性的经营策略以促进网点的长效发展。因而，从某种意义上讲，差异化的“一行

（点）一策”体现了银行的微观战略管理，是银行战略转型的进一步深化和发展，既是对支行和网点经营管理的精细化，也是对客户价值的进一步深耕。

（一）“一行（点）一策”通用结构模式（见图 4-10）

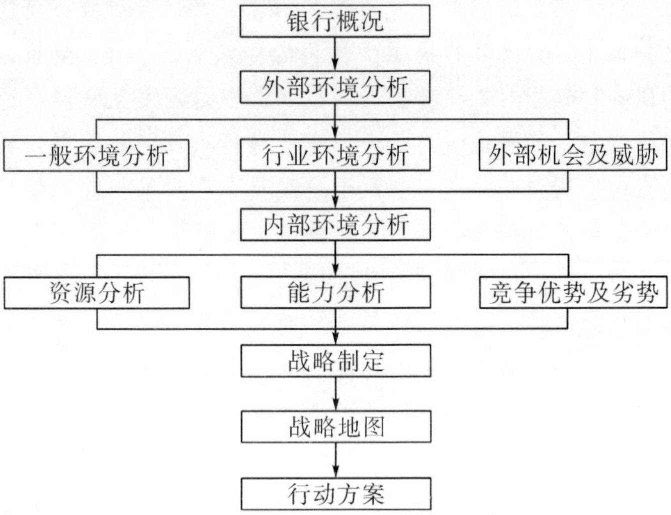

图 4-10 “一行（点）一策”通用结构模式

（二）分析工具

1. SWOT 分析模型

SWOT 分析模型是战略管理最重要也最常用的分析模型，SWOT 实际上是四个英文单词的首个字母，这四个英文单词翻译成中文分别为“优势”“劣势”“机会”“威胁”。SWOT 分析工具几乎已经众所周知，应用也极为广泛，SWOT 分析实际上是将企业内外部条件各方面内容进行综合和概括，进而分析组织的优劣势、面对的机会和威胁的一种方法。其主要有四种战略模型：优势—机会（SO）组合、劣势—机会（WO）组合、优势—威胁（ST）组合和劣势—威胁（WT）组合。

优势—机会（SO）战略是一种理想的战略模式。因为企业既有内部优势又有可利用的外部机会，当企业具有特定方面的优势，而外部环境又为发挥这种优势提供有利机会时，可以采取该战略。

劣势—机会（WO）战略是利用外部机会来弥补内部自身劣势，使得企业的优势凸显出来，而劣势得以消逝的战略。当企业存在外部机会，却又存在着内部劣势妨碍对机会的利用时，则可使用此战略，即用外部的机会来克服自身的劣势。

优势—威胁（ST）战略是指企业利用自身优势，回避或减轻外部威胁所造成的影响。如竞争对手通过增设网点抢占市场，给本行造成很大的存款分流压力。如果本行有较好的客户资源基础，便可以利用这些优势进一步挖掘高端客户价值，守住高价值客户这块优势阵地。另外，通过开发新的产品和提升服务水平，例如创新电子银行服务功能，增强客户线上体验，可以有效回避外部威胁的影响。

劣势—威胁（WT）战略是一种防御性战略。这种状态即为企业既存在内忧外患，又时刻面临着生存危机。在这种情况下，企业要想改变其经营困境，必须通过目标聚集战略或差异化战略，以回避威胁、克服劣势。

2. 劳动组合优化模型

人力资源是第一生产力。随着银行信息技术运用和业务处理自动化水平的不断提高，如何将大量的柜台人员解放出来，充实前台营销，或者对区域内各网点柜台人员进行合理有效的配置，是基层银行优化人力资源管理，提高生产力水平时首先要解决的一个问题。银行网点的人力资源优化配置首先从柜台和柜员的合理配置开始，然后再根据网点客户资源的情况，按照一定的管户要求和标准合理配备营销人员。对于基层支行来讲，运用一个科学的模型按照一定的标准测算出每一个网点的柜台和柜员的最优配置标准，不仅可以实现全行人力资源的优化——向客户资源优势网点和业务倾斜，而且可以释放出更多的生产力来充实营销队伍——这正是网点转型的重要内容之一。柜员配置测算模型为：

高柜柜员配置=[(现金业务量-可分流未分流现金业务量)+(非现金业务量-可分流未分流非现金业务量)]/标准业务量

低柜柜员配置=(非现金业务量-可分流未分流非现金业务量)/标准业务量

其中：

现金业务量包括按不同面额汇总收付现金折算总量+现金业务量折算总数。

可分流未分流现金业务量按自助设备限额内的卡存取款业务量折算。

可分流未分流非现金业务量包括智能柜台、ATM、自助终端、自助发卡机以及其他机具可分流的业务。

3. 信息收集工具

（1）外部信息收集工具

■目标市场（见表4-1）

表4-1 主要目标市场情况

目的：找到目标市场、清晰市场需求，清晰网点经营定位及侧重方向，找到切入点或突破口。					
周边社区	社区/楼盘名称	A	B	……	分析
	社区类型				
	均价				
	户数				
	主要业主类型				
	与网点距离				
	理财产品渗透率（与同业对比）				
	主要金融需求				

表4-1（续）

专业市场	市场/商圈名称				
	从业人员				
	规模或排名情况				
	主要贸易商品				
	近三年日均客流量				
	近三年销售额				
	POS 机具渗透率				
	经营类个贷渗透率				
	金融需求				
	与网点距离				
	市场规划				
……	……				
诊断结论					

■同业分析（见表 4-2 和表 4-3）

表 4-2 **同业经营情况表**

目的：了解经营对手，清晰竞争动态					
项目		本行	A 银行	……	分析
存款	市场份额				
	各项存款总额				
	其中：对公				
	个人				
贷款	市场份额				
	各项贷款余额				
	其中：对公贷款				
	个人住房贷款				
	个人非住房贷款				
……	……				
诊断结论					

表 4-3　　同业分区情况表

目的：了解经营对手，清晰竞争动态					
项目		本行	A 银行	……	分析
柜台设置	网点分区				
	其中：普客区				
	个人贵宾区				
	公司贵宾区				
	电子银行体验区				
	智能柜台				
	柜台总数				
	其中：贵宾区高柜				
	贵宾区低柜				
	普客区高柜				
	普客区低柜				
	特色专柜（快速通道）				
……	……				
诊断结论					

■网点区位（见表 4-4）

表 4-4　　网点区位情况

目的：对比同一区域同业位置，考虑是否搬迁（近期或远期）					
项目		本行	A 银行	……	分析
地理位置	网点名称				
	网点地址				
	区位优势				
	网点周边人流量				
	离行式自助机具分布				
	台日均交易情况				
……	……				
诊断结论					

■经营状况（见表 4-5）

表 4-5　　本行（网点）近三年经营情况表

目的：了解网点业务经营情况，分析网点增长是否乏力。		
业务指标	……	分析
各项存款余额		
其中：　对公存款余额		
个人存款余额		

表4-5(续)

各项贷款余额		
其中： 公司贷款余额		
个人贷款余额		
……		
诊断结论		

外部信息收集是“一行（点）一策”分析的关键，也是一个银行战略思考的过程，相关部门均需参与。要善于利用网络信息、工商信息、税务信息、客户渠道、中介机构、现场收集和同业交换等方式，变不可能为可能。信息诊断要尽可能客观，每一项信息都对应一个分析和判断，有的信息用于宏观环境判断，有的用于制定具体措施。

（2）内部信息收集工具

■客户到访（见表4-6）

表4-6 网点客户到访情况表

目的：了解网点客流高峰期及客户层次						
服务区域	客户类别	业务类型	取号时间	叫号时间	等待时间	
诊断结论						

■客户问卷（见表4-7）

表4-7 客户调查问卷分析表

柜台偏好	有效问卷	开放式柜台		封闭式柜台		自助设备		无所谓	
		数量	占比	数量	占比	数量	占比	数量	占比
同业对比	份	专业能力		服务效率		产品吸引力		物理环境	
		数量	占比	数量	占比	数量	占比	数量	占比

■业务量（见表4-8）

表4-8 网点业务量汇总情况表

目的：了解网点日均业务量情况及业务构成种类、可分流未分流情况						
服务区域	柜台种类	日均业务总量	现金业务笔数	其中：可分流未分流业务笔数	非现金业务	其中：可分流未分流业务笔数
普客区	高柜1					
	……					
……	……					
合计						

■厅堂自助（见表 4-9）

表 4-9　厅堂自助渠道情况

目的：统计分流渠道和业务（√）				
业务分类	业务种类	业务名称	智能柜台	自助服务终端
个人业务	账户查询	余额/明细/客户信息		
		理财产品/基金产品		
	账户服务	口头挂失		
		书面挂失		
		银行卡改密		
	……	……		

（三）一行（点）一策分析法

“一行（点）一策”分析法是运用一定的方法和工具，对商业银行内部和外部经营环境进行深入分析，明晰自身竞争优势和劣势，从而制定相应的经营策略和行动方案，以提升竞争能力的一种分析方法。以 CSX 支行为例。

1. 经营概况

截至 2014 年年底，CSX 支行各项存款 109.4 亿元，其中个人存款 52 亿元，公司存款 57.4 亿元。各项贷款 79.6 亿元，其中公司贷款 64.8 亿元，个人贷款 13.8 亿元。实现中间业务收入 1.15 亿元，实现拨备前利润 2.6 亿元。CSX 支行网点 15 个，主要分布在城区和城郊结合区域。目前在岗人数 250 人，其中客户经理 43 人。

2. 外部环境分析

CSX 支行所面临的环境主要包括一般环境、金融业行业环境以及同业竞争环境。

（1）一般环境分析

根据 PEST 分析法，具体细分为政治法律环境、经济环境、社会文化环境和技术环境四个方面。

■政治法律环境

我国于 1995 年先后出台了《中国人民银行法》、《中华人民共和国商业银行法》、《保险法》和《票据法》四大金融法律。目前我国金融法从内容上可分为银行法、信贷法、货币法、证券法、票据法、融资租赁法、信托法、保险法、期货交易法、涉外金融法。2004 年银监会颁布了《商业银行资产充足率管理办法》，2007 年银监会颁布了《中国银行业实施新资本协议指导意见》，我国银行业从 2010 年年底开始实施新资本协议，要求商业银行资本充足率大于 8%、核心资本允足率大于 4%。此外，在流动性比率、存贷比率、存款人集中度、拆借资金比率、拨备覆盖率等其他方面，必须达到银监会有关监管要求。

当前，保持经济平稳较快发展仍是经济工作的首要任务，中央继续实施积极的财政政策和适度宽松的货币政策。但是2011年上半年宽松的货币政策带来的大量信贷投放给风险管理带来了严峻考验。

总之，CSX支行存在着有利政策支持的发展机会，同时也存在着风险管理难度加大的潜在威胁。

■经济环境

一方面，良好的经济环境为CSX支行的发展创造了机会。至2014年年底，我国国内生产总值636 463亿元，比上年增长7.4%。至2014年年末，CSX市生产总值1 058.4亿元，比上年增加10.1%，其中服务业增加值占45.2%。财政收入149.8亿元，工业总产值2 852.1亿元。以经济总量衡量，CSX市约占整个CS地区的三成以上，在CS地区独占鳌头。另一方面，经济和金融的全球化为CSX支行的发展带来了机遇与挑战。面临的主要机遇有：外资的引入，发达国家金融运作的先进经验。面临的主要挑战有：利率市场化加快给国内金融业带来了巨大冲击和生存压力，给金融监管和调控带来了严重挑战。

■社会文化环境

尽管近几年来我国资本市场直接融资制度不断完善，但受我国特有的社会文化环境影响，通过银行进行间接融资的融资方式在未来一段时间内仍将占据主要地位；由于传统计划经济体制下的思维惯性影响，存款仍是居民特别是农村居民主要的理财方式；目前我国社会信用体系不健全，诚信意识较差，也阻碍了直接融资的发展，客观上为银行持续获得低成本资金和稳定的资金来源提供了保证。截至2014年年底，CSX城镇居民人均可支配收入38 881.3元，同比增长4 004元，增长15.7%；农民人均纯收入19 602元，同比增加1 980元，增长15.3%，收入结构逐渐优化；年末城乡居民储蓄存款余额460.5亿元，增长11%。

■技术环境

互联网技术给银行带来了巨大挑战。一是对支付业务、金融理财和信贷业务带来冲击；二是互联网金融的去中介化，隔绝了银行与客户的联系，对银行的客户基础带来很大冲击；三是互联网金融提供广泛的在线服务，成本较低，并拥有更好的客户体验，对银行传统渠道优势带来巨大冲击。同时互联网技术也为银行带来了机遇：互联网技术可以为改善客户服务提供新的解决方案，为信用风险管理提供新的工具，同时大数据的运用也为银行降低成本提供了可能。

（2）行业环境分析

按照迈克尔·波特的观点，一个行业的竞争中，存在着五种基本的竞争力量，即潜在进入者的威胁、现有竞争者之间的竞争、替代品的威胁、买方讨价还价的能力以及供方讨价还价的能力。

■现有竞争者之间的竞争

盈利能力方面。2014年CSX支行营业净收入和拨备前利润取得了较快增长，增速分别达到了18.1%和22.3%，但与当地同业相比，收入和利润总量均排名靠后。其中，工行营业净收入总量接近CSX支行的两倍，农合行、建行和中行营业收入和拨备前利润均略高于CSX支行。资产回报率（2.29%）与同业比，仅略高于中行，与工行差距明显。成本收入比（22.1%）仅稍好于农合行，位居第四，是工行的近3倍，与建行（16.2%）相比有较大差距。

存款业务方面。截至2014年年底，CSX支行各项存款109.4亿元，较上年增长23.2%，高于CSX市存款平均增速，市场份额也稍增0.18个百分点。但与同业比，CSX支行市场份额偏低，存款结构有待优化。CSX支行存款市场份额（13.55%）略高于工行（11.2%），排名第四，与中行（21.94%）和农合行（19.14%）有较大差距。CSX支行个人存款占比48%，高于工行（39.2%）和建行（37.1%），位居同业第三。资金成本处于劣势，CSX支行定期存款占比高达61%，分别高于工行（42.2%）、中行（53.5%）、建行（56.2%），但低于农合行（75.2%）。

贷款业务方面。2014年，CSX支行贷款同比新增20.5亿元，位列同业首位，市场份额有较大提升，但与同业比，CSX支行贷款规模偏小，小企业授信占比偏低。贷款市场份额上，CSX支行为13.01%，与农合行（19.98%）和工行（18.4%）差距较大。贷款结构上，个人贷款市场份额位居同业第三，公司贷款市场份额仅为10.3%，公司贷款占贷款总额的81.4%，均处于同业末位水平，直接影响了支行的资产收益率。

客户结构方面。CSX支行中小企业贷款额在全部贷款中的占比持续上升，但整体水平依然偏低。2014年，CSX支行中小企业授信余额51.8亿元，与工行和农行授信总量相差20多亿元，占全部贷款比重为29.92%，与工行和农合行相差10多个百分点，直接影响了支行的利差收入水平。

中间业务方面。2014年，CSX支行中间业务净收入实现了较快增长，对二级分行的贡献度有所上升，但同业市场份额却下滑，市场份额从上年的同业第二滑落至四大行末位。对公中间业务收入实现了20%的快速增长，在全部中间业务收入中占比66%，但与工行和建行相比，对公中间业务收入明显偏低。个人中间业务收入与工行和建行相比，优势明显。

■潜在竞争者的威胁

就中国银行业而言，政府是进入壁垒的主要制造者，银行的设立需要满足最低的资本金要求和特批经营许可证。目前，国有五大银行在CSX都有分支机构，招商银行、浦发银行、邮政储蓄银行、农合行、城市合作银行等均设有分支机构。

■替代品的威胁

随着资产市场的发展，客户的融资和投资渠道越来越多样化。证券、不动产、保险、基金、信托等个人资本投资方式，均使银行业受到日益严重的威胁。随着资本市场“沪港通”“深港通”的相继开通，国内居民境外投资渠道进一步拓宽。2014年，共有103家拟上市公司境内首发融资588.5亿元，上市公司境内再融资额超过同期

IPO 10 倍左右。债券市场共发行各类债券 12.28 万亿元，同比增长 41.07%。2014 年原保险保费收入 20 234.8 亿元，同比增长 17.49%。信托规模 14 万亿元，同比增长 28.14%。另外，黄金、古董等也逐步受到投资者的青睐。2014 年，国内民间融资规模超过 5 万亿元，民间融资风险开始进入暴露期。

■买方讨价还价能力

2013 年起中央银行全面放开贷款利率管制。竞争性的大客户在需要资金时是购买者，在提供资金的时候是卖方。为了留住大客户，银行贷款议价的能力会有所减弱，态度不再那么强硬。对于中间业务和理财产品，随着金融监管和金融创新的发展，以及网上银行、互联网金融的发展，买方的讨价还价能力会越来越强，客户随时可能会转向服务更好的银行。像 CSX 支行这类以中小企业、市场客户和社区居民为主要客户的银行会面临客户流失的风险。

■供应方讨价还价的能力

银行的供应商可以理解为监管当局（包括政府、央行、银监局）和存款者。一方面，监管当局加大了对银行业的监管力度，相继出台了一系列监管政策（如对资产充足率的严格规定），加大了对银行发展的约束力度。另一方面，2014 年 11 月，国家提出“加快利率市场化改革”的要求，11 月 21 日，央行决定存款利率浮动区间上限由基准利率的 1.1 倍扩大至 1.2 倍。随着时间的推移，浮动区间仍有进一步扩大的可能，存款者的讨价还价能力进一步增强。

（3）面临的机会与威胁

■面临的机会

各种外部环境给 CSX 支行的发展带来了较多机遇，主要表现有：

一是政治稳定，有 CSX 政府支持。

二是国家产业调整和升级使得银行有了获得更多的优质客户的机会。

三是业务发展空间大。国内金融发展得到进一步改善，人民币债券市场日益活跃，为银行业务提供了多层次的发展机遇。风险管理能力的提升带来了更多机会。

四是经济和金融全球化，为银行业提供了更多的学习机会和机遇。

五是银行进入新一轮金融创新期，有利于开辟新的利润增长点。

六是居民消费观念开始转变，分期、按揭等金融行为日益活跃，资产配置从单一的储蓄向理财、保险、投资等多资产并重。

七是信息技术的发展加快了金融电子化的进程。

■面临的威胁

各种外部环境给 CSX 支行的发展带来了严重挑战，主要表现有：

一是我国经济从高速发展进入中高速发展，银行发展的压力进一步加大。

二是盈利能力的挑战。与同业相比，CSX 支行的收入和利润排名靠后，客户基础和管理基础相对薄弱。

三是金融法律的修正使得银行业竞争更加激烈。

四是其他商业银行及非银行金融机构带来的竞争压力加大。

五是互联网技术在银行的运用使得银行业竞争更加激烈。

3. 内部环境分析

企业的内部环境分析包括企业资源分析和企业能力分析。

（1）资源分析

■主要业务

2014年，CSX支行各项业务发展都取得了稳步增长，总体增长水平超出二级分行的平均增速。其中，各项存款较上年增长23.2%，高出分行平均增长水平8.5个百分点，对分行的贡献度也由上年的22.7%提升至24.4%。公司存款迅猛增长41%，显著高于个人存款6.9%的增速。贷款较上年增长31.2%，明显超出分行6.3%的增长水平，对分行的贡献度由上年的17.9%提升至22.7%，这主要得益于公司贷款的快速增长。此外，支行当年国际结算、信用卡、网银等战略性业务也得到了有效拓展。

■财务状况

2014年支行营业净收入、拨备前利润、总资产回报率和经济资本回报率等财务指标均较上年有大幅提升。其中，拨备前利润对分行贡献度同比增加3.8个百分点；中间业务净收入对分行贡献度同比增加2.6个百分点；成本收入比（22.1%）显著下降，低于二级分行（29.8%）水平。总资产回报率为1.66%，略高于分行1.17%的平均水平。

■资产质量

截至2014年年底，CSX支行不良贷款余额为1.23亿元，较上年减少1 968万元，资产质量有所改善。不良率同比下降0.36个百分点，但仍高于全行0.58个百分点。

■人力资源

CSX支行在岗人数250人，公司客户经理25人，占比10%，网均配置1.6人，与同业中行（4人）、工行（2人）比，配置明显不足。个人客户经理（18人）与同业相比，人员配置也处于劣势。因此，需要通过优化劳动组合，实行内部挖潜，充实营销人员。

（2）能力分析

■业务发展能力

与二级分行辖属各支行比较。CSX市在CS地区各县市中拥有无出其右的经济地位，使CSX支行的经济效益在分行所属支行中处于比较领先的地位。2014年该行净利息收入、中间业务收入、营业净收入、拨备前利润和经济增加值对分行的贡献度明显高于其他支行。但同时该行不良贷款率高于全行平均水平，总资产回报率在全行排名第三。CSX支行风险管控能力和资产获利能力尚需提升。

与全省系统内重点支行比较。在考核排名方面，2014年CSX支行在省辖44家重点支行考核中得分104.7分，低于全省平均得分107.8分，总排名位居第20位。主要是该行负债业务和战略产品发展、销售能力不强，加之受资产质量和内控管理水平的拖累，影响了CSX支行的竞争能力。在负债业务方面，CSX支行本外币日均存款省内系统贡献度排名靠后，并且同比略有下降，主要原因是本外币存款占当地市场份额较低。此外，该行定期存款占全部存款的比例较高，在一定程度上制约了支行的盈利能力。在客户拓展和产品销售方面，CSX支行当年加权有效公司客户增长率为37.2%，略高于全省35.1%的平均水平，公司业务拓展和战略产品销售表现一般。加权有效贵宾客户增长率为8.5%，信用卡增长率为21.3%，远低于全省20.8%和32.3%的平均增长水平，个人贵宾客户拓展和战略产品销售能力明显落后。

■产品创新能力

CSX支行市场客户主体多是新兴成长的中小企业，是国家政策和当地地方政府给予积极扶持的客户群，也是CSX支行未来业务拓展的重点。中小企业资金需求具有"短、平、快"的特点，但常常缺少抵押或抵押不足。由于授权管理和担保条件要求相对严格，在一定程度上制约了CSX支行资产业务的发展。因此，该行要积极参考同业经验，通过开办设备、订单、存单质押，以及小企业联户担保、行业协会担保等方式，不断创新和改进小企业金融产品。

■支行班子管理能力

CSX支行领导班子整体素质较高，有较强的团队精神，班子成员分工明确；工作思路清晰，战略发展方向明确；改革创新意识比较强，能够正确面对经济金融形势，大胆探索，推出了一系列管理措施，较好地推动了支行各项业务的发展。

（3）发展优势与劣势

■竞争优势

一是形成了多个具有相对竞争优势的品牌，如汽车分期付款、个人住房按揭、现金管理系统等；二是市场定位明确；三是中小企业和个人客户资源丰富；四是支行内部管理规范，在当地具有良好的社会信誉。

■竞争劣势

一是客户基础薄弱；二是人才数量和质量比较欠缺；三是产品有待创新；四是发展质量不高，主要表现在经营效率不高、经营结构不合理、市场拓展力度欠缺等方面；五是风险控制有待加强。

4. 战略制定

根据上述分析，得出CSX支行的SWOT矩阵分析表，如表4-10所示。

表 4-10 CSX 支行 SWOT 矩阵

竞争优劣势 战略 外部机会与威胁	优势—S （1）形成了多个具有相对竞争优势的品牌，如汽车分期付款、个人住房按揭、现金管理系统等； （2）市场定位明确； （3）中小企业和个人客户资源丰富； （4）支行内部管理规范，在当地具有良好的社会信誉。	劣势—W （1）客户基础薄弱； （2）人才数量和质量比较欠缺； （3）产品有待创新； （4）发展质量不高，主要表现在经营效率不高、经营结构不合理、市场拓展力度欠缺等方面； （5）风险控制有待加强。
机会—O （1）政治稳定； （2）国家产业调整和升级； （3）业务发展空间大； （4）经济和金融全球化； （5）银行进入新一轮金融创新期； （6）居民消费转型； （7）信息技术的发展。	SO 战略——增长型战略 （1）抓机遇，加强与 CSX 政府合作； （2）立足于地方经济，扩大自身对金融资源的支配范围； （3）巩固原有市场，在保持优质客户的基础上，积极扩户提质。	WO 战略——扭转型战略 （1）加强人力资源管理； （2）调整经营结构，提高经营效率； （3）立足地方经济，理清发展思路； （4）明确市场定位，明确中小企业和个人高端客户为市场拓展重点。
威胁—T （1）我国经济从高速发展进入中高速发展； （2）盈利能力提升的挑战； （3）金融法律的修订使得银行业竞争更加激烈； （4）其他商业银行及非银行金融机构的竞争； （5）互联网技术在银行业的运用使得银行业竞争更加激烈。	ST 战略——进攻型战略 （1）提供差异化服务，增加本行金融产品层次，满足不同的客户需求； （2）加强内部控制，增强盈利能力。	WT 战略——防御型战略 （1）削减开支，降低成本； （2）调整管理人员； （3）取消非盈利性产品等。

基于上述 SWOT 分析，CSX 支行可选择实施的发展战略有：

（1）SO 战略——增长型战略：通过利用自身竞争优势来把握外部机会的战略。

（2）WO 战略——扭转型战略：借助外部机会来弥补内部劣势。

（3）ST 战略——进攻型战略：利用自身优势减少外部威胁的冲击。

（4）WT 战略——防御型战略：努力弥补劣势并规避外部威胁。

目前，CSX 支行正处于快速成长阶段，资产规模、负债总量、利润总额等大幅增长。国内政治稳定、国内产业结构调整和升级以及居民消费转型等因素，都为 CSX 支行发展提供了难得的机会。但和当地同业及系统内支行相比，SCX 支行由于受到资产规模小、资产质量不高、员工素质不高等影响，在竞争中处于相对劣势，面临着巨大的生存危机和竞争压力。总体而言，CSX 支行面临的外部环境是机会大于威胁，内部劣势大于优势，这要求 CSX 支行必须实行 WO 战略——借助外部机会来弥补内部劣势。

在对 CSX 支行的内外部环境进行分析的基础上，根据总行、省分行的战略规划，结合当地经济金融环境，CSX 支行未来 5 年发展战略应该是：

（1）愿景

成为区域内最好的银行

（2）战略目标

根据总行、省分行发展目标，参考 CSX 市 GDP 增速目标、区域内排名靠前的国有银行市场份额增速、辖内重点先进支行增速，CSX 支行未来 5 年具体发展目标为：存款 265 亿元，贷款 200 亿元，中间业务收入 3 亿元，利润 4.2 亿元。

（3）业务战略

■客户战略

公司业务主要目标客户：对公纯存款客户（包括各区县政府财政、社保等部门机构客户）；重点招商引资项目、上市公司、拟上市公司和省内百强企业；重点园区、重点市场中小微企业信贷客户；低风险信贷客户。

零售业务主要目标客户：公务员、企业高管、私营业主、市场商户、拆迁户等个人高端客户。同时深度挖潜存量客户，实现客户价值提升。

■产品战略

对公业务重点产品：具有对存款的引领、辐射作用的现金管理产品、企业网银产品；具有锁定低成本资金的推广交易结算类产品；具有扩展中间业务收入来源的对公理财、债券承销等产品；具有巩固国际业务优势的国际结算、内保外贷、国内信用证等产品；抢占发展制高点的小微企业贷款产品。

零售业务重点产品：个人经营性贷款、住房按揭、三方存管、对私理财等；民生代理项目、代发工资项目；信用卡、手机银行、网上银行等战略性产品。

■区域战略

将自身发展融入地方经济发展当中，努力实现双方共赢。搭建良好的银政关系，争取地方政府的大力支持；把握本地中小企业的金融需求，深耕本地经济；立足区域扩大市场影响力，打造紧密型的区域经济金融平台。

■渠道战略

明确网点定位。根据业务规模（旗舰型网点、全功能型网点、轻型网点和自助网点）和客户结构（市场型、商务型、园区型、专属服务型、社区型、乡镇型、商业综合型等）两个维度，寻找最佳结合点，同时结合新形势下网点智能化、社区化和体验化的发展方向，科学界定网点定位；实行“一点一策”，实施差异化经营、管理和考核。

优化网点服务分区，提升服务水平。

优化线上业务功能，完善自助设备布局，升级客户体验。

战略目标制定出来以后，企业必须要自上而下地制定企业各层级的绩效目标，并根据绩效目标制订相应的计划，才能保证战略主题有效落地。绩效计划的制订通常包括绩效指标设计、指标权重设计、目标值设定、行动方案制订等几个环节。

一、关键绩效指标

（一）关键绩效指标设计原则

1. 战略导向原则

商业银行每个评价指标的选取必须要与银行战略紧密联系起来。在绩效指标设计过程中，可以通过战略地图分析工具，将战略目标分解为财务、客户、内部流程、学习与成长四个维度的各层次战略主题和关键成功策略，进而提炼关键绩效指标，从而保证银行战略的贯彻和落地。

2. 科学性原则

商业银行评价指标须依据科学的理论依据和方法进行设计，所选取的指标能够科学地反映银行的实际经营状况，并且应具有较好的可靠性和代表性。

3. 实用性原则

评价指标必须精炼，所选取的指标不仅能评价战略实施结果，而且指标数量不宜过于繁多，从而节约银行的实施成本。

4. 可操作性原则

评价指标数据应该容易获取、计算方法简便。也就是说，一方面，商业银行评价指标数据易于采集，有可靠的信息来源渠道，以免耗费大量财力和人力；另一方面，计算方法简便实用，对于定量指标可以直接量化得到结果，对于定性指标需明确它们进行评价的方法，确保数据的准确性和可靠性。

5. 动态性原则

商业银行绩效评价指标的设计需要与时俱进，增强实用性。应该根据银行的实际情况，针对包括战略目标、客户结构、同业竞争、内部管理等银行内外部经营环境，调整相应的指标体系，而不是一成不变或者“一刀切”。

（二）关键绩效指标设计

要把战略主题转化为关键绩效指标，我们通常采用鱼骨图分解法，如图5-1所示。

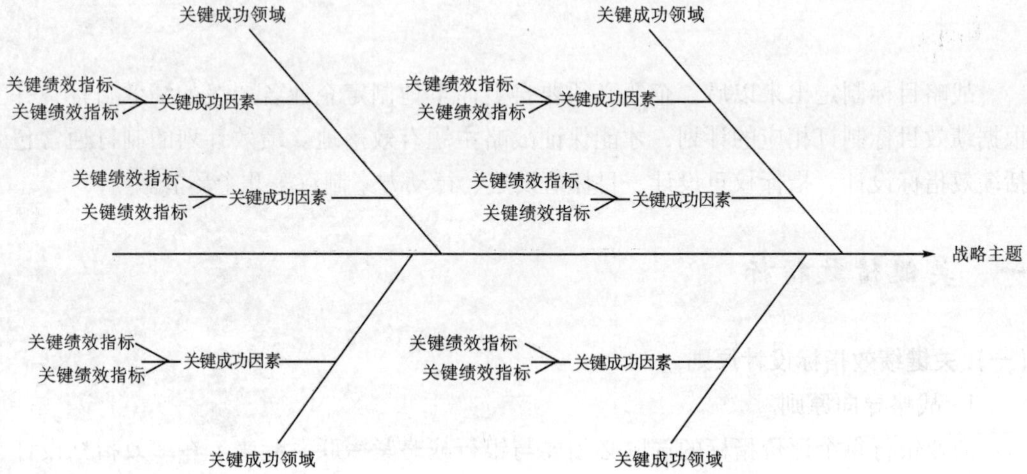

图 5-1　基于组织战略的 KPA、KPF、KPI 的关系鱼骨图

1. 财务层面指标

商业银行的性质同任何企业的性质一样，是以营利为目的即追求股东价值最大化。实现股东价值最大化，其最终落脚点还是“增加营业收入”和“提高生产力”两大战略主题。但是商业银行由于经营业务的特殊性，在经营管理活动中不能一味地追求高利润，要努力防范和降低经营风险，减少潜在的资金损失。此外，还要保持足够的可变现资产，满足日常资金的需求。“增加营业收入”主题体现了商业银行的“盈利性”要求，“提高生产力”主题则涵盖了商业银行“流动性、安全性和效率性”的原则。因此，在设计指标时应充分考虑两大主题、四项原则之间的平衡。运用鱼骨图分解法，商业银行财务层面指标设计如表 5-1 所示。

表 5-1　财务层面指标（示例）

战略主题	关键成功领域	关键成功因素	关键绩效指标
增加营业收入	增加新客户收入 提升现有客户价值	增加利息收入 增加非利息收入	净利润 经济增加值 经济资本回报率 总资产收益率 净资产收益率 利息收入 净利差率 中间业务收入比率
		提升高价值客户贡献度	高价值客户收入占比

表5-1(续)

战略主题	关键成功领域	关键成功因素	关键绩效指标
提高生产力	提高盈利能力	提高财务效率	人均利润 人均经济增加值 成本费用利润率
	良好的资产结构	加强流动性管理	资产负债率 存贷比率 资产流动性比率 资本充足率
		控制信贷风险	不良贷款率 拨备覆盖率
	降低交易成本	降低运营和资金成本	成本收入比 存款平均成本率

2. 客户层面指标

客户是商业银行的重要资产，是实现利润的真正来源，是获得持续竞争优势的关键。银行客户层面以提供符合客户价值主张的产品与服务、提高客户满意度、建立良好的社会关系和提升品牌形象为战略主题。要不断扩大销售规模、增加市场份额、拓展和维护中高端客户，实现银行盈利能力的提升。运用鱼骨图分解法，商业银行客户层面指标设计如表 5-2 所示。

表 5-2　　　　客户层面指标（示例）

战略主题	关键成功领域	关键成功因素	关键绩效指标
产品/服务特性 客户满意度 良好社区关系 品牌形象	差异化的产品/服务 增长的市场份额 提升客户满意度 提升企业形象	保持规模增长	存款净增 贷款净增 中间业务产品销售净增 产品交叉销售率提升
		提升市场份额 提高客户满意度	存款市场份额 贷款市场份额 中间业务收入市场份额 客户满意度
		优质客户增长	对公结算账户净增 现金管理客户净增 个人高价值客户及金融资产净增 企业网银客户净增 个人网银客户净增 有效信用卡客户净增

3. 内部流程层面指标

商业银行内部流程指标应该反映金融产品创新、客户管理、运营管理和风险控制四大战略主题的能力和效率。运用鱼骨图分解法，内部流程层面指标设计如表 5-3 所示。

表 5-3　　　　　　　　　　内部流程层面指标（示例）

战略主题	关键成功领域	关键成功因素	关键绩效指标
金融创新	产品创新	提升产品效能	新产品投资利润率
			新产品利润贡献度
		降低开发成本	研发成本控制率
		增强开发能力	研发项目阶段成果达成率 项目开发完成准时率
客户管理	客户识别	加强客户识别推介	潜力客户转推介
	客户增长	完善客户营销流程	高价值客户增长
	客户保留	提高客户重复购买率	优质客户流失率
		加强客户基础管理	每日客户联系率
			客户信息完备率
			贵宾客户发卡率
			CRM 系统登录率
运营管理	服务水平 服务流程	提高服务质量 优化服务流程	柜员业务量
			业务差错率
			业务交易时间
			客户平均等候时间
			客户满意度
			文明服务专项检查
			网点转型专项考核
	渠道建设	完善渠道建设	网点建设/装修完成率
			自助银行建设/改造完成率
			客户经理占比
风险控制	风险管理	强化信贷风险管理	不良贷款清收
			到期贷款现金收回率
			潜在风险客户退出
			评级偏离度
	内控管理	加强内控管理 强化操作风险管理	风险事件报告
			内控评价
			基础管理
		加强安全保卫管理	案件事故

4. 学习与成长层面指标

学习与成长层面是商业银行实现财务、客户和内部流程三个层面目标的基础，也是商业银行获得可持续发展的内在驱动力，包括信息资本、人力资本、组织资本三大战略主题。运用鱼骨图分解法，该层面指标设计如表 5-4 所示。

表 5-4　　学习与成长层面指标（示例）

战略主题	关键成功领域	关键成功因素	关键绩效指标
信息资本	信息有效传递	信息系统建设投入	信息系统建设投入率
	信息共享	信息设备管理	信息系统安全运行
			信息设备平均使用率
人力资本	业务能力	员工专业技能	员工专业资格认证通过率
		员工教育培训	员工培训覆盖率 培训投入率
	个性品质	提升员工素质	员工行为能力
	员工满意度	个人职业发展	员工满意度
组织资本	组织结构 制度规范	完善激励机制	优秀员工流失率 组织资本准备度
	组织文化	塑造企业文化	
		强化团队协作	
	领导力	提升领导能力	

二、关键绩效指标权重

（一）绩效指标权重设计原则

建立绩效指标权重的过程实际上是一个界定工作轻重缓急的过程。指标权重设计应该遵循以下原则：

（1）体现企业战略导向，即由企业战略目标分解而出以及对企业战略实施重要性大的指标权重要大。

（2）突出部门或者员工的核心职责，凡是与这些核心职责相关联的指标权重应加大。

（3）被评价人直接影响且影响显著的指标权重要大。

（4）权重分配在同级别、同类型岗位之间应具有一致性，同时又要兼顾每个岗位的特性。

（5）所有指标权重之和为 100%，每个指标权重一般不高于 30%，一般不低于 5%，各指标权重比例应该呈现明显的差异，避免出现平均分配。

（二）常用设计方法

目前对于评价指标权重的确定方法比较多，常见的有“权值因子法”“德尔菲法”“层次分析法”等。

1. 权值因子分析法

权值因子分析法一般需要专业人员参与，其主要步骤如下：

（1）组成评价小组，包括人力资源管理专家、评估专家和其他相关人员，根据对象和目的的不同，可以确定不同的专家构成。

（2）经专家讨论选取恰当的权值因子，制定权值因子判断表和权值因子计算统计表。

（3）由专家填写权值因子判断表，填写的方法是将行因子和列因子进行比较。

（4）对各位专家所填结果进行统计，填写权值因子计算统计表。

（5）将统计结果折算为每个指标权重。权值因子判断表和权值因子计算统计表样表如表 5-5 和表 5-6 所示。

表 5-5 权值因子判断表（示例）

序号	评价指标	评价指标						评分值
		指标 1	指标 2	指标 3	指标 4	指标 5	指标 6	
1	指标 1	×	4	4	3	3	2	16
2	指标 2	0	×	3	2	4	3	12
3	指标 3	0	1	×	1	2	2	6
4	指标 4	1	2	3	×	3	3	12
5	指标 5	1	0	2	1	×	2	6
6	指标 6	2	1	2	1	2	×	8

表 5-6 权值因子计算统计表（示例）

序号	评价指标	评价者								评分总计	平均评分	权值	调整后权值
		1	2	3	4	5	6	7	8				
1	指标 1	15	14	16	14	16	16	15	16	122	15.25	0.254	0.25
2	指标 2	16	8	10	12	12	12	11	8	89	11.25	0.185	0.2
3	指标 3	8	6	5	5	6	7	9	8	54	6.75	0.112	0.1
4	指标 4	8	10	10	12	12	11	12	8	83	10.37	0.173	0.2
5	指标 5	5	6	7	7	6	5	5	8	49	6.12	0.102	0.1
6	指标 6	8	16	12	10	8	9	8	12	83	10.37	0.172	0.15
合计		60	60	60	60	60	60	60	60	480	60	1	1

2. 德尔菲法

德尔菲法（Delphi Method）也称专家调查法，是一种采用通信方式分别将所需解决的问题单独发送到各个专家手中，经过多次意见征询和汇总，使各专家预测结果逐步趋向一致的决策方法。其具体实施步骤：

（1）根据研究问题需要组成专家小组，专家人数一般不超过 20 人。

（2）向所有专家介绍银行发展战略，提供银行的战略地图，并附上相应的战略绩效评价指标体系。然后，专家对指标体系的选取及指标权重提出意见，并说明得出结论的依据。

（3）将各位专家提出的意见汇总，再一次地分发，根据比较分析，调整权重，并再次给出相关的意见。

（4）将所有专家的修改意见进行汇总，经过三到四轮收集意见和信息反馈，直到各个专家对指标权重意见基本达成一致。在整个过程中，各个专家以匿名的方式进行意见反馈。

（5）对专家的意见进行综合处理，计算各指标的权重。

3. 层次分析法

层次分析法（The Analytic Hierarchy Process，AHP）由美国匹兹堡大学教授萨泰（T. L. Saaty）于 20 世纪 70 年代提出，是结合定性和定量分析的一种层次权重决策方法。层次分析法的基本步骤是先将复杂决策问题分解成若干因素，分析系统中各因素之间的关系，建立系统的递阶层次结构，然后对同一层次各元素在上一层某个准则中的重要程度进行两两比较，构造两两比较矩阵，在此基础上通过判断矩阵计算各个比较元素的相对权重，最后计算出各层元素对系统目标的总体权重并进行排序。层次分析法的主要优点是分析思路清晰、计算简便，能较好地处理多层次的复杂决策问题。层次分析法确定指标权重的基本思路如下：

（1）建立各目标之间的层次结构

通过对需要解决的复杂问题进行分析，按性质将其分解为若干组，形成不同层次。层次大体包括三类：最高层（目标层），它说明了需要解决的问题的目标（结果）。中间层即准则层，它反映了实现目标所需要考虑的准则。最底层也称方案层或措施层，是指可以完成目标的各项措施及决策方案。

（2）构建各指标间的两两比较判断矩阵

构建判断矩阵是层次分析法的重要环节。判断矩阵表示相对于目标或某个准则而言，被支配的准则或方案的相对重要性程度的比较。假设目标层 A 与准则层 B_1，B_2，B_3，…，B_n之间有联系，则构造的两两判断矩阵如表 5-7 所示。

表 5-7 判断矩阵

A	B_1	B_2	…	B_n
B_1	b_{11}	b_{12}	…	b_{1n}
B_2	b_{21}	b_{22}	…	b_{2n}
…	…	…	…	…
B_n	B_{n1}	b_{n2}	…	b_{nn}

在判断矩阵中，b_y表示对于目标层 A 而言，B_i与 B_j相对重要性之比。目前，对相对重要性程度通常采用 1~9 比例标尺进行赋值，如表 5-8 所示。

表 5-8 判断矩阵标尺

b_y	B_i : B_j
1	i 元素与 j 元素同等重要
3	i 元素比 j 稍微重要
5	i 元素比 j 明显重要
7	i 元素比 j 强烈重要
9	i 元素比 j 极端重要
2，4，6，8	i 元素与 j 元素之比介于以上相邻两者之间
以上各函数倒数	i 元素相对于 j 元素的不重要程度

（3）计算权重向量

根据 n 个元素 B_1，B_2，B_3，…，B_n，对于目标层的判断矩阵 B，求出各元素对目标层的相对权重 W_1，W_2，…，W_n，即 $W=(W_1, W_2, \cdots, W_n)^T$。权重的计算可归结为求判断矩阵的特征根及特征根向量问题，即对判断矩阵 M，满足：

$$Bw=\lambda_{max}W$$

其中 λ_{max}是 B 的最大特征根，W 为对应于 λ_{max}的特征向量。可采用求和法求特征向量。具体步骤：

首先是 B 的元素按列归一化：

$$C_{ij}=\frac{b_{ij}}{\sum_{i=1}^{n} b_{ij}}$$

然后将归一化后的各行相加，再将相加后的向量进行归一化即能得出权重向量，公式为：

$$W_i^{\ T}=\frac{\sum_{j=1}^{i} C_{ij}}{\sum_{i=1}^{n}\sum_{j=1}^{i} C_{ij}}$$

由此可求得矩阵的最大特征根为：

$$\lambda_{max}=\sum_{i=1}^{i}\frac{Bwi^{T}}{nwi^{T}}$$

（4）一致性检验

一致性检验是对判断矩阵的可接受性进行鉴定，当判断矩阵满足：

$B_{ij}.\ b_{jk}=b_{ik}$，（i，j，k=1，2，…，n）

即该判断矩阵具有完全一致性，此时矩阵的最大特征根 $\lambda_{max}=n$。当矩阵具有满意的一致性时，最大特征根趋近 n。为此，为了检验判断矩阵的一致性，需要计算一致性指标：

$$C.\ I.=\frac{\lambda max-n}{n-1}$$

根据平均随机一致性指标的值如表 5-9 所示，可以得出一致性比率：

$$C.\ R.=\frac{C.\ I.}{R.\ I.}$$

当 CR<0. 1 时，可以认为判断矩阵符合一致性检验。反之，则需适当修正直到通过一致性检验为止。

表 5-9　　平均随机一致性指标 R. I. 值

阶数 n	1	2	3	4	5	6	7	8	9
R. I.	0	0	0. 58	0. 90	1. 12	1. 24	1. 32	1. 41	1. 45

下面以 CZ 银行为例，运用层次分析法设计 CZ 总行层面的关键绩效指标权重。CZ 银行总行层面指标体系如表 5-10 所示。

表 5-10　　CZ 银行关键绩效指标

维度	战略主题	关键绩效指标
财务层面（P_1）	拓展中间业务，增加收入	总资产收益率（P_{11}）
		净资产收益率（P_{12}）
	提高资产效率	流动性比率（P_{13}）
		存贷款比率（P_{14}）
	优化资产质量	资本充足率（P_{15}）
		不良贷款率（P_{16}）
客户层面（P_2）	提高市场占有率	市场占有率（P_{21}）
	开发新客户	新客户开发率（P_{22}）
	提高客户满意度，维持客户忠诚度	产品销售增长率（P_{23}）
		客户满意度（P_{24}）

表5-10(续)

维度	战略主题	关键绩效指标
内部流程层面（P_3）	创新能力	新产品贡献率（P_{31}）
	加强风险控制	员工违纪处罚率（P_{32}）
	提高运营管理能力	到期贷款现金收回率（P_{33}）
		服务质量（P_{34}）
学习与成长层面（P_4）	人力资本	员工保持率（P_{41}）
		员工满意度（P_{42}）
		员工培训覆盖度（P_{43}）
	信息资本	信息系统建设投入率（P_{44}）
	组织资本	组织资本准备度（P_{45}）

具体设计步骤如下：

（1）建立层次结构图

CZ 银行层次结构图是一个三层结构图，包括目标层——战略绩效，准则层——财务、客户、内部流程、学习与成长四个层面，措施层——各层面具体指标。如图 5-2 所示。

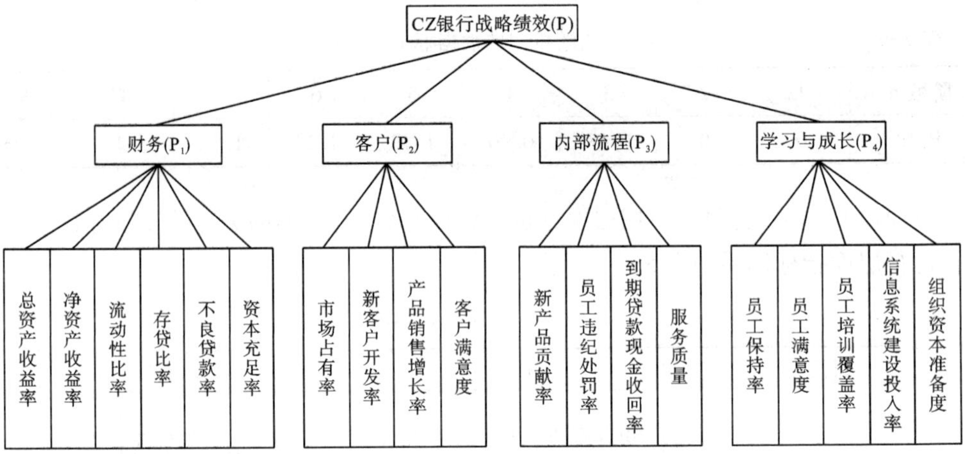

图 5-2　CZ 银行绩效评价层次结构图

（2）构造判断矩阵

邀请 7 名 CZ 银行中高级管理人员、3 名学术专家进行问卷调查，对两两指标的重要性进行打分，经过专家组多次反馈，经意见汇总和修改，得出相关数据结果。

假设目标层 CZ 银行战略绩效为 P，平衡计分卡的四个维度为 P_i（i=1，2，3，4），第二层指标为 P_{ij}（i=1，2，3，4，j=1，2，…，n），则准则层各因素 P_i 对目标层 P 的判断矩阵如表 5-11 所示。

表 5-11　　　　　　　CZ 银行战略绩效（P）的各因素判断矩阵

P	财务（P_1）	客户（P_2）	内部流程（P_3）	学习与成长（P_4）
P_1	1	2	2	3
P_2	1/2	1	1/2	2
P_3	1/2	2	1	1
P_4	1/3	1/2	1	1

根据表 5-11，得出矩阵：

$$A=\begin{bmatrix}1 & 2 & 2 & 3\\ 1/2 & 1 & 1/2 & 2\\ 1/2 & 2 & 1 & 1\\ 1/3 & 1/2 & 1 & 1\end{bmatrix}$$

对判断矩阵按列归一化：

$$B=\begin{bmatrix}0.4286 & 0.3636 & 0.4444 & 0.4286\\ 0.2143 & 0.1818 & 0.1111 & 0.2857\\ 0.2143 & 0.3636 & 0.2222 & 0.1429\\ 0.1429 & 0.0909 & 0.2222 & 0.1429\end{bmatrix}$$

再对 B 每一行求和得矩阵 C：

$$C=\begin{bmatrix}1.6652\\ 0.7929\\ 0.9430\\ 0.5989\end{bmatrix}$$

对 C 进行归一化得特征向量，得四个层面权重系数：

$$W=\begin{bmatrix}0.4163\\ 0.1982\\ 0.2358\\ 0.1497\end{bmatrix}$$

（3）一致性检验

特征矩阵 A 的最大特征值 λ_{max}：

$$AW=\begin{bmatrix}1 & 2 & 2 & 3\\ 1/2 & 1 & 1/2 & 2\\ 1/2 & 2 & 1 & 1\\ 1/3 & 1/2 & 1 & 1\end{bmatrix}\begin{bmatrix}0.4163\\ 0.1982\\ 0.2358\\ 0.1497\end{bmatrix}=\begin{bmatrix}1.7313\\ 0.8237\\ 0.9896\\ 0.6234\end{bmatrix}$$

$$\lambda_{max}=\frac{1}{n}\sum_{i=1}^{n}\frac{(AW)i}{wi}=\frac{1}{4}\left(\frac{1.7313}{0.4163}+\frac{0.8237}{0.1982}+\frac{0.9896}{0.2358}+\frac{0.6234}{0.1497}\right)=4.1689$$

根据 λ_{max}，计算一致性指标：

$$C.I.=\frac{\lambda_{max}-n}{n-1}=\frac{4.1689-4}{4-1}=0.0583$$

查表可得四阶矩阵的 R. I 为 0. 9。

$$C.R.=\frac{C.I.}{R.I.}=0.0626<0.1$$

通过一致性检验，P 即四个层面的权重向量为：

W=（0. 416 3，0. 198 2，0. 235 8，0. 149 7）

按照上述步骤，可以分别计算财务层面、客户层面、内部流程层面、学习与成长层面内各个因素的指标权重，各个层面的判断矩阵见表 5-12、表 5-13、表 5-14、表 5-15。

表 5-12　　财务层面各因素指标的判断矩阵

P_1	P_{11}	P_{12}	P_{13}	P_{14}	P_{15}	P_{16}
P_{11}	1	1/2	2	3	2	4
P_{12}	2	1	2	4	3	5
P_{13}	1/2	1/2	1	2	1	3
P_{14}	1/3	1/4	1/2	1	1/2	2
P_{15}	1/2	1/3	1	2	1	3
P_{16}	1/4	1/5	1/3	1/2	1/3	1

表 5-13　　客户层面各因素指标判断矩阵

P_2	P_{21}	P_{21}	P_{23}	P_{24}
P_{21}	1	1/3	1/2	3
P_{22}	3	1	1	4
P_{23}	2	1	1	3
P_{24}	1/3	1/4	1/3	1

表 5-14　　内部流程层面各因素指标判断矩阵

P_3	P_{31}	P_{32}	P_{33}	P_{34}
P_{31}	1	3	2	1/2
P_{32}	1/3	1	1/3	1/4
P_{33}	1/2	3	1	1/2
P_{34}	2	4	2	1

表 5-15　　学习与成长层面各因素指标判断矩阵

P_4	P_{41}	P_{41}	P_{41}	P_{41}	P_{41}
P_{41}	1	1/3	3	1/3	1/2
P_{42}	3	1	4	1	3
P_{43}	1/3	1/4	1	1/3	1/2
P_{44}	3	1	3	1	3
P_{45}	2	1/3	2	1/3	1

根据各个层面的判断矩阵，计算结果如下：

财务层面 P_1的特征向量：

W_1= （0. 235 1，0. 345 0，0. 148 1，0. 081 5，0. 138 4，0. 051 9）^{T}

$$C.I.=\frac{\lambda_{max}-n}{n-1}=0.0151 \quad C.R.=\frac{C.I.}{R.I.}=0.00121<0.1$$

通过一致性检验，P_1各指标权重为：

W_1^T= （0. 235 1，0. 345 0，0. 148 1，0. 081 5，0. 138 4，0. 051 9）

客户层面 P_2的特征向量为：

W_2= （0. 179 9，0. 398 1，0. 334 7，0. 087 3）^{T}

$$\lambda_{max}=4.0873 \quad C.I.=\frac{\lambda_{max}-n}{n-1}=0.0291 \quad C.R.=\frac{C.I.}{R.I.}=0.03233<0.1$$

通过一致性检验，P_2各指标权重为：

W_2^T= （0. 179 9，0. 398 1，0. 334 7，0. 087 3）

内部流程层面 P_3的特征向量为：

W_3= （0. 282 7，0. 087 7，0. 199 9，0. 429 7）^{T}

$$\lambda_{max}=4.0812 \quad C.I.=\frac{\lambda_{max}-n}{n-1}=0.0271 \quad C.R.=\frac{C.I.}{R.I.}=0.0301<0.1$$

通过一致性检验，P_3各指标权重为：

W_3^T= （0. 282 7，0. 087 7，0. 199 9，0. 429 7）

学习与成长层面 P_4的特征向量为：

W_4= （0. 117 3，0. 343 9，0. 071 4，0. 324 6，0. 142 8）^{T}

$$\lambda_{max}=5.1943 \quad C.I.=\frac{\lambda_{max}-n}{n-1}=0.0486 \quad C.R.=\frac{C.I.}{R.I.}=0.0434<0.1$$

通过一致性检验，P_4各指标权重为：

W_4^T= （0. 117 3，0. 343 9，0. 071 4，0. 324 6，0. 142 8）

经整理，由此得到 CZ 银行总行层面的关键绩效指标体系，如表 5-16 所示。

表 5-16　　CZ 银行整体关键绩效指标体系表

维度	维度权重	关键绩效指标	指标权重
财务层面	42%	总资产收益率	10%
		净资产收益率	14%
		流动性比率	6%
		存贷款比率	3%
		资本充足率	6%
		不良贷款率	2%

表5-15(续)

维度	维度权重	关键绩效指标	指标权重
客户层面	20%	市场占有率	4%
		新客户开发率	8%
		产品销售增长率	7%
		客户满意度	2%
内部流程层面	23%	新产品贡献率	7%
		员工违纪处罚率	2%
		到期贷款现金收回率	5%
		服务质量	10%
学习与成长层面	15%	员工保持率	2%
		员工满意度	5%
		员工培训覆盖度	1%
		信息系统建设投入率	5%
		组织资本准备度	2%

三、绩效标准

绩效标准，描述的是绩效指标需要完成到什么程度，反映组织对该绩效指标的绩效期望水平。在设计绩效指标时，需要为每个指标确定相应的绩效标准，便于管理者在绩效监控和绩效评价中判断绩效指标的完成情况。绩效标准一般有两种形式：一种是绩效标准为一个区间值，例如不良贷款率控制在2%以内；另一种是绩效标准为一个目标值，例如年日均对公存款净增100亿元。

在实际工作中，我们也经常将绩效标准分为基本标准和卓越标准，基本标准是指绩效指标合格的最低标准，卓越标准则是鼓励挑战极限，超越自我，树立绩效标杆，引导绩效发展方向。例如，对于客户经理，基本绩效标准是：正确介绍产品或服务，达成承诺的营销目标。而卓越标准是：对每位客户的偏好和个性做出详细的记录和分析，根据客户需求提供差异化的产品和服务，维持长期稳定的客户群。

1. 目标值的设定

目标值是组织所预期的特定指标的未来绩效状态，其决定了组织为实现既定目标的资源投入程度和员工努力程度。目标值的高低水平在于挑战性和可行性之间取得一种平衡，既能满足组织绩效改进的需求，又易于让员工接受和信服。

目标值的设定可以分两个步骤：一是将整体的价值差距分解到每个战略主题；二是在每个战略主题内，根据战略地图因果关系分别设置目标值。

2. 分解价值差距

目标值设定源于愿景描述，即组织设定的最高层面的挑战性目标，它是一个宏大的目标——在现实和理想状态之间必然产生价值差距，战略的作用就是缩小这种价值差距。管理层可以把价值差距分解到不同的战略主题当中，每个战略主题都会以一种独特的方式创造价值，并且它们所创造的价值累加起来应该能弥补整体的机制差距。

以美国消费者银行为例。如图 5-3 所示，美国消费者银行就财务层面的统领性目

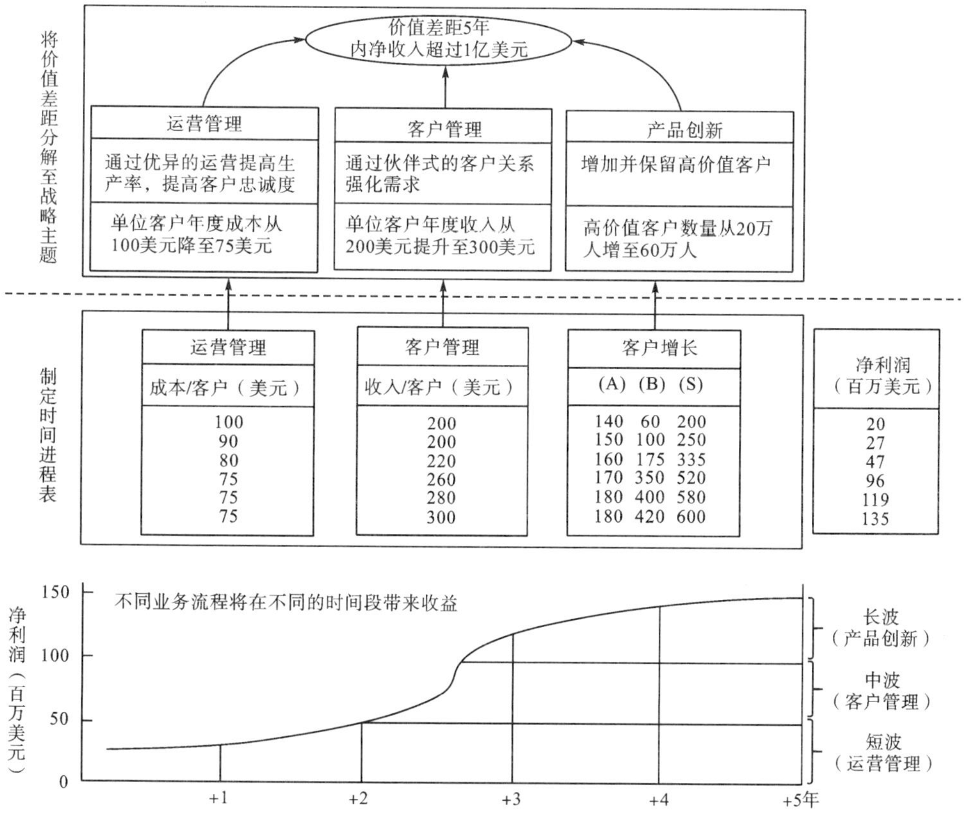

图 5-3　将价值差距分解到战略主题

标设立了一个价值差距：“当前运营收入 2 000 万美元，5 年内收入超过 1 亿美元。”随后，它将这一价值差距分解到“运营管理”“客户增长”和“产品创新”三个战略主题上。其中，为运营管理主题设定的目标值是，要求“降低 25%的单位客户的服务成本”，但仍然要提供始终如一的服务。为客户管理主题设定的目标值是“单位客户的收入提高 50%”，实现途径是成为客户可信赖的财务顾问，为客户提供多种产品的交叉销售。为产品创新主题设定的目标值是“吸引 40 万名新客户”。消费者银行为这三个战略主题制定了具体的时间进程表，预计高效运营主题可以相对较快地产生成本节约效益，其目标值的 80%在一两年内即可达成。加强现有客户关系所带来的收益增长则需要较长的时间，主要收益要在 3~4 年后才会实现。产品创新所产生的客户增长则需要更长的时间。时间进程表显示了实现愿景所提出的挑战性目标的可行性，并且为深入思考每个战略主题内的目标、指标和目标值提供了框架。根据消费者银行的时间进程表，到第 5 年年末，如果三个战略主题都达到了目标值，那么该银行就可以实现

预定的财务目标——营业收入超过1亿美元，远远超过当前的2 000万美元的水平。

3. 运营因果逻辑关系设定目标值

这一步就是将每个战略主题的目标值进一步分解到主题内的关键成功领域。主题内各关键成功领域的目标值的设定不是孤立的，而是与其他关键领域的目标值形成因果关系。

以收入增长战略为例，如图5-4所示。目标值设定流程开始于图右边所示的价值

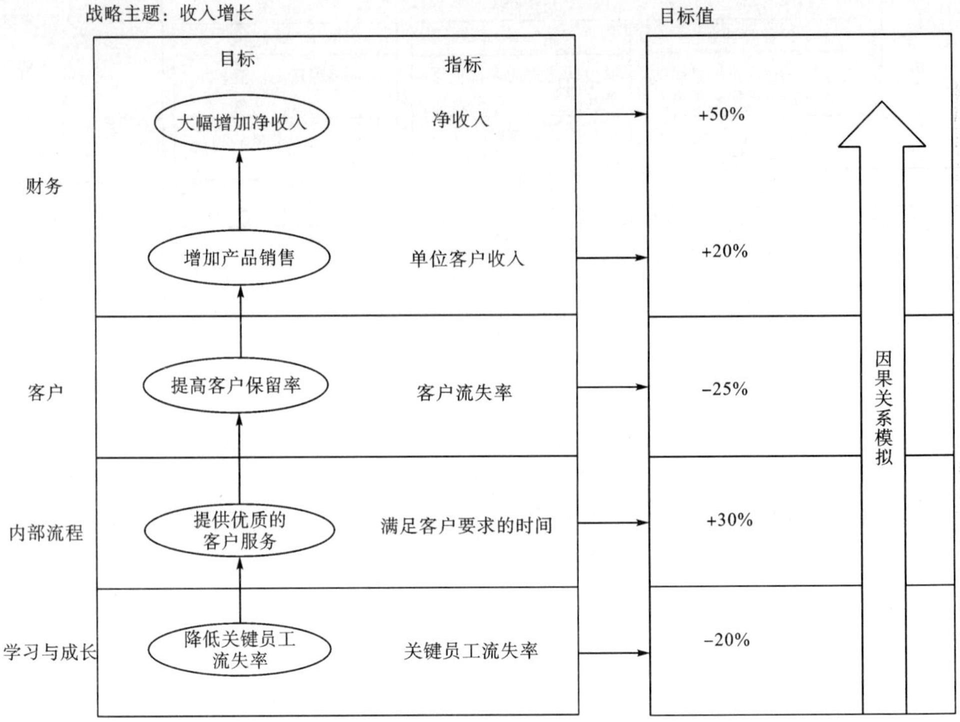

图5-4 运用因果关系模拟设定目标值

差距——提高净收入50%。该战略主题的关键成功领域目标是提升单位客户收入20%。这个增长将为实现战略主题做出贡献。在实现这一目标的众多战略中，该银行最终决定通过提供更高水准、快速响应的个人服务来提高客户保留率。而要提供优质的个人服务，优秀员工的保持率是一个重要的影响因素。因此，这其中相关假设的因果关系是：关键员工流失率降低20%，服务水平可以提高30%，这种服务改善将减少25%的客户流失，同时会增加20%的单位客户收入。这条因果关系链提供了清晰的自上而下的战略可行性验证。如果银行发现战略可行，就启动因果关系模拟，制订行动方案来降低关键员工流失率。这一举措将取得减少客户大幅波动、增加预期收入的效果。

我们在设定目标值时，通常采用外部标杆法。平衡计分卡四个层面的衡量指标都有可能有外部标杆，但需要认真分析外部标杆产生的条件及其与自身内部的实际情况是否具有可比性。如果自身与那些标杆企业具有相似性，那么这些数据就可以成为自身目标值的参考值。

运用标杆法设置目标值就是一个对标的过程，即通过对比标杆找差距来设置目标值。企业的对标可以从财务层面指标开始考虑，如资本回报、收入增长、营业收入及生产力等。一些客户层面的结果指标，如提高市场份额和增加客户数量，也是对标的重点指标。当然，对于拥有大量分支机构的银行而言，也可以通过内部标杆来设定内部流程和学习与成长层面的目标值。

四、行动方案

在制定完绩效指标、指标权重和绩效目标之后，还有一项很重要的工作——制订行动方案。将长期战略规划与短期行动计划连接起来，是提升组织执行力和协同性的根本途径，也是确保战略落地的必然要求。

但是，如何将两者紧密联系起来才是管理者面临的重大挑战。需要采取什么样的行动才能实现组织的战略目标？如何保证各种行动方案的战略性、系统性和协同性？需要将有限的资金配置到哪些行动方案上更能促进组织持续、健康地发展？这些问题对于很多管理者来说都是很棘手的问题。战略行动方案是达成目标的途径，是有时间限制的自主决定的项目或计划集合，区别于组织的日常运营活动，旨在帮助组织实现目标绩效。

（一）如何确定和组合战略行动方案

卡普兰和诺顿认为应该基于战略主题选取行动方案，每个非财务主题至少要有一个行动方案来支撑，并且跨部门和跨业务单元的行动方案需相互匹配，形成整体的行动方案组合。也就是说，每个战略主题都需要一组完整的战略行动方案组合来支撑绩效目标的达成，而且同一个战略主题内所有行动方案应该同步实施。

如图 5-5 所示，以某商业银行“收入增长”战略主题为例，来确定和组合行动方案。这个“收入增长”战略主题包括了 5 个非财务目标，对应 9 个行动方案。其中，提升员工技能需要两个方案：其一是员工专业知识的教育培训；其二是金融理财师的培养。如果实施了这两个行动方案，则员工专业技能提升就能够实现既定目标。同时，产品组合套餐、客户信息管理、激励机制等涉及其他战略主题的行动方案也需要被有效执行，否则整个战略主题的绩效将会大打折扣。

（二）如何评估行动方案

行动方案评估一般包括三个方面的标准：战略匹配度与收益（50%权重）、资源需求（30%权重）、组织能力和风险（20%权重）。其中，每个标准又划分为三个等级，每个等级被赋予 1、3、9 三个不同的分值。根据每个标准的得分乘以相应权重，即得到方案总分。当然，不同的组织可以根据实际情况对上述标准和权重进行细分，或者开发出自己的标准和权重，通过评估每个行动方案对目标绩效实现的影响程度来决定选择或完善行动方案。如图 5-6 所示。

战略主题：收入增长			
关键成功领域	关键绩效指标	目标值	行动方案
财务层面：拓宽收入	▪利息收入 ▪中间业务收入	▪+10% ▪+25%	
客户层面：提升客户满意度	▪目标市场份额 ▪客户满意度	▪25% ▪90%	▪细分客户行动方案 ▪服务技能提升行动方案
内部流程层面：交叉销售服务	▪交叉销售提升 ▪每日联系客户数	▪+25% ▪20%	▪产品组合销售方案 ▪客户经理管户实施方案
学习与成长层面：提升员工技能；获得客户信息；协同个人目标	▪员工专业资格认证通过率 ▪客户信息管理系统建设投入率 ▪目标与BSC连接	▪95% ▪+20% ▪100%	▪员工教育培训实施方案 ▪金融理财师培养计划 ▪PCRM、CRM、CFE、绩效考核系统整合方案 ▪MBO升级 ▪激励方案

图 5-5　基于战略主题开发战略行动方案

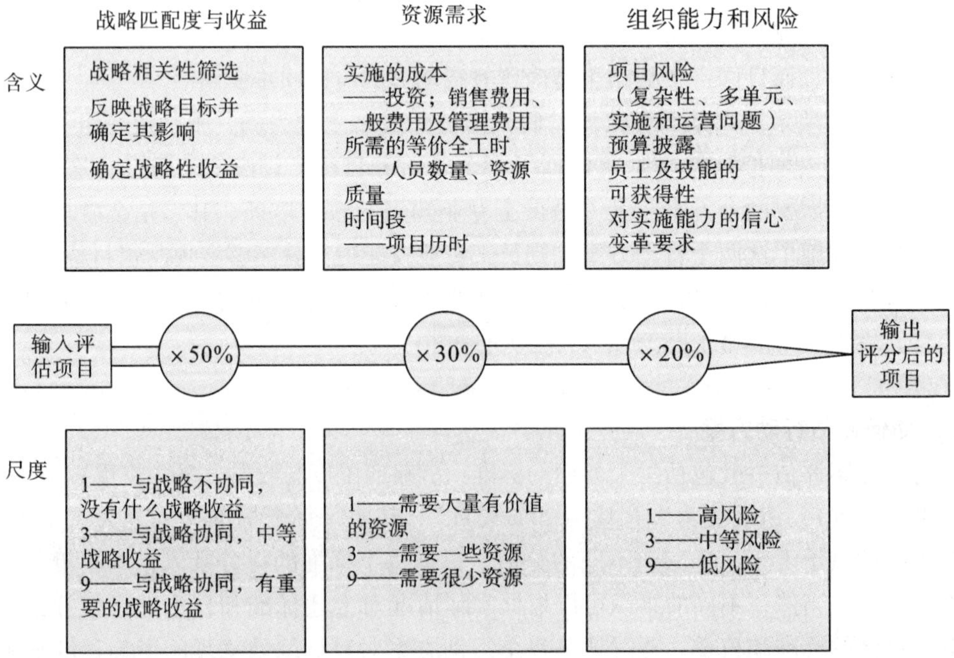

图 5-6　行动方案评估

五、绩效计划制订

一般来讲，一个组织的绩效计划体系包括了组织绩效计划、部门绩效计划和个人绩效计划三个层次。基于组织的战略地图，运用科学的方法，可以制订出组织整体层面的绩效计划。基于组织整体的绩效计划，通过对组织绩效目标的分解或承接，则可以形成部门层面的绩效计划。基于对部门绩效目标的分解或承接，则可以制订出个人的绩效计划。

（一）组织绩效计划

如前所述，基于组织战略而制定的关键绩效指标、指标权重、目标值和行动方案出来以后，便形成了组织层面整体的绩效计划。如表 5-17 所示。

表 5-17　　CZ 银行整体平衡计分卡（示例）

维度	维度权重（%）	关键绩效指标	指标权重（%）	目标值	责任部门	行动方案
财务层面	42	总资产收益率	10	略	略	略
		净资产收益率	14	略	略	略
		流动性比率	6	略	略	略
		存贷款比率	3	略	略	略
		资本充足率	6	略	略	略
		不良贷款率	2	略	略	略
客户层面	20	市场占有率	4	略	略	略
		新客户开发率	8	略	略	略
		产品销售增长率	7	略	略	略
		客户满意度	2	略	略	略
内部流程层面	23	新产品贡献率	7	略	略	略
		员工违纪处罚率	2	略	略	略
		到期贷款现金收回率	5	略	略	略
		服务质量	10	略	略	略
学习与成长层面	15	员工保持率	2	略	略	略
		员工满意度	5	略	略	略
		员工培训覆盖度	1	略	略	略
		信息系统建设投入率	5	略	略	略
		组织资本准备度	2	略	略	略

（二）部门绩效计划

在组织层面的绩效计划制订完成后，需要进一步向下分解，将组织层面的指标通过承接、分解等方式落实到组织中的各个部门，形成部门层面的绩效计划。在绩效计划向部门分解的过程中，需要注意指标自上而下的纵向协同。指标的纵向协同有三类：承接、分解和独有。如果某个组织层面的任务直接由某个部门负责，那么在制订部门绩效计划时，要将该指标及目标值等相关内容从组织绩效计划中直接纳入部门绩效计划中，保持指标、目标值等内容表述一致，这类指标称为承接指标。如果某个组织层面的任务需要由多个相关部门共同完成，那么在制订部门绩效计划时，要将该任务拆分成几个相关的指标纳入部门绩效计划当中，组织层面与部门层面的指标、目标不一致，但具有显著的相关性，这类目标称为分解指标。由于各个部门职责不同，在制订部门绩效计划时要考虑到部门的独特性，有一些指标在组织层面的绩效计划中是没有的，这类指标称为独有指标。因此，部门承接指标和分解指标来源于组织绩效计划，独有指标则基于部门核心职责进行制定。某银行公司业务部平衡计分卡开发如表5-18所示。

表5-18　　　　公司业务部平衡计分卡开发（示例）

银行整体平衡计分卡

维度	关键绩效指标	权重分
财务（30）	人均经济增加值	10
	经济资本回报率	7
	资产回报率	4
	成本收入比	3
	中间业务净收入	6
客户（45）	日均存款	15
	法人折效客户贡献及增长	5
	个人贵宾客户贡献及增长	5
	信用卡有效客户贡献及增长	2
	有效收单商户贡献及增长	2
	现金管理客户贡献及增长	2
	钻石卡客户金融资产贡献及增长	2
	对公客户产品交叉销售率	2
	个人贵宾客户产品交叉销售率提升	3
	重点业务发展	7
内部流程（20）	风险管理	12
	内部控制	8
	风险事件	扣0~40
学习与成长（5）	员工专业技能达标率	2
	员工教育培训	3
合计		100

公司业务部平衡计分卡

维度	关键绩效指标	指标来源	权重分
财务（25）	部门人均经济增加值	分解	10
	部门成本收入比	分解	3
	对公拨备后利润	独有	6
	中间业务净收入	分解	6
客户（55）	人民币对公日均存款增量	分解	18
	对公人民币结算账户	独有	5
	法人折效客户贡献及增长	承接	5
	现金管理客户贡献及增长	承接	3
	对公客户产品交叉销售率提升	承接	4
	重点业务发展	承接	8
	重点目标客户	独有	7
	内部满意度评价	独有	5
内部流程（15）	风险管理	分解	8
	内部控制	分解	7
	风险事件	分解	扣0~40
学习与成长（5）	员工专业技能达标率	分解	2
	员工教育培训	分解	3
合计			100

（三）个人绩效计划

无论是组织绩效计划还是部门绩效计划，最终都必须落实到组织中不同层级的个体身上，将组织和部门的平衡计分卡转化为员工的平衡计分卡，从而确保将组织战略化为组织内部所有人员的行动。个人绩效计划包括高层管理者个人绩效计划、分支机构管理者个人绩效计划、部门管理者个人绩效计划和员工个人绩效计划。

企业总部高层管理者个人绩效计划来源于对组织整体绩效计划的承接和分解。一般来讲，结果层面的指标和目标值，高层管理者都要承担。其他两个层面的指标和目标值，则由于分工不同，有的需共同承接，有的需单独承接，还有的需要分解到不同人的身上，通过相互配合来共同完成。同时，基于岗位核心职责的指标并没有在组织绩效计划中体现出来，也应该补充进来，以形成完整的个人绩效计划。此外，由于岗位不同，不同高层管理者对所承担的指标权重设置和目标任务也不相同，这需要高层管理团队充分沟通，形成共识。

经营单位管理者个人绩效计划来源于对经营单位组织绩效计划的承接和分解。但这里需要注意的是，经营单位组织绩效计划不仅来源于对企业总部的组织绩效的承接和分解，而且还来源于对经营单位基于自身经营环境而开发的绩效指标的承接和分解。与总部高层管理者一样，经营单位管理者对所承担指标的权重和目标值分配常常也会不同，同样需要根据分工来协商确定。

经营单位部门管理者个人绩效来源于经营单位部门绩效计划的承接和分解。普通员工个人绩效计划除来源于对部门或分支机构绩效计划的承接和分解外，还要充分考虑岗位的具体职责。某网点柜员个人平衡计分卡开发示例如表 5-19 所示。

不同层次的平衡计分卡制定出来后，绩效计划体系就基本形成了。管理者和下属需要经过仔细审核和确认，在双方取得共识的情况下，平衡计分卡就转化为对双方都有约束力的绩效协议，双方在绩效协议上签字以确认绩效计划工作的正式完成。绩效协议签字确认之后，意味着管理者和下属都认可协议内容，并做出了履行协议的承诺。如表 5-20 所示。

表 5-19　　　　网点柜员个人平衡计分卡开发（示例）

网点平衡计分卡

维度	考核指标	考核权重
财务（20）	人均存贷款净收入	12
	人均中间业务收入	8
客户（60）	核心存款日均增量	20
	法人折效客户净增	6
	个人加权贵宾客户净增	6
	有效信用卡客户净增	3
	电子银行活跃客户净增	3
	对公客户产品交叉销售率提升	3
	个人贵宾客户产品交叉销售率提升	4
	重点产品销售	15
内部流程（15）	风险事件	扣 0~25
	风险管理（其中柜面操作风险 7 分）	10
	内部控制（其中员工行为管理 3 分）	5
	网点转型	扣 0~5
学习与成长（5）	岗位资格认证	2
	培训计划完成率	3
合计		100

柜员平衡计分卡

维度	考核指标	指标来源	考核权重
财务	—	—	—
客户（50）	管户客户金融资产净增	独有	15
	管户贵宾客户存款净增	分解	10
	个人加权贵宾客户净增	分解	7
	个人贵宾客户产品交叉销售率提升	分解	5
	有效信用卡客户净增	分解	3
	电子银行活跃客户净增	分解	2
	重点产品销售	分解	8
内部流程（45）	业务量	独有	30
	识别推荐	独有	5
	优质服务	承接	5
	业务操作差错	承接	5
学习与成长（5）	岗位资格认证	承接	2
	培训计划完成率	承接	3
合计			100

表 5-20 **柜员绩效计划书（示例）**

<table>
<tr><td colspan="9">基本信息</td></tr>
<tr><td colspan="9">姓名：　　网点：　　岗位：　　岗位等级：　　上级岗位：</td></tr>
<tr><td colspan="9">考核内容</td></tr>
<tr><td>维度</td><td>考核指标</td><td>考核权重</td><td>封顶分</td><td>目标值</td><td>完成值</td><td>考核得分</td><td>计分公式</td><td>备注</td></tr>
<tr><td>财务</td><td>—</td><td>—</td><td>—</td><td>—</td><td>—</td><td>—</td><td>—</td><td>—</td></tr>
<tr><td rowspan="7">客户</td><td>管户客户金融资产净增</td><td></td><td></td><td></td><td></td><td></td><td></td><td></td></tr>
<tr><td>管户个人客户存款净增</td><td></td><td></td><td></td><td></td><td></td><td></td><td></td></tr>
<tr><td>个人加权贵宾客户净增</td><td></td><td></td><td></td><td></td><td></td><td></td><td></td></tr>
<tr><td>个人贵宾客户产品交叉销售率提升</td><td></td><td></td><td></td><td></td><td></td><td></td><td></td></tr>
<tr><td>有效信用卡客户净增</td><td></td><td></td><td></td><td></td><td></td><td></td><td></td></tr>
<tr><td>电子银行活跃客户净增</td><td></td><td></td><td></td><td></td><td></td><td></td><td></td></tr>
<tr><td>重点产品销售</td><td></td><td></td><td></td><td></td><td></td><td></td><td></td></tr>
<tr><td rowspan="4">内部流程</td><td>业务量</td><td></td><td></td><td></td><td></td><td></td><td></td><td></td></tr>
<tr><td>识别推荐客户</td><td></td><td></td><td></td><td></td><td></td><td></td><td></td></tr>
<tr><td>优质服务</td><td></td><td></td><td></td><td></td><td></td><td></td><td></td></tr>
<tr><td>业务操作差错</td><td></td><td></td><td></td><td></td><td></td><td></td><td></td></tr>
<tr><td rowspan="2">学习与成长</td><td>岗位资格认证</td><td></td><td></td><td></td><td></td><td></td><td></td><td></td></tr>
<tr><td>培训计划完成率</td><td></td><td></td><td></td><td></td><td></td><td></td><td></td></tr>
<tr><td colspan="9">计划签署</td></tr>
<tr><td colspan="9">员工：　　直接上级：　　上级行绩效考评委员会：</td></tr>
</table>

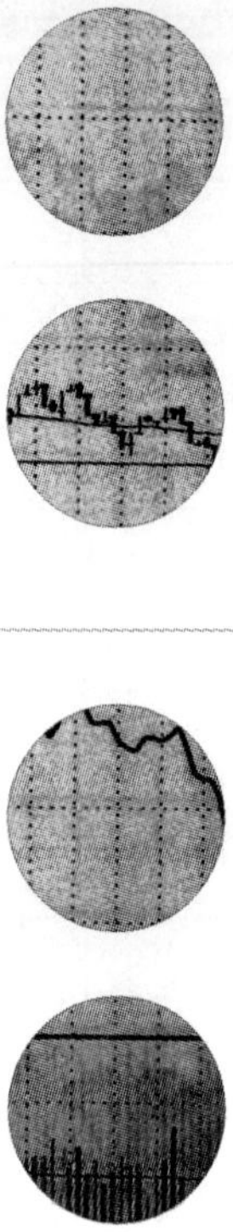

第六章　银行绩效监控

绩效监控（Performance Monitoring）是连接绩效计划和绩效评价的中间环节，也是耗时最长的一个环节。在这个环节，管理者需要与下属进行持续的沟通，对绩效计划的执行情况进行监控，针对存在的问题进行充分交流，提供必要的绩效辅导，并收集相关的绩效信息，从而为绩效目标的达成提供保障。

绩效监控的重点内容是绩效计划的实施情况。在绩效监控环节，管理者要对下属的工作行为及结果进行全面监控，来确保个人、部门和组织绩效的顺利达成。除了绩效计划实施情况外，组织协同、关键流程等方面也应该纳入绩效监控的内容当中。

绩效监控是一个持续沟通的过程。一个优秀的管理者应该善于与下属持续沟通，以便观察、预防和解决绩效周期内可能存在的问题，从而更好地完成绩效计划。

绩效监控的主要任务是提供绩效辅导和收集绩效信息。绩效管理者在发现问题或潜在危机后，应及时开展绩效辅导，清除绩效计划执行过程中可能出现的障碍。然而，有效的绩效评价需要准确的绩效信息，因此，准确记录并汇总员工工作中的关键事件和绩效数据是绩效监控环节的重要内容之一。

一、绩效监控方法

选择合适的监控方法有助于确保各层次绩效目标和组织战略的顺利达成。常用的绩效监控方法主要有书面报告、绩效会议和走动式管理三种。

（一）书面报告

书面报告是绩效监控中最常用的一种方法，主要指下级以文字或图表的形式向上级报告工作进展情况。书面报告可以分为两类：一类是定期的书面报告，如工作日志、周报、月报、季报、年报等；另一类是不定期的书面报告，如各种专项报告，报告时间相对灵活，可以根据工作进展情况做具体的安排。

书面报告能提供大量、全面的绩效信息，也可以在管理者与下属无法面对面沟通的时候进行及时的监控。在具体使用该方法的时候，需要注意：首先，汇报内容要重点突出；其次，建立工作绩效信息平台，实现信息共享；最后，与其他方法结合使用，确保信息的双向沟通并避免汇报内容的形式化。

（二）绩效会议

绩效会议是指管理者和下属就重要的绩效问题通过召开会议的形式进行正式沟通的绩效监控方法。为了使绩效会议达到预期目的，管理者需要注意绩效会议的目的、过程以及基本技术等关键点。

召开绩效会议的目的主要包括以下几个方面：对绩效实施情况进行例行检查；对

工作中暴露的问题和障碍进行分析和讨论，并提出必要的措施；对重大的变化进行协调或通报；临时布置新任务。

虽然绩效会议形式有差别，但是一般包括以下几个基本步骤：会议准备、确定议程、进行绩效沟通、达成共识、制订行动方案等。通常需要做好会议记录，并将会议记录及时反馈给所有与会者。

为了达到有效监控的目的，管理者在召开绩效会议时需要注意以下几点：营造平等和谐的氛围；给予下属充分的表达机会，充分调动下属的积极性；会议目的具体、明确，不开无谓的和冗长的会议等。

（三）走动式管理

对于远离一线的管理者，特别是高层管理者，仅仅通过下属的汇报，往往不能准确掌握绩效计划执行情况，还需要实地调研，与绩效计划执行者进行面对面的沟通。走动式管理是管理者进行绩效监控的有效方式之一。

走动式管理（Management by wandering around; Management by walking around, MBWA）是美国管理学者彼得斯（Thomas J. Peters）与沃特曼（Robert H. Waterman）在《追求卓越》一书中提出的，是指高层管理者为了实现卓越绩效，经常抽空前往各个办公室走动，以发现更丰富、更直接的员工工作中的问题，并及时了解所属员工工作困境的一种策略。走动式管理不是说管理者到各部门随便走走，而是通过非正式的沟通和实地观察，收集第一手绩效信息，尽量发现问题或潜在危机，并配合情境做最佳的判断。同时，走动式管理也是对下属汇报的绩效信息进行再核查的过程，带着问题到工作实践中去分析原因和排除障碍。

在使用走动式管理进行绩效监控时，需要注意以下几点：

第一，尊重和信任一线员工，通过现场的观察和沟通来了解下属的工作进度、实际困难和潜在能力，敏锐捕捉重要的绩效信息。

第二，不一定每次走动都能获得重要的信息，但是管理者经常走动，对防范重大绩效事故会有很大的帮助。

第三，走动式管理不仅是一种有效的绩效监控的方法，还是一种情感管理、现场管理的方法，是一种管理方法和领导艺术的有效融合。

【案例分析】

把所有经理的椅子靠背锯掉

麦当劳快餐店创始人雷·克罗克，是美国最有影响的十大企业家之一。他不喜欢整天坐在办公室里，大部分工作时间都用在“走动管理”上，即到各公司、部门走走、看看、听听、问问。麦当劳公司曾经有一段时间面临严重亏损的危机，克罗克发现其中一个重要原因是公司各职能部门的经理有严重的官僚主义，习惯躺在舒适的椅背上指手画脚，把许多宝贵的时间耗费在抽烟和闲聊上。于是克罗克想出了一个“奇招”：将所有经理的椅子靠背锯掉，并立即照办。开始很多人骂克罗克是个疯子，不久大家开始悟出他的一番“苦心”。他们纷纷走出办公室，深入基层，开展“走动管理”，及时了解情况，现场解决问题，终于使公司扭亏为盈。著名管理学大师彼得·德鲁克（Peter Druker）说：“人无法只靠一句话来沟通，总是得靠整个人来沟通。”

全球著名的快餐企业麦当劳，有着非常值得借鉴的“下行沟通”之举，它让我们看到了克罗克的良苦用心。下行沟通，指的是对下级提供指导、控制，对业绩进行反馈、解释政策和程序等。由于在公司中的职位不同，管理者可能与员工的观点不一致，这是两者相互沟通的严重障碍。沟通双方的地位在很大程度上取决于他们的职位，地位的高低对沟通的方向和频率有很大的影响。因此，对于下属的需求，我们要认真倾听，对于他们工作中出现的问题，要用心理解和分析，放下架子，腾出时间去与他们促膝谈心，互动交流。如此这样，才能更好地与下属沟通。

二、绩效沟通

绩效沟通是管理者和下属为了实现绩效目标而开展的建设性的、平等的、双向的和持续的信息分享和思想交流。这种信息沟通包括有关工作进展情况的信息、下属工作中的潜在障碍和问题的信息及各种可能的解决措施等的沟通。

（1）绩效沟通是一种建设性的沟通。绩效沟通必须以不损害人际关系为前提。许多管理者仅仅关心下属是否能够理解自己的意图，而不关心下属的感受。这种沟通往往是非建设性的，不能取得预期效果。研究表明，下属与管理者之间良好的关系会产生较高的工作绩效。管理者与下属之间不良的关系不仅是双方沟通的一大障碍，而且往往是不良的沟通方式带来的恶果。

（2）绩效沟通是一种平等的沟通。沟通的目的在于思想的传递，思想顺利传递的基础就是沟通主体在心理上的平等地位，正所谓“己所不欲，勿施于人”。双方坚持换位思考，从对方的立场出发思考问题，就能取得良好的沟通效果。

（3）绩效沟通是一种有效的沟通。绩效沟通是一个封闭的环路，管理者必须准确地知道绩效计划执行的情况，下属要及时将绩效计划执行的情况向上级反映，并且传递的信息要能被双方充分理解。沟通更重要的意义在于传递思想而非传递信息本身，让发出的信息被接收者充分理解才是真正有效的沟通。

（4）绩效沟通是一种持续的沟通。绩效沟通贯穿于整个绩效管理的五个环节，在绩效监控中持续的时间最长，但又最容易被忽视。在绩效计划的执行过程中，管理者和下属需要持续地就相关工作进展情况、潜在障碍和问题、解决问题的措施以及管理者帮助下属的方式等信息进行沟通，特别是在障碍发生前就能识别和指出相应问题，并能通过沟通找到解决方案。绩效沟通的缺失会导致管理者与下属之间摩擦和冲突不断。

（一）绩效沟通的内容

对于管理者和下属来说，绩效沟通的目的是为了提高下属的工作绩效，但双方所需要了解的信息内容并不相同。

对管理者而言，他们需要得到有关下属工作情况的各种信息，以帮助他们更好地协调下属的工作。当下属工作中出现问题的时候，管理者应该及时掌握情况，以避免出现不必要的麻烦和浪费。另外，他们还需要了解工作的进展情况，以便在必要的时候向上级汇报。如果不能掌握最新的情况，管理者可能会面临许多不必要的麻烦。作为管理者，还应该主动收集一些绩效评价和绩效反馈时需要的信息，这将有助于他们更好地履行自己担负的职责。

对于下属而言，他们也需要知晓有关信息。通过与管理者之间的绩效沟通，下属可以了解自己的表现获得了什么样的评价，以及了解管理者是否知道自己所遇到的各种问题，并期望从管理者那里得到解决问题的帮助。

为了进行有效的绩效沟通，管理者首先要确定双方应沟通的具体内容。我们可以通过回答以下两个问题来确定沟通的具体内容：

（1）作为管理者，为了更好地履行职责，我需要从下属那里获得什么信息？

（2）作为下属，为了更好地完成工作任务，我需要获得哪些信息？

通过回答这两个问题，管理者能够更好地明确绩效沟通的内容，这是确定绩效沟通内容的一个非常实用的思路。通过绩效沟通，管理者和下属还需要回答以下问题：

（1）工作进展情况如何？

（2）绩效目标和计划是否需要修正？如果需要，如何修正？

（3）工作中有哪些方面进展顺利？为什么？

（4）工作中出现了哪些问题？为什么？

（5）下属遇到了哪些困难？管理者应如何帮助他们克服困难？等等。

上面的问题只是给我们提供了一些思路，具体沟通内容依情况而变。值得注意的是，不只是以上这些问题，甚至双方之间应就什么问题进行沟通，也应该成为双方沟通的话题。

（二）绩效沟通的方式

绩效沟通是一个充满细节的过程。管理者与下属的每一次信息交流都是一次具体的沟通。绩效沟通可以分为正式的绩效沟通和非正式的绩效沟通。正式的绩效沟通是组织管理制度规定的各种定期进行的沟通。非正式的绩效沟通则是管理者和员工在正式制度规定和程序之外所进行的沟通。

1. 正式的绩效沟通

正式的绩效沟通主要包括书面报告和定期会谈两种形式。其中，定期会谈又包括管理者与下属之间一对一的面谈和团队会谈。

（1）书面报告

很多管理者都要求下属定期汇报工作，以了解下属的工作情况和遇到的各种问题，并要求下属提出建设性的意见。为了让下属更好地完成书面报告，管理者应该让下属有机会决定他们应该在报告中写些什么，而不是由管理者一厢情愿地决定。当然，管理者可以设计一个统一的样表，以方便下属填写。这种表格的形式非常多，但通常包括工作目标的进展情况以及工作中遇到的问题、工作建议和意见等栏目。

但是，在很多情况下员工并不欢迎书面报告，他们往往将这项工作视为额外的负担，只是应付了事。大多数情况下，他们认为只是浪费大量的时间，提供了一大堆毫无意义的信息。这主要是由于很多管理者没有将书面报告与其他沟通方式结合起来，使这种书面沟通成了一种单向的信息流动。由于管理者和下属缺乏面对面沟通的机会，这种单向流动使大量的信息变成摆设。因此，需要将书面报告与其他沟通方式结合起来克服这个问题。例如，当管理者通过工作报告提供的信息了解到下属工作中发生的某个问题时，就可以到工作现场指导下属解决这个问题，或通过面谈与下属进行交流，共同寻求解决问题的途径。

（2）定期会谈

定期会谈有书面报告无法比拟的优势，这种面对面的会谈不仅是信息交流的最佳机会，而且有助于在管理者与下属之间建立一种亲近感。这一点对于培育团队精神、鼓励团队合作是非常重要的。

①一对一面谈。定期会谈最常见的形式就是管理者与下属之间一对一的会谈。在每次会谈的开始，管理者应该让下属了解这次面谈的目的和重点。例如，管理者可以说这样的开场白："今天我想和你谈谈你的工作进展。上次会谈中谈到的问题是否得到解决，是否又有新的问题……"由于是一对一的会谈，管理者应该将会谈集中在解决下属个人面临的问题上，以使会谈更具实效性。例如，让下属了解银行经营方向的变化非常重要，但更关键的是要让他明确各种变化对于他个人的工作产生了什么影响，也就是说，应该将问题集中在调整下属的工作计划、解决下属个人遇到的实际问题上。

大多数管理者可能会犯一个错误，就是过多地"教训"别人而忘记倾听。管理者应该更多地鼓励下属进行自我评价和报告，然后再进行评论或提出问题。如果问题显而易见，就应该鼓励下属尝试着自己找出解决问题的方式。另外，管理者应该在面谈的最后留出足够的时间，让下属有机会说出他想说的问题。下属是最了解基层工作情况的人，从他们口中了解的情况是非常重要和实用的。

在面谈中，管理者应该注意记录一些重要的信息，特别是涉及一些计划性的事务时，更应如此。例如，对于工作计划的变更、答应为下属提供某种帮助，都应该留有记录，以防遗漏。

②团队会议。书面报告和一对一面谈的一个共同缺陷就是涉及的信息只在两个人之间共享。由于很多工作都是以团队为基础开展的，这就需要采用一种新的方式——团队会议形式。团队会议应该注意设计好交流内容，以避免不恰当的内容造成无效沟

通或在团队成员之间造成不必要的摩擦和矛盾。在团队环境中，团队成员之间相互关联并发生影响。每个成员都能够不同程度地了解和掌握其他成员的工作情况，而且每个成员都能够通过解决大家共同面对的问题而提高个人乃至团队的绩效。因此，群策群力是解决问题的好方式之一。

需要注意的是，涉及个人绩效方面的严重问题不应轻易成为团队会谈的话题。任何人都有犯错的时候，这种公开的讨论是最严厉的惩罚。不同文化背景决定了人们对这种情况的承受能力和接受能力。通常情况下，这种针对个人的绩效警告多数应该在私下进行。

团队会议更要注意明确会议重点，控制会议的进程。管理者可以要求每个人都介绍一下工作的进展和遇到的困难，以及需要管理者提供什么帮助等。我们可以使用一些结构化的问题提纲和时间表来控制进程。例如，管理者可以要求每个参会人员谈一谈工作的进展情况、遇到的问题以及可能的解决方法。如果找到问题并能够很快地解决，就应立即安排到个人，以确保问题得到及时解决。如果不能在规定的时间内找出问题的解决方法，下一步应采取的解决方法是：计划开一个规模更小的会议或要求某个人在规定的时间内草拟一份方案等。不能由于个别难以解决的问题而影响整个会谈的进度，毕竟这种团队式会谈的时间是十分宝贵的。只有充分利用每一分钟，才能够使会谈发挥最大的作用。因此，强调时间限制是十分重要的。

与一对一的面谈相同，团队会议也应该做好书面的会议记录，并及时向参会人员反馈书面记录的整理材料。

不论是一对一的面谈还是团队式的会谈，都应该注意避免时间的无谓浪费。因此，掌握一定的沟通技巧对管理者而言是非常重要的。此外，沟通频率是管理者要考虑的另一个重要问题。从事不同工作的人可能需要不同的沟通频率，甚至从事同一工作的人需要的交流次数也不尽相同。管理者应根据每个下属的不同情况，安排绩效沟通的频率。对于团队会谈，管理者更应该充分考虑所有团队成员或参会人的工作安排。

2. 非正式的绩效沟通

管理者与下属之间的沟通并不仅仅局限于采取正式会谈或书面的形式。事实上，管理者和下属在工作过程中或工作之余的各种非正式会谈为他们提供了非常好的沟通机会。

非正式沟通的最大优点在于它的随机性。当下属在工作中发生问题时，管理者可以与之进行简短的交谈，从而促使问题及时得到解决，毕竟问题并不总是发生在计划会谈的前一天。对于各种亟待解决的问题，必须采取更加灵活的沟通方式——非正式绩效沟通。非正式绩效沟通没有固定的模式。有的管理者喜欢每天花一些时间在办公现场或公司食堂等公共场所与下属交谈。并不是所有的管理者都必须或可能做到这一点，但是管理者四处走动并与下属进行非正式交谈的确是一个好的管理手段。

有的管理者感到，自己非常愿意通过这样的沟通促进团队或部门的工作业绩，但是下属好像都不愿意把那些管理者所希望了解的情况告诉管理者。这时，管理者应该注意反省一下自己的态度。因为在大多数情况下，问题出在管理者一方。管理者应该注意学习各种各样的沟通技巧，成为一个合格的倾听者。不论对于正式沟通还是非正式沟通来说，这都是绩效沟通得以顺利进行的前提。

通信与网络的发展为管理者与下属进行深入的绩效沟通提供了条件。在这种情况下，非正式绩效沟通也可以是书面形式的，但是管理者可以更快捷地给予信息反馈，从而通过虚拟网络实现员工与管理者之间“面对面”的沟通。

（三）绩效沟通原则

要实现高效的绩效沟通并不是一件简单的事情，管理者和下属都需要为绩效沟通做充分的准备，既要掌握基本的沟通技巧，又要遵循基本的沟通原则。

1. 对事不对人

人们在沟通中存在两种导向：问题导向和人身导向。所谓问题导向，是指沟通只关注问题本身，注重寻找解决问题的方法；而人身导向的沟通则需要更多地关注出现问题的人，而不只是问题本身。绩效沟通对事不对人的原则要求沟通双方针对问题本身提出看法，充分维护他人的自尊，不要轻易对人下结论，更多地应从解决问题的目的出发进行沟通。

人身导向的沟通往往会带来很多负面的影响。但是，人们在遇到问题时往往会非常直接地将问题归咎于人，甚至带有一定的人身攻击倾向。因此，人身导向的沟通往往只是发牢骚，并不能为解决问题提出任何积极可行的措施。另外，如果将问题归咎于人，往往会引起对方的反感和防御心理。在这种情况下，沟通不但不能解决问题，还会对双方的关系产生破坏性影响。人身导向的沟通不适用于批评，同样也不适用于表扬。即使你告诉对方“你好优秀啊”，如果没有与具体的行为或结果相联系，也可能会被认为是讽刺而引起对方的极度反感，这一点往往被人们忽视。

2. 责任导向

责任导向，就是在绩效沟通中引导对方承担责任的沟通模式。与责任导向相关的沟通方式有两种——自我显性的沟通和自我隐性的沟通。典型的自我显性沟通使用第一人称的表达方式；而自我隐性的沟通则采用第三人称或第一人称复数，如“有人说”“我们都认为”等。自我隐性的沟通通过使用第三者或群体作为主体，避免对信息承担责任，从而逃避就其自身的情况进行真正的交流。如果不能引导对方从自我隐性转向自我显性的沟通方式，就不能实现责任导向的沟通，不利于实际问题的解决。

另外，通过遵循责任导向的定位原则，人们通过自我显性的沟通方式，能够更好地与对方建立联系，表达合作与协助的意愿。“我想这件事可以这样……”“在我看来，你的问题在于……”等说法都能够给人这样的感受。与此相对应的是，人们往往通过自我隐性的沟通方式逃避责任。这往往给人一种不合作、不友好的感受。在建设性沟通中，人们应该使用责任导向的自我显性的表达方式，与沟通对象建立良好的关系。

因此，当下属使用自我隐性的沟通方式时，管理者应该在给下属说话的权利的同时，使用要求对方举例的方式引导下属采用自我显性的沟通方式，使员工从旁观者立场转变为主人翁立场，并自然而然地为自己的行为承担责任。

3. 事实导向

正如前面对事不对人原则中提到的，建设性沟通应该避免轻易对人下结论的做法。遵循事实导向的定位原则能够帮助我们更好地克服这种倾向。事实导向的定位原则在沟通中表现为以描述事实为主要内容的沟通方式。在这种方式中，人们通过对事实的描述来避免对人身的直接攻击，从而避免对双方的关系产生破坏性作用。特别是在管理者向下属指出其缺点和错误的时候，更应该恪守这一原则。在这种情况下，管理者可以遵循以下三个步骤进行描述性沟通：首先，管理者应描述需要修正的情况。这种描述应基于事实或某个特定的、公认的标准。例如，可以说“你在这个季度的存款营销排名处于网点最后一名”“这个月你受到了 3 次客户的服务投诉”等。这种描述能够在很大程度上避免下属的抗拒心理。但是，仅仅描述事实是不够的。在描述事实之后，还应该对这种行为可能产生的后果做一定的描述。例如，可以说“你的营销业绩出乎我的意料，这将对我们整个网点的绩效考核产生不良的影响”“客户表示无法接受这样的服务水平，他们将转向他行办理业务”等。在这里，管理者应该注意不要使用过于严厉的责备的口吻，否则下属会将精力集中于如何抵御攻击，而不是如何解决问题。最后，管理者可以提出具体的解决方式或引导下属主动寻找可行的解决方案。当然，现实中并不是所有情况都应该遵循这三个步骤。上述例子是针对下属工作中的问题而言的。总之，在可能的情况下用事实根据来代替主观的判断，能够最大限度地避免对方的不信任感和抵御心理。以事实为导向的定位原则能够帮助我们更加顺利地进行建设性沟通。

（四）绩效沟通技巧

绩效沟通是技术要求相对较高的一种沟通。在具体的沟通实践中，管理者需要运用各种各样的沟通技巧和方法。

1. 积极倾听的技巧

沟通是一个双向的过程。从表面看，这种双向性表现在沟通双方不仅要通过沟通的过程向对方传递信息乃至想法，而且需要通过沟通过程得到所需的信息。双向沟通的更深层次含义在于，信息发出者并不只是单向地发出信息，还需要根据接收者的反应接收到相应的反馈信息，从而调整沟通的内容和方式。

很多管理者经常会忽视积极倾听的意义，尤其是在与下属进行沟通时，他们往往会失去应有的耐心。这种做法将严重影响沟通的质量，甚至影响管理者与下属之间的良好关系。同时，绩效沟通中的任何一方都应该具备积极倾听的技巧，以充分获取信息，使整个沟通的过程得以顺利进行。

积极倾听通常能够帮助管理者更好地解决问题。每个人在形成对某种事物或观念的正确判断之前，往往只有一些朴素的、模糊的认识，仅仅通过自己的思考很难得到充分的信息。在这种情况下，积极的倾听能够帮助我们获取信息，理清思路，从而更好地解决问题。管理者常常面临这样的情况：当他们发现工作中存在问题时，往往会形成自己的看法。有的管理者过于武断，将自己的看法视为当然的正确观点。这种先验意识阻碍了他们与下属之间的有效沟通，因为先验意识使管理者难以接受与自己观点相左的看法，也就无法与下属进行积极的沟通，沟通也就难以达到目的。

有时候，管理者并没有意识到自己的行为阻碍了沟通的有效进行。沟通的实践表明，传递信息不仅可以通过口头或书面语言，还可以通过肢体语言。例如，当下属走进上级的办公室，开始汇报自己的工作时，管理者一边嘴里“嗯、嗯”着，一边还在翻看手中的文件。这时，管理者就使下属接收到了这样的反馈信息：他手中的文件才是重要的，他并不关心我汇报的问题。可想而知，这样的沟通无法产生应有的效果。

因此，积极倾听的技巧是每一位管理者必须具备的管理技能之一。积极倾听的技巧可以分为以下五种：

（1）解释

倾听者要学会用自己的词汇解释讲话者所讲的内容，从而检验自己是否完全理解了对方的想法。例如：

网点主任：我感到很郁闷。这个季度我想了很多办法，也加大了管理力度，自己也尽了全力，但到头来任务还是没有完成。我觉得大家都不太配合我。

行长：看上去你很失望，你没有得到大家足够的支持。

网点主任：是的，正是这样，并且……

（2）向对方表达认同

当有人表达某种感情或很情绪化时，对对方的感受表示认同能够帮助对方进一步表达他的想法。例如：

网点主任：我真的不知道该怎么办。为了完成支行下达的任务，我忙里忙外，以身作则，带头营销，牺牲了几乎所有个人休息时间。

行长：看来，你个人确实付出了不少。

网点主任：就是啊，我们还专门制订了营销竞赛方案，奖罚力度也更大，希望以此来激发大家的积极性。哎，没想到网点营销业绩还是没有明显起色。

行长：你确实想了不少办法。

（3）简要概括对方表达的内容

将对方所说的内容进行简要的概括，表明确实了解了对方所要表达的内容，并促使对方进一步说明他的观点，将谈话推向更进一步的话题。例如：

网点主任：我们每周都召开例会，通报大家的业绩情况，对完成好的员工进行表扬，对有差距的进行批评，并严格按照奖罚办法兑现。还有优质服务情况，我每周都调监控，发现服务问题就当场处罚。我们还经常组织一些产品培训……

行长：看来这段时间你做了大量的工作，也一直很努力。

网点主任：是啊，我认为考核就是指挥棒，只有严格的奖罚机制才能调动大家的积极性。

(4) 综合对方表达的内容，得出结论

与第三种做法不同，听者不仅可以总结概括对方的观点，还可以形成一个结论性的观点，以使话题能够进一步展开。例如：

网点主任：上个星期的周例会上，网点对新来的大学生小张进行了批评处罚，因为他接二连三地出现差错，还经常被客户投诉，我觉得他根本就不安心在柜台工作。还有老王，业务技能差，又缺乏工作激情，还时不时跟我唱对台戏。还有……每次网点会议大家总是讲客观原因，不检讨自己的主观问题。

行长：你是说，个别员工的表现影响了网点的整体氛围和业绩?

网点主任：正是这样，如果能够调换一两个“问题员工”，网点工作还是很有希望的。

(5) 站在对方角度积极给予建议

例如：

网点主任：我真的没有办法了，现在员工的积极性都很难调动，每次网点会议就那么几个员工经常挨批评，弄得网点气氛很紧张。

行长：如果我处在你的位置，我想我会改变一下管理方法。严格考核固然非常重要，但你是否尝试过采取一对一的绩效沟通方式呢？通过坦诚沟通了解所谓“问题员工”的真实的思想状态，也许会取得意想不到的效果。

网点主任：哦，好的……我回去后好好准备一下，同时也向其他有经验的网点主任请教。

学会倾听除了运用好上述技巧外，还必须注意以下几点：

(1) 为听做好准备。沟通是一个双向的过程，听者和说者应该共同承担提高沟通效率的责任。听者应尽力去思考说者所说的内容，而不是自己应当说什么。做准备还包括态度的准备——包括对注意力、领悟力和理解力的准备。另外，还应该确保自己掌握与沟通内容相关的必要的背景知识。

(2) 培养自己的兴趣。要记住听者与说者同样有激发对方兴趣的责任。要从沟通的过程中寻找可能与你、你的工作、你的兴趣相关的信息。要对说者所说的内容表示出兴趣，“毕竟没有人愿意对着空气说话”。要问问自己：“如果我是讲话者，感觉又怎样?”

(3) 倾听主要的观点。不好的倾听者倾向于只注意听取事实。要学会区分事实和理论、观点和例证、证据和辩解。提炼主要观点的能力取决于听者组织信息和传递语言的能力以及说者是否进行了必要的重复。说者可能在沟通的开始、中间或结尾阐述他的主要观点。因此，听者必须一直仔细地听。

(4) 以批判的态度听。应当在无偏见的情况下对说者相应的假设和辩解持批判的态度，并小心估量其主要观点背后的证据的价值和其所运用的逻辑基础。

(5) 集中注意力，避免分心。人的注意力具有波动性和选择性的特点。在听的过程中注意力会下降，而在谈话即将结束时注意力又会上升。听者应当特别注意避免这种趋势，使自己的注意力保持集中。不要由于说者的衣着、外表、使用的词汇、风度和使用可视的、口头的与书面的辅助物而分散注意力。

（6）善于做笔记。如果所说的内容十分重要，就有必要将所说的内容的要点和可能会遗忘的个别例子等内容做大致的记录。但要注意的是，听者最首要的任务是听。等说者说完一个意思之后再记笔记也许更好些，因为记笔记也可能是一种分心。

（7）帮助说者。要表现出你对说者所说的内容的反应——可以是简短的评论，也可以是一个小小的动作。这些反应表明你的兴趣，但反应要平静和简单，不能干扰说者的思路。

（8）克制自己。作为一个好的倾听者，最困难的或许就是尽力克制自己不插话。即使说者略作停顿往往也不意味着他已经讲完了，所以一定要耐心。“听是一个克制的过程。”

2. 非语言沟通技巧

沟通并不是一个简单的语言传递的过程。在沟通的过程中，沟通双方的肢体动作往往表达了各自真实的想法，这些肢体语言也是影响建设性沟通成败的一个重要因素。但是，要真正理解这些肢体语言所表达的内容，我们必须结合沟通发生的环境、双方的关系和沟通的内容等进行综合判断，否则，这些肢体语言就是空洞的、没有意义的。下面是一些常见的肢体语言的基本含义：

说话时捂嘴：说话没有把握或撒谎。

摇晃一只脚：厌烦。

把铅笔等物放到嘴里：需要更多的信息，焦虑。

没有眼神的沟通：试图隐瞒什么。

脚尖朝着门口方向：准备离开。

擦鼻子：反感别人所说的话。

揉眼睛或捏耳朵：疑虑。

触摸耳朵：准备打断别人。

触摸喉部：需要加以重申。

紧握双手：焦虑。

紧握拳头：意志坚决、愤怒。

手指头指着别人：谴责、惩戒。

坐在椅子的边缘：随时准备行动。

坐在椅子上，上身往前倾：赞同。

双臂交叉于胸前：不同意。

衬衣纽扣松开，手臂和小腿均不交叉：开放、轻松。

小腿在椅子上晃动：不在乎。

反身坐在椅子上：支配性。

背着双手：优越感。

脚踝交叉：收回。

搓手：有所期待。

手指叩击皮带或裤子：一切在握。

无意识地清嗓子：担心、忧虑。

有意识地清嗓子：轻责、训诫、提醒。

一只手在上，另一只手在下，置于大腿前部：十分自信。

坐时跷二郎腿：舒适、无所谓。

一个人有太多如下肢体语言时，可被认为在撒谎：眨眼过于频繁，说话时掩嘴，用舌头湿润嘴唇，清嗓子，不停地做吞咽动作，冒虚汗和频繁耸肩。

以上这些肢体语言往往是人们在沟通过程中无意识地表现出来的，或无意识地接受并做出的反应。学习肢体语言的可能含义能够帮助我们在沟通中对这些无意识的反应做出有意识的认识，从而有助于把握沟通对象的真正意图，这对于建设性沟通是十分有益的。

3. 对信息的要求

由于沟通双方的生活背景、经历和理解能力等方面不同，沟通双方可能对相同的信息产生不同的理解。因此，在沟通过程中，管理者和下属需要保证沟通信息的完整性和准确性。

（1）信息的完整性

在沟通中，信息发出者要尽量提供完整和全面的信息。具体来说，信息发出者需要注意以下几个方面：沟通中是否提供了全部的必要信息；是否根据听者的反馈回答了全部问题；是否为了实现沟通的目的，提供了必要的额外信息。在绩效沟通中，信息不完整的情况十分常见。比如管理者和下属在就日常工作进行沟通的时候，信息的完整性就可能被忽视：下属可能提供了部分绩效信息，并认为管理者对很多信息都是清楚的；管理者在进行绩效辅导的时候，也常常会忽略一些他认为下属理所当然应该知道但实际上下属可能不完全知道的信息，或者并不掌握解决问题的关键技能等。虽然在信息沟通中所有人都不可能做到信息面面俱到，但是管理者和下属都需要做到关键信息不遗漏。

（2）信息的准确性

首先，沟通双方应确保信息来源是准确的和可靠的。特别是管理者对下属的工作失误提出意见时，就必须使用双方都能够认同的信息来源所提供的信息。例如，甲和乙之间有一些私人矛盾。如果管理者以甲提供的信息为依据，对乙的怠工行为提出批评，就容易遭到乙的排斥，即使甲提供的信息是客观的。这样的沟通往往不会取得良好的效果，因为沟通信息的可靠性没有得到接收者的认同。

其次，沟通双方应该使用双方都能够理解的媒介手段和恰当的语言表达方式。一是选择合适的媒介手段。主要的媒介手段包括会谈、书面报告、信息系统等各种形式。

在选择媒介时，不能仅凭信息发出者的意愿，而要根据沟通对象的特征、沟通的目的以及各方面的环境因素等进行综合考虑。例如，管理者要针对某个下属在工作中的问题进行辅导，通常就应该采用一对一面谈的形式；而对于团队工作中的问题，在团队成员数量有限并有可能集中而不影响工作进展的情况下，就可以采用团队集体会议的方式进行沟通。当然，如果沟通双方乐于接受企业内部网络或者基于互联网的信息平台的方式，则有助于取得良好的沟通效果。二是选择恰当的语言表达方式。恰当的语言表达方式主要是指恰当的词汇和语言风格两个方面。在管理者与下属的沟通中，要注意由于沟通双方在文化和语言上的差异往往会导致对相同词汇的不同理解。此外，在语言风格上，沟通双方可以根据不同的沟通主题，决定是选择正式语言、非正式语言，还是非规范语言。这三种不同类型的语言运用于不同的沟通方式，服务于不同的沟通对象和沟通目的。在管理者与下属之间进行的非正式沟通中，可能更多地运用非正式的语言进行交流，甚至会使用一些在工作场合中大家都能理解的非规范语言。但是在正式的书面沟通如工作报告中，就需要使用正式的语言准确地表达信息的内容。

三、绩效辅导

所谓绩效辅导（Performance Coaching），是指管理者在进行充分的绩效沟通的基础上，根据绩效计划，针对下属工作进展中存在的问题和潜在的障碍，激励和指导下属，以帮助其实现绩效目标，并且确保其工作不偏离组织战略目标的持续的过程。管理者作为绩效辅导的主导者和推动者，不仅需要对下属提出的各种要求做出积极回应，还需要能够前瞻性地发现潜在问题并加以解决。

就具体工作而言，管理者并不见得比下属有更深入、更全面的了解，但这并不妨碍其成为一个合格的辅导者。在绩效辅导的实施过程中，关键是建立一种绩效辅导机制，确保管理者能全面监控绩效计划的执行情况，及时发现下属工作中存在的问题和困难，并提供必要的帮助。

优秀的管理者应该在以下三个方面发挥作用：第一，与下属建立一对一的密切联系，向他们提供反馈，帮助下属制定能拓展其目标的任务，并在他们遇到困难时提供支持。第二，营造一种鼓励下属勇于挑战、不断超越的氛围。在绩效辅导中，管理者需要注重培养下属的主人翁意识和责任感，帮助其树立自信和提高工作的成就感，促使其为了实现绩效目标而不断自我超越，为承担更具有挑战性的工作任务而不断提升知识、技能和对组织的承诺水平。第三，为下属搭建交流平台，使他们有机会与不同的人一起工作，把他们与能够帮助其发展的人联系在一起，为他们提供新的挑战性工作以及接触某些人或情境的机会，而这些人或情境是员工自己很难接触到的。

（一）绩效辅导流程

管理者需要采取合适的监控方法，对下属绩效计划的执行情况进行监督，如果发现问题，就应该提供及时的绩效辅导与帮助，协助下属解决存在的问题。管理者提供辅导与帮助有两种情况：一种情况是管理者只需要直接提供指导和协助就能解决问题；另一种情况是管理者不能提供直接的帮助，就需要为下属提供培训机会，以帮助其达到绩效目标。绩效辅导的过程也是绩效信息的收集过程，绩效辅导工作结束的时候，对绩效信息汇总就获得了完整的绩效信息。在绩效监控过程中，对顺利达成或超额完成绩效目标的下属，管理者则需要及时给予表扬与肯定，对其进行激励，并帮助其对内在潜力进行持续开发，为承担更艰巨的任务做好准备。绩效辅导流程如图6-1所示。

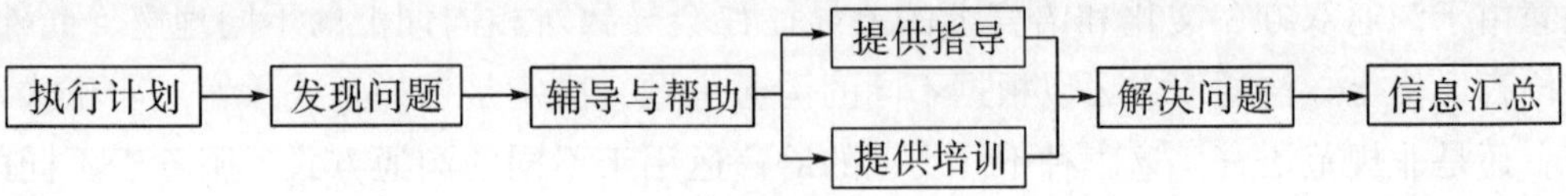

图6-1　绩效辅导流程

（二）绩效辅导时机

为了对下属进行有效的指导，把握好绩效辅导的时机，有助于取得更好的效果。如：

（1）正在学习新技能时。

（2）正在从事一项任务，而你认为如果他们采取其他方法能够更加有效地完成任务时。

（3）被安排参与一项大的或非同寻常的项目时。

（4）面临新的职业发展机会时。

（5）未能按标准完成任务时。

（6）不清楚工作的重要性时。

（7）刚结束培训时。

对下属进行指导时，管理者需要获得关于下属绩效的信息，持续的监督有助于管理者获得反映下属绩效所必需的信息。绩效辅导不是一种被动行为或一项临时性工作，而是通过使用一种或几种方法收集所需数据，如关键事件记录法等，使管理者获得关于下属的足够的信息，确保管理者的指导有的放矢。

（三）绩效辅导方法

随着知识经济的迅猛发展，企业正在进行一场管理革命——企业管理者从正三角形管理层次高高在上的“命令型”领导，转化为倒三角形管理层次中全力支持一线员工的“服务型”领导。而此时，旨在发掘人的潜力、实现个人和组织最优目标的教练技术应运而生，迅速成为管理界适应时代发展的得心应手的法宝。

教练技术是从体育界概念衍生而来的，它是以对话技术为基础，以结果和未来为导向，综合应用心理学和管理学等多种学科的工具，帮助员工挖掘潜力，克服障碍，实现组织目标下的个人目标的一种绩效辅导方法。它的核心内容是：教练以中立者的身份，通过运用聆听、发问等教练技巧反映出被辅导者的心态，从而区分其行为是否有效，并给予直接的反馈，使其洞悉自己、及时调整心态、明确目标、激发潜能，以最佳状态去创造成果。教练技术作为一种辅导方法，其作用是：明确员工或团队的目标，协助其订立业务发展策略，提高绩效；激发员工的潜能和创意，提升解决问题的能力，冲破思想限制，创造更多的可能性；使员工心态由被动待命转变为积极主动，素质得以提升；把所有的能量都集中在团队的目标上。在实施教练技术时通常是一对一的。据一项调查结果，培训能增加22%的生产力，“培训”加“教练”能增加88%的生产力。

教练技术与传统管理方法的区别在于：第一，传统管理强调伦理和层级关系，维护上级的权威，上下级关系是不平等的。而教练技术强调上级的重要责任在于提供支持和指导，下级的主动性和能动性得到极大释放。第二，传统管理强调自上而下，达成目标的挑战性非常大，不可控的因素多。而教练技术更加强调目标自下而上，通过运用一系列的教练工具，抓住关键和重点，一步一步考虑清楚，不可控因素的影响很小，目标达成的概率大大提高。第三，传统管理强调的是无条件地执行，解决方案和应对策略都由上级制定，下级只需要不折不扣地执行。而教练技术注重的是围绕目标，让下级自己找出解决方法，并且通过一系列的技术工具来协助其达成，下级的成就感、参与度得到空前提高。第四，传统管理更加重视整体利益，往往忽视个体利益，下级有可能沦为上级实现目标的工具或机器，下级更趋于保守和被动，其潜能无法得到有效开发。而教练技术则更加明确下级完成任务后会获得什么样的激励和回报，更加尊重员工的真实需求，激励员工挑战更高目标。因此，在运用教练技术的企业里，组织整体效益和文化氛围更好，更有竞争力，更有方向感和激情。而在传统管理方式的企业里，更多地倚重强人或能人或者开明的上级，组织竞争能力和个人潜能无法得到充分释放。

管理者如何成为一位好教练？秘诀在于多问少教，多听少说，多授权少指导。因为好教练必须是一位启发者，而非威权者。通过发问，好教练可以帮助员工发挥潜力，追求最高绩效，并从中获得知识，得到成长。

1. GROW 模型

在绩效计划制订、绩效监控、绩效评价和绩效反馈等绩效管理环节中，都可以使用教练式辅导方法。其中 GROW 模型是教练式绩效辅导常用的一种方法。G——Goal 即建立目标，R——Reality 即了解现状，O——Option 即讨论方案，W——Will 即确定意愿。

（1）G——Goal 即建立目标

开始时，教练帮助受辅导者确定他们希望实现的目标。目标包括长期目标和近期目标。长期目标是对人生方向的指引，能使人产生热情和动力。近期目标促使人们付诸实际行动，推动着长期目标的实现。当受辅导者处于建立目标阶段时，试问如下问题：

你希望谈些什么?

你在今天这次讨论中想达成什么结果?

你认为最重要的问题是什么?

(2) R——Reality 即了解现状

在了解现状阶段，教练应帮助员工检视目前的环境状况，去发掘所有相关事实，这个阶段的进度必须放慢，了解现状后也许需要受辅导者重新确立目标。当受辅导者处于了解现状阶段时，试问如下一些问题:

现在出现了什么情况? 发生了什么事情?

对此你有什么感觉?

事实是什么?

(3) O——Option 即讨论方案

在该阶段，教练和受辅导者要列出一个备选行动方案清单。确保你和受辅导者已就现实状况达成共识，通过提问帮助受辅导者用头脑风暴法思考出完成目标的各类方法。当发掘备选方案时，试问如下一些问题:

你曾经尝试过哪些做法?

还有哪些其他可能的方法?

如果有更多时间，你会怎么做?

(4) W——Will 即确定意愿

在该阶段将讨论转变为决定。当考虑过所有备选方案后，受辅导者需决定采取什么行动。教练在这个过程中起协助作用，而不是将自己的意志强加于人。只有受辅导者对自己的行动计划做出承诺，才最有可能获得成功。当制订行动计划时，试问如下一些问题:

你打算做什么?

你准备什么时候做? 目标达成时间表?

该项行动是否能实现预定目标? 行动和目标吻合吗? 成功的衡量标准是什么?

需要什么协助?

对计划进行后续进度检查的日期?

2. GROW 辅导案例

小张毕业于某重点大学金融专业，在银行网点从事柜员工作。该网点业务量很大，人手不足，小张来到网点后不久就被安排上柜办理业务。由于小张对业务办理操作不是非常熟悉，办理业务效率较低，有时经常出错甚至被投诉，导致其心理压力大，工作积极性不高。在季度绩效考核结果公布后，小张的绩效排名靠后，其绩效工资和奖励工资远低于网点平均水平。

小张所在网点主任严主任发现小张的问题后，觉得有必要与其进行沟通。严主任首先提前了解了小张的相关情况，收集和分析了小张的业绩统计信息，并从网点其他同事处了解其对小张的评价。经过了解后严主任认为小张的问题在于其对工作不适应，需要帮助其重新树立信心，激发其学习和成长的动力。因此，严主任决定采用GROW方法对小张进行绩效辅导。其辅导过程如下：

（1）建立目标

严主任认为当务之急是帮助小张认识到自己的不足，重新帮助其建立自信和工作的积极性，并协助其规划职业发展，建立长期和近期目标。

严主任问小张的问题：

工作后的个人感受如何？

严主任给小张介绍了典型职业发展路径与同事中的榜样，并与小张探讨个人对职业发展的想法。

通过以上开放性的问题和谈话，引导小张自己总结、分析，得到了其个人职业发展的近期目标和中长期目标。

近期目标：尽快熟悉业务操作和产品知识，提高个人服务和销售能力。

中长期目标：成为一名优秀的理财顾问。

（2）了解现状

严主任在帮助小张明确个人目标后，进一步协助其发现自己的问题。

严主任问小张的问题：

工作中是否感觉到压力？压力来自哪些方面？是客户？是同事？是领导？还是自身？

严主任对小张个人前期工作中印象深刻的“失败案例”与“成功案例”进行分析：存在哪些原因？其问题症结是本人对工作认同度不高？还是业务操作不熟？还是客户沟通技巧缺乏？等等。

通过开放性的问题和谈话，严主任引导小张发现其自身存在的问题和待改进的地方：每天工作压力很大，导致工作热情和积极性不高，需要调整工作态度和状态；有眼高手低的心态，认为现在的工作和理想差距太大，没有认识到目前的基础性工作对个人未来发展的重要性。

（3）讨论方案

严主任在帮助小张明确个人目标并认识到存在的问题后，又协助其寻求解决问题、达到目标的方法。

严主任问小张的问题：

你认为做一名合格的柜员要怎么做？

你认为成为一名出色的柜员，自身具有哪些优势和不足？

你认为作为理财顾问需要具备什么样的素质？从柜员到理财顾问的发展途径中，关键的能力提升点在哪里？等等。

通过开放性的问题和谈话，严主任引导小张自己寻求解决问题的方法：找到自身的能力提升要点；向老员工学习业务知识，逐步提高个人业务水平；学习和积累理财专业知识，考取相关认证；熟悉产品，提高营销能力，逐步向营销人员方向发展。

（4）确定意愿

最后，严主任帮助小张制订下一步个人提升行动计划。

严主任问小张的问题：

就现在的岗位来说，你准备怎么做？下一个绩效目标是什么？

为达成上述目标，需要从哪几个方面入手？

实现中长期目标的时间计划如何安排？等等。

严主任通过开放性的问题和谈话，帮助小张重新建立了自信和工作积极性，并引导小张制订了切实可行的行动计划：在下个季度，个人绩效水平达到网点平均水平以上；加强产品学习，提高营销技能，争取 2 年内转型为大堂经理，4 年内转型为客户经理，5 年内考取金融理财师认证（AFP/CFP），成为一名合格的理财顾问。

四、绩效信息收集

德鲁克在《21 世纪的管理挑战》中所说的"信息的挑战"，是指要想衡量绩效，管理者要有一套诊断工具，包括基本信息、生产率信息、竞争优势信息以及与稀有资源有关的信息。这充分说明了信息在管理活动中的重要性。在绩效监控环节，管理者应该通过各种途径收集和记录绩效信息，为绩效监控提供信息支持，防止重大事故的发生，并为绩效评价做好信息准备。

赫伯特·西蒙（Herbert Simon）认为"决策过程中至关重要的因素是信息联系，信息是合理决策的生命线"。全面准确和客观公正的绩效信息是做出绩效管理相关决策的基础，绩效信息的质量在一定程度上决定了绩效管理的成败。一方面，为了保证绩效评价时有明确的依据，避免出现传统绩效评价中根据主观臆断或对绩效表现的回忆来评价员工绩效的现象，管理者必须持续不断地收集信息，特别是记录员工在实现绩效目标过程中的关键事件，从而确保评价结果的公正及其可信度；另一方面，管理者通过持续地收集信息，记录关键事件，有助于诊断员工的绩效，进而通过绩效监控、绩效评价和绩效反馈过程中的有效沟通达到改进绩效的目的。在绩效监控过程中，管理者需要持续地收集和积累大量准确有效的绩效信息，为绩效管理的监控和评价工作提供详实的信息基础，这也是绩效管理成败的基础和关键之一。

（一）绩效收集的内容

绩效信息收集的内容主要是与绩效目标达成密切相关的关键绩效信息，而不是对绩效信息的全面记录。绩效信息的收集要求既重结果又重过程，要求对重要的过程信息和结果信息进行全面完整的记录。

1. 绩效目标决定绩效信息收集的范围

所有与实现各层次绩效目标相关的重要绩效信息都需要收集、记录和保存下来。其中，与组织战略目标相关的绩效信息是相关工作需要特别关注的领域。

2. 信息收集的内容需要面向绩效评价

绩效评价与绩效监控的信息在内容上是一致的，绩效评价需要的信息就是绩效监控的重要内容。绩效评价是一项鉴定活动，是依据绩效信息对绩效计划执行情况进行评判。在绩效监控过程中，需要对绩效信息进行全面的收集和整理，为绩效评价工作提供有力的佐证，从而确保绩效评价的公正性和准确性，并保障员工对绩效评价结果的认可。

3. 绩效信息一般分为关键事件、业绩信息和第三方信息三种类型

首先，关键事件是指一些比较极端或比较有代表性的行为和具体事件。当这类事件发生时，要及时客观地记录，不应当加入任何主观的判断和修饰。记录的内容主要是全面描述事件，包括事件具体发生的时间、当时的情况、员工具体的行为以及最后的结果等，总之应尽可能客观具体地列出当时重要的关键事件和结果信息。其次，业绩信息是指完成绩效计划或工作任务时的各种业务记录，特别需要注意收集绩效突出和有绩效问题的相关信息。业绩信息收集的过程也是对绩效相关的数据、观察结果、沟通结果和决策情况等的记录过程，主要确定“需要做什么、为谁做、什么时候做”，从而帮助员工创造好的绩效。员工是绩效的主要责任者，让员工参与收集信息同时也是使员工参与绩效管理过程的好方法。通过收集信息，员工不再将绩效管理看成监督和检查的工具，而是把绩效管理看成发现和解决问题的工具。最后，第三方信息是指让客户等帮助收集信息。内部记录的绩效信息不可能涉及绩效评价的方方面面，管理者也不可能了解员工的每个工作细节，比如客户经理和柜员的服务质量，因此，有必要借助第三方来收集信息。

（二）信息收集的来源

绩效信息收集应该实现制度化，对信息来源、信息汇总部门、信息使用和反馈部门等做出明确的规定。其中，信息汇总部门、信息使用和反馈部门都是静态的制度性规定，比如信息由人力资源部或绩效考核办公室汇总，向各部门及时进行绩效反馈，对绩效信息的使用、保密等按组织的规定执行即可。但是对信息来源的规定则是动态发展的，管理者需要做出明确的规定，确保信息收集渠道畅通和获得准确有效的绩效信息。

目前，通常采用多渠道来保障绩效信息的准确性和客观性。信息收集的主要来源包括：

1. 上级是绩效信息的主要来源

上级掌握的绩效信息比较全面，能够从宏观和整体上看待下属的绩效表现，对绩效结果的判断也比较客观和全面。在任何类型的组织中，上级都是主要的信息来源之一。但是，上级也不可能了解下属工作的所有信息，比如，柜员和客户经理，也许客户更加了解其绩效表现。另外，上级也有个人喜好和价值取向，在绩效信息收集过程中，可能存在偏见。

2. 同事、下级、本人也是绩效信息收集的重要来源

随着战略协同和团队配合在组织管理中的普及，同事作为绩效信息的来源在绩效信息系统中的重要性越来越受到重视，同事评价所占的权重也越来越大。比如，年度考核中对员工 360 度行为能力（KCI）考核，参与者包括相关的上下级和同级同事。下级在对上级进行评价的时候，必须完全匿名、保密措施非常严格，否则很难收集到真实信息。在绩效管理中，自我评价也非常重要，评价者可以通过对比真实绩效水平和自我期望的差距，做出积极主动的调整。自我评价对绩效目标的达成和绩效改进同样发挥着重要作用。

3. 外部客户是必要的信息来源

客户对一个企业的产品或服务的认可是企业赖以生存的基础，也是其战略目标实现的决定性因素。虽然从客户那里收集信息的成本非常高，但这是一个非常重要的过程。企业对客户信息的收集主要在与客户互动频繁的群体里进行，比如柜员和客户经理等一线人员，可以从客户那里收集绩效信息。另外，对客户信息收集的时机把握也非常关键，如柜员服务的满意度评价就需要在业务办理完后及时收集。

（三）信息收集的方法

不同的绩效信息需要通过合适的方法收集，管理者在设计信息收集渠道的时候需要选择最优的方法以保障信息收集工作的质量。目前主要的绩效信息收集方法包括：

1. 工作记录法

使用该方法，需要相关人员填写原始记录单，定期进行统计和汇总。比如，对柜台人员的服务和业务操作情况进行详细记录，需使用规范的电子信息收集表格，便于信息的储存、统计、汇总和分析。

2. 观察法

观察法是管理者直接观察下属的工作表现。观察是一种收集信息的特定方式，通常是管理者亲眼所见、亲耳所闻，而不是从别人那里得知。管理者常常采用走动式管理，对工作现场进行不定时的考察，以获取第一手绩效信息。

3. 抽查或检查法

这种方法常常与工作记录法配合使用，是为了核对相关绩效信息的真实性而采用的一种信息收集方法。例如，银行网点的优质服务检查。

4. 关键事件法

这种方法要求在绩效实施过程中，特别对突出或异常失误的关键性事件进行记录，为管理者对突出业绩进行及时奖励和对重大问题进行及时辅导或纠偏做准备，并为绩效评价和绩效改进做基础信息收集。

具体来讲，管理者在绩效信息收集过程中主要做如下几个方面的工作：

（1）定期安排与下属的会面来评价他们的绩效。

（2）对照事先建立的岗位说明书或行动计划检查工作的进展，考察绩效是否达到

了目标。

（3）回顾在评价周期开始的时候形成的报告或者目标列表。

（4）到各处巡视工作的进展情况，并与下属进行非正式的讨论。

（5）从下属的同事那里获得关于下属绩效相关信息的反馈（正式或非正式的）

（6）检查工作的产出和结果，以检查其质量或者准确性。

（7）要求下属做工作进展报告。

（8）提出要求后，检查任务完成情况，或者看是否有需要帮助下属解决的问题。

（9）通过分析工作结果、讨论改进方案，评价工作任务或绩效目标完成的情况。

（10）关注顾客的投诉和满意度（内部或外部），以便评价、检查员工的绩效。

第七章　银行绩效评价

绩效评价作为绩效管理的核心环节，涉及“评价什么”“谁来评价”“多长时间评价一次”“如何评价”等重要问题，在实践中受到管理者和员工的广泛关注。

所谓绩效评价（Performance Appraisal，PA）是指根据绩效计划约定的评价周期和评价标准，由绩效管理主管部门选定的评价主体，采用有效的评价方法，对组织、部门和个人的绩效目标完成情况进行评价的过程。

实施有效的绩效评价是组织管理过程中必不可少的工作，有着非常重要的意义：

第一，绩效评价能够推动组织战略的实现。绩效评价的内容具有行为导向作用，能够使个体行为聚焦于组织战略。组织想要实现既定战略，必须界定清楚与战略相关的目标是什么，通过员工什么样的行为和结果能够达成战略目标，然后将这些内容转化为绩效评价的内容传递给组织内的所有成员。换句话说，评价内容直接由组织战略决定，绩效评价时使用哪些指标、如何定义这些指标，都是在向组织成员传达组织重视什么方面的表现、要求员工具备哪些能力和什么样的工作态度等信息。绩效评价这种引导和传递的作用能够让组织成员的组织行为和结果指向组织战略，从而有利于组织战略的实现。

第二，绩效评价能够促进绩效水平的提升。管理者通过对组织绩效、部门绩效和个人绩效的评价，能够及时发现存在的绩效问题，通过及时的沟通和反馈，分析个人层面、部门层面和组织层面存在的导致绩效不佳的原因，制订并切实执行绩效改进计划，从而提高各层面的绩效水平。

第三，绩效评价结果能够为各项人力资源管理决策提供依据。绩效评价的结果是组织做出薪酬决策、晋升决策、培训与开发决策的依据，只有将绩效评价的结果与人力资源管理的相关决策紧密联系起来，才能对所有成员起到激励和引导的作用，同时也能增强各项人力资源管理决策的可接受程度。

一、绩效评价内容

绩效评价内容可划分为工作业绩评价和关键胜任能力评价两部分，二者相互联系、相互影响。由于评价内容的不同，这两类评价具有不同的特征。

（一）业绩评价

业绩评价是绩效评价最核心的内容。与组织战略目标实现相关的绩效都要通过业绩产出来衡量。所谓业绩，就是工作行为取得的阶段性产出和直接结果。评价业绩的过程不仅要判定个人的工作完成情况，也要衡量部门、组织的指标完成情况。更重要的是，管理者要以评价结果为基础来有计划地改进绩效欠佳的方面，从而达到组织发展的要求。对组织层面、部门层面、个人层面的业绩评价不仅要包括利益相关者层面

（结果）的指标，也要涵盖实现路径（过程）层面的指标和保障措施层面的指标，既兼顾结果也兼顾过程，才能保证业绩评价的完整性和准确性。

业绩评价一般是从数量、质量、时间和成本等角度来考虑的。但是组织、部门和个人层面的业绩评价是有区别的。组织层面的业绩评价主要集中于对组织整体战略目标实现起重要作用的指标。而部门层面的业绩评价是通过分解、承接组织层面的业绩目标而形成的内容。除此之外，还要反映部门自身职责的相关内容。个人层面的业绩评价主要是最微观具体的岗位职责所要求的内容。

（二）关键胜任能力评价

关键胜任能力评价是指对被评价对象的高绩效达成的关键胜任能力的评定。工作能力评定把能力、个性、动机和态度等进行量化和定性，最终使得反映绩效的过程影响因素可控、可观察、可培养。关键胜任能力评价又称为行为能力评价。

"胜任能力"这一概念于 1973 年由哈佛大学教授戴维·麦克里兰（David Mclelland）正式提出，它是指将某一工作中表现优异者与表现平平者区分开来的个人潜在的深层次特征。它可以是动机、特质、自我、态度或价值观、知识领域、认知或行为技能等任何可以被可靠测量到的、能够显著区分绩效的个体特征。由于胜任能力与工作绩效密切相关，并能够预测未来的绩效，而且能够区分绩效优秀者和一般者，近年来被广泛运用于人力资源管理领域。

关键胜任能力评价的引入，改变了传统绩效考核方式和理念，使得评价更加全面，也为全面的绩效管理提供了基础和可能。绩效评价作为绩效管理的关键一环，绩效管理的最终目的是为了改进绩效。以往绩效评价的结果多与薪酬奖金挂钩，员工也多把注意力集中在探究到底谁的绩效更好一些上，对于团队和个人的绩效改进作用不大。而关键胜任能力评价指标提供了客观的优秀绩效的行为标准，建立了对优秀绩效的期望，为任务的具体范围和要求提供了共同理解，员工在关注绩效结果的同时，也开始关注绩效背后个体胜任能力的差异，思考自身的胜任能力状况。如果我们对员工的胜任能力进行持续的观察评价，一段时间之后进行纵向对比，可以观察到员工在各项胜任能力上的发展情况。管理者就此可以了解到每个员工的优势和劣势，为员工的发展提供条件，员工个人也可以更加准确地认清自我的价值和职业发展的能力障碍，从而促使员工调整自身行为，持续改进自身能力。

但是需要注意的是，在实践中不同岗位的胜任能力要求是不同的，因此需要针对岗位特性制定不同的胜任能力考核内容和标准。比如，银行管理者和客户经理，这两类人员在达成绩效目标的过程中所依赖的胜任能力的特质是不同的。另外，在制定关键胜任能力评价指标时，必须与员工做好沟通和培训，必须让员工理解组织的意图和评价指标的含义，认识到胜任能力评价对自身能力发展的好处，而不是流于形式甚至出现抵触现象。

二、绩效评价的过程模型

绩效评价是绩效管理中技术性最强的环节之一，也是管理者非常关心的内容。在绩效评价时，通常要经过五个过程，如图 7-1 所示。绩效评价的过程就是一个收集信息、整合信息、作出判断的过程。

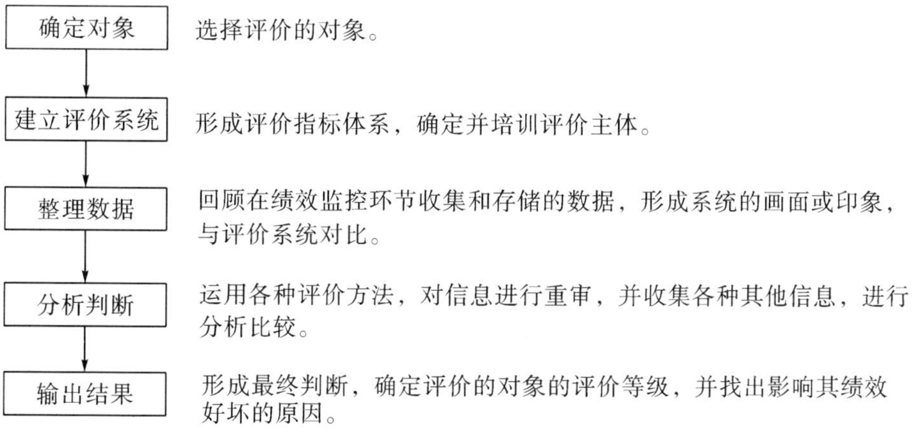

图 7-1　绩效评价过程模型

（一）确定对象

绩效评价的对象不同，绩效评价的工作也不同。一般来说，绩效评价包括三类对象：一是组织绩效；二是部门绩效；三是个人绩效。评价员工个人、部门负责人或高层管理者的绩效关系到奖惩、升降等人力资源管理的决策问题，而评价组织绩效和部门绩效则关系到组织、部门的发展和重点任务等问题。另外，评价个人绩效也会由于其在组织中的地位以及工作岗位的不同而影响评价系统中的其他要素。例如，对于基层普通员工的绩效评价主体就不会涉及下级，而对于基层管理者的绩效评价主体则往往可以包括他的直接下级。不同岗位的个人之间，绩效评价标准也有很大不同。

（二）建立评价系统

评价系统包括确定合理的评价指标和评价标准，选择适当的评价主体等。评价指标来自组织战略目标的分解和承接，不论评价组织绩效、部门绩效还是个人绩效，评价指标都要体现组织的战略方向。

绩效评价标准是指用于判断被评价对象绩效优劣的标准，可以分为绝对评价标准和相对评价标准。绝对评价标准指的是客观存在的评价标准，而相对评价标准指的是通过对比和排序进行评价的标准。

所谓评价主体，指的是那些从事评价活动的人。评价主体分为内部评价主体和外部评价主体。内部评价主体包括上级、同级、下级和本人。外部评价主体包括客户等。

（三）整理数据

准确的数据是保证评价公正性的重要保障，绩效评价的一个主要目的是把管理从依靠直觉和预感转变为以准确的数据和事实为依据。在绩效监控阶段收集的数据一般是零散的，因此有必要把这些零散的数据整理成系统的体系。在绩效监控阶段，我们往往记录了一些关键事件，此时对这些关键事件要在不带任何主观色彩的情况下进行界定、归类和整理。

（四）分析判断

分析判断就是运用具体的评价方法来确定评价结果的过程。评价要根据组织的特点、被评价对象的岗位特点、评价内容和评价目的，选择合适的方法和形式。高层管理人员的评价指标主要是围绕战略的实施展开的相关指标和管理状况，述职的形式恰好能够达到这样的目的。中层管理者、业务和操作人员的评价相对简单些。也就是说，评价的关键在于指标的设计和评价体系的建立，有了好的评价体系，评价过程就会容易得多。

（五）输出结果

通过使用适当的评价方法进行评价后，就得出了评价结果。评价结果不仅是好坏的评价或者简单的绩效得分及绩效排名，而且应当对绩效不佳的具体原因进行分析，以便在下一个绩效管理周期加以改进。绩效管理不是为了简单的评价，更重要的是运用绩效结果和改进绩效。

三、评价主体

对被评价对象进行准确的评判，评价主体的选择和培训非常关键。

（一）评价主体的选择

1. 选择评价主体的一般原则

评价主体指的是对被评价对象做出评价的人。在设计绩效评价体系时，一定要将评价主体与评价内容匹配。评价主体的选择原则一般有：

（1）知情原则

知情原则是指评价主体对所评价的内容和所评价的岗位的工作都要有所了解。一方面评价主体要掌握评价内容，否则会影响整个绩效评价工作的准确性和公正性；另一方面，评价主体要了解被评价岗位的工作。因为被评价对象的任何工作行为都是基于一定职责任务的，并不是孤立的行为。缺乏对被评价对象岗位的了解往往可能会做出以偏概全的判断。

（2）360 度原则

单一的评价主体容易产生误差与偏颇。而采用多元化的评价主体，既可以对评价结果实现相互印证，又能够互相补充，增加评价的准确性。另外，扩大评价主体的范围也能够体现出评价的民主性与公平性。因此，对评价内容与被评价对象的评估可以从多角度、多层面来进行，既可以包括被评价对象的上级、同级、本人、下级，也可以向组织外延伸，将利益相关者如客户等纳入到评价主体的范畴中。但是，360 度选择评价主体并不意味着评价主体越多越好，而应在评价主体了解被评价对象和评价内容的基础上，扩大评价主体的范围，使绩效评价的结果更加全面和准确。

2. 不同评价主体的比较

传统的管理强调下属完成上级安排的工作的重要性。在这种情况下，下属工作的目的在很大程度上是为了获得上级的认同。因此，在绩效管理中，上级是绩效评价过程中最重要的评价主体，对下属的工作进行评价并向其提供绩效反馈信息。随着管理理论与实践的不断发展，利益相关者在管理中的作用越来越受到重视。相应的，评价主体的范围也开始不断扩展。就管理而言，下属逐渐成为非常重要的绩效反馈信息来源，他们能够对管理者在其实现管理职能中的绩效表现提出宝贵意见。另外，由于员工本人对自己的绩效表现有一定的评价和看法，为了体现员工参与、授权、民主等观念，员工本人也开始被纳入到评价主体当中。此外，一个人的行为也可能对其他人造成影响。在进行绩效管理和评价时，应当考虑这种相互作用和依存关系，以避免员工只关心完成自己的工作，而影响别人的工作或不与他人合作的情况发生。所以，同级同事的绩效反馈和信息也非常重要，能够促使员工成为更好的团队成员。以上四个绩效信息的来源——上级、下级、本人和同级都是组织内部的成员。实际上，在组织外部还有一些群体能够提供有价值的绩效信息。例如客户等利益相关者。客户是使用组织产品和服务的人。一个组织只有获得客户的认同，才有可能成功。因此，选择不同的评价主体不仅是绩效评价的需要，也是实现绩效管理目的的需要。

（1）上级评价

直接上级在绩效管理过程中自始至终起着十分关键的作用，上级评价是最常用的评价方式。研究表明，目前大约有 98%的组织将绩效评价视为直接上级的责任。这是由于直接上级通常是最熟悉下属工作情况的人，而且比较熟悉评价的内容。同时，对于直接上级而言，绩效评价作为绩效管理的一个重要环节，为他们提供了一种监督和引导下属行为的手段，从而可以帮助他们促进部门或团队工作的顺利开展。如果直接上级没有绩效评价的权力，将会削弱他们对下属的控制力。另外，绩效管理的开发目的与直接上级对其进行培训与技能开发的工作是一致的，上级能够协助相关部门更好地将绩效管理与员工培训相结合，从而充分发挥这两个人力资源管理模块的行为引导作用。总之，直接上级在观察和评价其下属人员的工作绩效方面占据着最有利的位置，同时也承担了更多的管理责任。

（2）同级评价

同级评价是由被评价对象的同级对其进行评价，这里的同级不仅包括被评价对象所在团队或部门的成员，还包括其他部门的成员。这些人员一般与被评价对象处于组织命令链的同一层次，并且与被评价对象经常有工作联系。研究表明，同级评价的信度和效度都很高。另外，同级同事评价还是工作绩效的有效预测因子，可以有效地预测此人将来能否在管理方面获得成功。这是由于同级经常以一种与上级不同的眼光来看待他人的工作绩效，比如，他们会更加注重相互之间在工作中的合作情况。而且，上级与下属接触的时间毕竟有限，下属总是会在上级面前展示他最优秀的方面，而他的同级同事却总能看到他真实的表现。这是同级评价最有意义的地方。此外，使用同级作为评价主体来补充上级评价，有助于形成关于个人绩效的一致性意见，并且帮助人们消除偏见，促进被评价对象更好地接受绩效评价的结果，乃至优化整个绩效评价系统和绩效管理系统。

但是，使用同级评价可能会出现一些特殊的问题。例如，当绩效评价的结果与薪酬和晋升等激励机制结合得十分紧密时，同级之间会产生某种利益上的冲突，从而影响业已形成的良好的工作氛围。另外，同级之间的个人关系也可能影响绩效评价的可信程度，人们经常担心给别人评分过低会影响他们之间的关系而受到报复。同时，一些人在评价与其私交较差的同事的绩效时，往往会不考虑其绩效而给予较低的评价。同级评价中可能会存在相互标榜的问题，即所有同事串通起来，相互将对方的工作绩效评价为较高的等级。

（3）本人评价

自我评价的理论基础是班杜拉（Bandura）的社会认知理论，这一理论包括自我目标设定、对目标执行的自我监控、自我实施奖励以及惩罚。该理论认为，许多人都了解自己在工作中哪些做得好、哪些需要改进，如果给他们机会，他们就会客观地对自己的工作业绩进行评价，并采取必要的措施进行改进。另外，提倡自我评价的员工会在自我工作技能开发方面变得更加积极和主动，而重视参与和发展的管理者也认同并欢迎自我评价。

但是，大多数研究表明，员工对他们自己的工作绩效做出的评价一般比他们的上级或同事所做出的绩效等级要高。比如，一项研究显示，当员工被要求对自己的工作绩效进行评价时，各种类型员工中有40%的人将他们自己放到绩效最好的10%（“最好者之一”）之中；剩下的人要么将自己放入前25%（“大大超出一般水平”）之列，要么将自己放入前50%（“超出一般水平”）之列。通常情况下，只有不到1%或2%的人将自己列入低等级范围。而那些总是将自己列入高绩效等级的人，在很多时候往往是低于一般绩效水平的。

由直接上级和本人同时进行绩效评价的做法有可能会导致发生矛盾，这种情况应该得到管理者的重视。如果能够充分辨析产生评价结果差异的原因，管理者就能更好地理解被评价对象的行为并实行更有针对性的行为引导。例如，可以通过本人评价找出与上级意见不一致的地方，鼓励被评价对象反映他们的优缺点，帮助上级进行更有建设性的绩效面谈，并促使员工更好地理解上级给予的绩效建议。

（4）下级评价

下级评价给管理者提供了一个了解下属对其管理的看法的机会，实际上这种自下而上的绩效反馈更多的是基于促进管理者提高管理技能的考虑。

很多管理者担心他们的一些不受欢迎但必要的行为（如批评下属）会导致下属在对他们进行评价时实施报复。下属由于不承担管理工作而不了解管理者工作的必要性，因此很难对“事”进行评价，其评价的结果信度通常较低。由于下级评价与传统的自上而下的管理方式相悖，同时担心下属评价会削弱管理者的权力，因而真正采用这种评价方式的组织不多。

如果组织要把下级评价导入绩效评价系统，充分发挥下级评价的积极作用，应注意以下三个方面：参与管理、考评者匿名以及具体的评价内容。

■让下属参与评价其主管的工作，实际上是让其对管理提出自己看法的过程。下属观察某些行为指标的能力往往比管理者强，因此通过下级评价不仅是对管理者的评价，更重要的是可以听到下属的声音，这些意见有助于管理者的决策。

■匿名评价是下级评价时要特别注意的。下属在对直接上级进行评价时，必然会想到这种评价对他们的威胁，他们担心对直接上级的低绩效进行诚实的评价会遭到报复。在这种情况下，仅仅匿名仍然不够，还应让下属感到“人数上是安全的”。也就是说，小团体不适合采用下级评价的方法，只有人数超过一定数量时，人们才会认为讲真话是安全的。

■由于下级在很大程度上并不了解管理者的具体工作，当然也就不了解管理者是否应该做某件事，更谈不上评价他们做的工作的好与坏，因此对下级评价的结果要进行合理的分析和应用。

总之，下级评价是一种管理突破，在一定程度上有利于提高管理水平和营造良好的工作氛围，因此越来越多的组织让被评价对象的下级以匿名的方式参与绩效评价。下级评价在一定程度上能够反映管理者在管理工作上的表现。另外，在各类组织诊断中，来自普通员工的判断能够在更大的范围内体现组织的绩效状况。因此，对员工进行广泛的问卷调查成为了了解组织管理状况的重要手段。即使员工没有成为评价主体，管理者在日常管理工作中也不应该忽视来自下属的意见。各类组织可以尝试将不定期的下属调查作为一项日常工作。

（5）客户

在银行等一些服务行业组织中，以客户作为评价主体对那些直接面对客户的服务人员进行绩效评价，可以更多地了解他们在实际工作中的表现。更重要的是，由于客户满意度成为组织成功的关键影响因素，将客户作为评价主体来引导员工行为，可以促进其更好地为客户提供服务。

绩效的多维性容易导致不同评价主体对同一工作绩效的评价不同。各种评价主体并不是相互孤立、相互排斥的，而是能够相互补充和配合的。为了保证评价的客观性和公正性，可以适当选择多样化的评价主体。使用多种主体对绩效进行评价必然具有单一主体评价所无法具有的许多优点，但是一个包含各种身份评价主体的评价系统自然会占用更多的时间，费用也较高。

（二）评价主体培训

评价主体在绩效管理的过程中扮演着重要的角色。评价主体的主观失误或对评价指标和评价标准的认识误差，都会影响评价的准确性，进而影响绩效管理甚至人力资源管理系统的有效性。因此，评价主体培训对于实现绩效评价的目标乃至绩效管理的目标至关重要。具体来讲，通过评价主体培训应该达到以下几个目的：

（1）使评价者认识到绩效评价在人力资源管理和组织管理中的地位和作用，认识到自身在绩效评价过程中的作用。

（2）统一各个评价者对于评价指标和评价标准的理解。

（3）使评价者理解具体的评价方法，熟悉绩效评价中使用的各种表格，并了解具体的评价程序。

（4）避免评价主体误区的发生，使评价者了解如何尽可能地消除误差与偏见。

（5）帮助管理者学习如何进行绩效反馈和绩效指导。

直接上级是最常见的评价主体。对直接上级进行评价主体培训的内容比对其他评价者进行评价主体培训的内容更广泛。一般来说，对直接上级进行培训的内容主要包括：

（1）避免评价主体误区的培训

对于该类培训，培训者先为评价者放一段反映员工实际工作情况的录像，然后要求他们对这些员工的工作绩效做出评价。接着，培训者将不同评价者的评价结果展示出来，并且针对在工作绩效评价中可能出现的问题，例如晕轮效应、严格化倾向等，逐一进行解释。如果有受训的评价者对所有评价要素（工作质量、工作积极性等）都给出了同样水平的评价，培训者可以指出这位评价者可能是犯了晕轮效应的错误。最后，培训者将会给出比较客观的评价结果，并对评价者在评价过程中出现的各种错误逐一进行分析。通过这种形式的评价主体培训，评价者将能够对各种评价误区有更深刻的认识，从而有效地避免此类问题的发生。

（2）绩效信息收集方法的培训

这方面的培训可以通过讲座的形式进行，也可以通过生动的录像来进行现场演示或练习。需要注意的是，不同岗位获取有关工作绩效信息的渠道各不相同。在进行这方面培训时，应根据被评价对象的不同情况有针对性地进行。

（3）评价指标的培训

评价指标培训主要是要使评价者熟悉在评价过程中使用的各个绩效指标，了解它们的真正含义。评价者只有在正确理解各个绩效维度的基础上，才能将绩效评价体系所要传达的信息传达给被评价对象。

（4）绩效标准的培训

评价者如何理解评价标准将在很大程度上影响他们对每个被评价对象的评价结果。

因此，进行绩效标准培训是实现绩效管理程序公平的前提。

（5）评价方法的培训

绩效评价过程中可能采用的具体方法是多种多样的，每种方法都有其优点和缺陷。通过培训使评价者充分掌握在实际评价时需要采用的各种操作方法、填写表格的注意事项等，以充分发挥该评价方法所具有的优势，并使评价者对评价方法产生认同和信任感。这种认同将有助于绩效评价结果得到管理者乃至被评价对象的认同。

（6）绩效反馈的培训

绩效反馈是评价者与被评价对象之间的沟通过程。通过这一过程，评价者将绩效信息反馈给被评价对象，帮助后者纠正自己的绩效不足。通过培训，使管理者掌握绩效反馈面谈中运用的各种技巧。绩效反馈培训是评价主体培训中的一个重要内容，它关系到绩效管理系统能否达到预期的目标。

四、评价主体误区

评价主体误区指的是在绩效评价的过程中由于评价者主观原因导致的误差、偏见和错误。这些误区的存在会对绩效评价结果的准确性造成影响，也会对组织上下级之间的关系产生损害。

（一）常见的评价主体误区

1. 晕轮效应

当我们以个体的某一种特征形成对个体的一个总体印象时，就会受到晕轮效应（Halo Effect）的影响。在绩效评价的过程中，晕轮效应具体是指由于个别特性评价而影响整体印象的倾向。有关晕轮效应的例子在我们的日常生活中经常发生，人们往往有根据某一局部印象得出整体印象的倾向。例如，某管理者对下属某一绩效要素（如“口头表达能力”）的评价较高，导致其对该下属其他绩效要素的评价也较高。又如，下属一般会对那些有亲和力的上级有好感。但这样的上级工作能力也许并不强，但下属往往倾向于对该上级的其他方面给予较高的评价。因此，晕轮效应非常不利于绩效评价的有效性。

2. 逻辑误差

逻辑误差（Logic Error）指的是评价者在对某些有逻辑关系的要素进行评价时，使用简单的推理造成的误差。在绩效评价过程中产生逻辑误差的原因是由于两个评价要素之间的高相关性。例如，很多人认为“社交能力与谈判能力之间有很密切的逻辑关系”，于是，评价者在进行绩效评价时，往往会依据“既然社交能力强，谈判能力当然也强”而对被评价对象做出这样的评价。

晕轮效应与逻辑误差的本质区别在于：晕轮效应只在同一个人的各个特点之间发生作用，在绩效评价过程中是在对同一个人的各个评价指标进行评价时出现的；而逻辑误差与被评价对象的个人因素无关，它是由于评价者认为评价要素之间存在一致的逻辑关系而产生的。

3. 宽大化倾向

宽大化倾向（Leniency Tendency）是最常见的评价误差行为。受这种行为倾向的影响，评价者对被评价对象所做出的评价往往高于其实际成绩。这种现象产生的原因有：

（1）评价者为了保护被评价对象，避免留下不良绩效的书面记录，不愿意严格地评价。

（2）评价者希望本部门员工的业绩优于其他部门员工的业绩。

（3）评价者有“老好人”心态，尽量避免引起评价争议。

（4）评价要素的评价标准不明确。

（5）评价者想要鼓励工作表现有所改进的被评价对象。

在宽大化倾向的影响下，绩效评价的结果会产生极大的偏差。具体而言，对绩效突出的被评价对象来说，他们会对评价的结果产生强烈的不满，从而影响他们的工作积极性。而对于绩效很差的被评价对象来说，一方面，他无法了解自己需要提高哪一方面的绩效，只能继续维持现状，导致绩效得不到提高，绩效管理的目的无法实现；另一方面，由于他有一个令人满意的评价记录，即使企业想解雇他，也会由于缺乏理由而无法实现。

4. 严格化倾向

严格化倾向（Strictness Tendency）是与宽大化倾向相对应的另一种可能的评价者行为倾向，是指评价者对被评价对象工作的评价过分严格的倾向。现实中，有些评价者在进行评价时，喜欢采用比既定标准更加苛刻的尺度。严格化倾向产生的原因有：

（1）评价者对各种评价因素缺乏足够的了解。

（2）试图惩罚顽固的或难以对付的被评价对象。

（3）试图促使有问题的员工主动辞职。

（4）为有计划的裁员提供证据。

（5）减少凭业绩提薪的员工的数量。

（6）遵守组织的规定（组织不提倡管理者给出高评价）。

如果针对整个部门的绩效评价过分严格，则该部门的员工在加薪和晋升方面都将受到影响。如果对某一特定的员工评价过分严格，则有可能引起员工的强烈不满甚至对抗。

5. 中心化倾向

在确定评价等级时，许多管理者都很容易产生中心化倾向（Central Tendency）。这种倾向是指评价者对一组被评价对象做出的评价结果相差不多，或者都集中在评价尺度的中心附近，导致评价成绩拉不开差距。中心化倾向产生的原因有：

（1）人们往往不愿意做出“极好”“极差”之类的极端评价。

表现全部纳入进来，并作为员工薪酬、晋升、培训与开发等决策的依据。但有很多结果性指标需要较长时间才能完成，只有评价周期设置得相对长一些，才能保证所有层次的绩效结果都有足够的时间显现出来，以保证评价的准确性和完整性，例如以季度、半年或年度为评价周期。当绩效评价是为了分析并改进绩效时，可以以日、周、月为周期对绩效进行评价，以便能够及时发现绩效问题并加以改进。

第八章　银行绩效反馈

绩效反馈是战略绩效管理系统的最后一个环节，其目的是通过良好的沟通使员工了解自己在绩效周期内的绩效表现，并针对绩效方面存在的问题采取相应改进措施，从而提升绩效水平。及时有效的绩效反馈给管理者和下属提供了一个促进沟通的渠道，也为组织、部门和个人的绩效改进提供了一个平台，是绩效管理系统良好运转的重要保障。

绩效反馈是指在绩效评价结束后，管理者与下属通过绩效反馈面谈，将评价结果反馈给下属，并共同分析绩效不佳的方面及其原因，制订绩效改进计划的过程。心理学家发现，绩效反馈是使人产生优秀表现的重要条件之一。如果没有及时、具体的绩效反馈，人们往往都会表现得越来越差。因为在这种情况下，人们无从对自己的行为进行修正，甚至可能丧失继续努力的动力。

因此，员工绩效不佳的一个可能的原因就是没有得到及时、具体的反馈。

绩效反馈是对被评价对象整个绩效周期内的工作表现及完成情况进行的全面回顾，有效的绩效反馈对绩效管理起着至关重要的作用。

第一，绩效反馈有利于提高绩效评价结果的可接受性。绩效反馈在绩效评价结束后为评价双方提供了一个良好的交流平台。一方面，管理者要告知被评价对象绩效评价的结果，使其真正了解自身的绩效水平，并就导致评价结果出现的原因进行深入探讨，使评价者能够充分地接受和理解绩效评价结果；另一方面，被评价对象也可以就一些具体问题或自己的想法与管理者进行交流，指出绩效管理体系或评价过程中存在的问题，解释自己超出或没有达到预期目标的主要原因，并对今后的工作进行计划与展望。绩效反馈为管理者和下属建立起一座沟通的桥梁，有利于双方在绩效评价结果上达成共识，不仅能够让被评价对象更加积极主动，更赋予其一定的权利，使被评价对象拥有知情权和发言权，有效降低了评价结果不公正所带来的负面效应，确保绩效评价结果的公平和公正，进而提高绩效评价结果的可接受性。

第二，绩效反馈有利于被评价对象了解自身取得的成绩与不足。绩效反馈还是一个对绩效水平进行全面分析的过程。当被评价对象取得成绩时，管理者给予的认可和肯定可以起到积极的激励作用。此外，管理者也要让被评价对象认识到自身在知识、技能等影响绩效水平方面存在的缺点和不足，并提出改进建议。

第三，绩效反馈有利于绩效改进计划的制订和实施。绩效反馈的一个重要目的是实施绩效改进，即针对被评价对象当前绩效存在的不足提出改进计划，为下一步绩效管理周期的工作开展提供帮助和指导。绩效改进计划对于绩效不佳的组织、部门和个人尤为重要，如果管理者对此不能给予充分重视，被评价对象自身也缺乏绩效改进的动力，不去分析导致绩效偏差的原因，那么绩效不佳者很难发现改进绩效的有效途径和方式，也就无法达到提高绩效水平这一重要目的。另外，被评价对象参与到绩效改进计划的制订过程中，会让其更容易接受绩效改进计划，增强对绩效改进的承诺，有利于绩效改进计划的落实。

第四，绩效反馈能够为员工的职业规划和发展提供信息。员工职业规划的更好发展是建立绩效管理体系的目的之一。因此，在绩效反馈阶段，管理者应当鼓励员工讨论个人发展的需要，以便建立起有利于达成这些发展的目标。由于讨论涉及员工进一步发展所需要的知识和技能，因此绩效反馈面谈通常还会讨论员工需要培训的方面。管理者应当保证提供一定的资源为员工培训提供支持。在绩效反馈面谈结束以后，应当根据反馈结果，结合组织、部门和个人的下一步计划，制订员工个人发展计划。当然，这些计划需要管理者与下属共同协商，并且是具体的。

一、绩效反馈面谈

绩效反馈面谈是一种正式的绩效沟通。目前，在银行各级组织中，绩效反馈面谈并没有得到足够重视，人们往往将填写评价表格、计算评价结果视为绩效评价乃至绩效管理的全过程。实际上，如果缺少将评价结果和管理者的期望传达给被评价对象的环节，就无法实现绩效管理的最终目的。

（一）绩效反馈面谈的要点

绩效反馈面谈是一种面对面的沟通，对于组织、部门和个人绩效水平的提高以及组织内成员间关系的改善等具有非常大的影响，因此在实施绩效反馈面谈时要把握好以下几点：

1. 直接具体

面谈交流要直接具体，不能抽象地泛泛而谈或仅作一般性评价。对于上级来说，无论是赞扬还是批评，都应该有具体、客观的结果或实施来支撑，使面谈的对象明白哪些地方做得好，并清楚地了解存在的差距与缺点。如果面谈的对象对绩效评价结果有不满或质疑的地方，可以向上级进行申述或解释。只有评价结果反馈具体、准确、公平、透明，绩效反馈才能取得实效。

2. 双向互动

面谈是一种双向沟通，为了获得对方的真实想法，上级应该鼓励面谈的对象多说话，充分表达自己的观点。由于职位和角色的差异，上级往往习惯于发话和下指令，下属只是在被动地接受，这样的管理者是无法得到真实情况的。因此，管理者应当允许下属质询和辩解，而不应打断和压制，对下属提出的好的建议应该充分肯定，对于不正确的地方以客观事实为依据进行分析和讨论，以提高绩效反馈面谈的效果。

3. 基于工作

上级在进行绩效反馈面谈时必须以下属的工作情况为基础，而不应掺杂与工作无关的情况和个人情感因素，在明确客观事实的基础上进行深入的分析和讨论，以达到绩效反馈面谈的目标。

4. 相互信任

绩效反馈面谈是上下级交流的过程，缺乏信任的面谈会使双方都感到紧张，充满冷漠进而产生抵触情绪。因此，必须营造互相信任的良好氛围，沟通才能够顺利进行。

（二）绩效反馈面谈的步骤

1. 前期准备

（1）选择合适的时间

绩效反馈面谈的时间选择对于最终的绩效反馈效果有很大影响。一般来说，管理者应该根据工作安排并在征得下属同意的前提下确定面谈时间。尽量不要将面谈时间安排在临近下班时间和非工作时间。同时要注意把握好时间段，时间过长容易使人疲倦、注意力不集中，增加信息交流误差；时间过短则会因信息传递不充分而达不到沟通的目的。

（2）选择合适的地点和环境

面谈的地点和环境会对反馈效果产生重要的影响。一般来说，在办公环境下，主要的反馈地点有管理者的办公室、会议室、接待室，其中小型会议室或接待室是比较理想的选择，因为这些地方私密性相对较好，不易被干扰。现实中往往由于条件所限，管理者的办公室成为最常见的选择。但是在办公室进行绩效面谈，要确保不被干扰或被中途打断。管理者最好能够拒绝接听任何电话，停止接待来访客人，以免面谈受干扰。面谈的场所最好是封闭的。当然，反馈面谈的地点也可以选择工作场所之外的地方，比如选择咖啡厅、茶楼等地点。这种非正式地点可以有效营造上下级之间的亲近关系，使下属和管理者在轻松的环境中充分表达自己的真实感受。

管理者还应该注意安排好双方在面谈时的空间距离和位置，如图 8-1 所示。这些不同的位置关系可以营造出不同的面谈氛围。

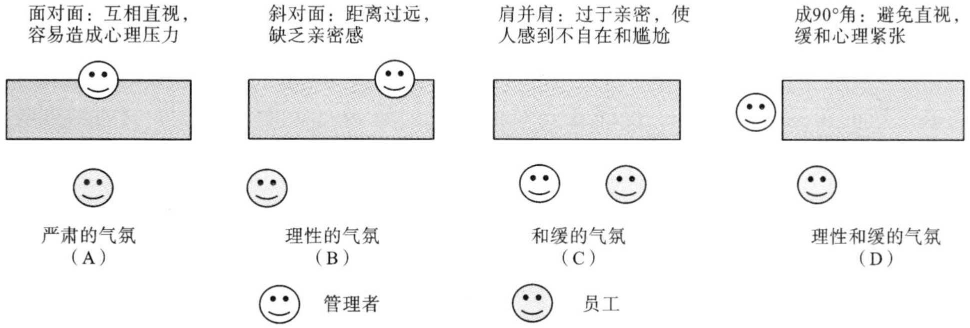

图 8-1　绩效面谈的距离和位置

面谈双方的距离要适当，距离太远会影响信息传递的效果，距离太近又会使交谈双方感到压抑。综合上图分析，图（D）表示的双方位置和距离最适合绩效面谈。管理者与下属成 90°而坐，能够避免互相目光直视，缓和心理紧张，同时也有利于观察和接收对方传达的信息，营造良好的沟通氛围。

（3）收集整理信息

管理者和面谈的对象都要收集和整理日常积累的有关绩效的各种信息。对于管理者来讲，必须准备和熟悉面谈所需的资料，这些资料包括绩效评价表格、工作情况的记录和总结、绩效计划的完成情况、绩效评价结果以及被评价对象的基本信息。面谈的对象也应该收集整理一些能够表明自己绩效状况的事实依据，以及一些与绩效管理相关的问题，以便在面谈中向管理人员提问和咨询。

2. 反馈面谈安排

事先设计完整而合理的绩效面谈安排是成功实施绩效反馈面谈的保证。在进行面谈前，管理者应该对面谈的内容和程序进行详细的安排。

（1）开场白

在绩效反馈面谈的开始阶段，管理者应该向面谈的对象简要说明面谈的目的和基本程序。管理者可以从一个轻松的话题入手，帮助下属放松心情，以使下属能够在面谈中更好地阐述自己的看法。当然，如果下属能够很好地了解面谈的目的，并对面谈做好了充分的准备，那么开门见山就是最好的选择。

（2）面谈的实施

在绩效反馈面谈的实施阶段，管理者和面谈的对象要就绩效评价结果、绩效改进计划深入交换意见，达成共识。一般来讲，管理者要先就下属的上一周期绩效表现做一个总体的回顾，并告知其绩效评价结果。对于下属表现好的方面，管理者要适时鼓励；对于绩效不佳的方面，要采取建设性的沟通方式，注意沟通的方式方法。如果下属对绩效评价结果有异议，管理者要耐心倾听，并就存在争议的问题给出合理满意的答复。紧接着，管理者和面谈的对象要就导致绩效不良的原因进行分析，找出问题所在并共同制订绩效改进计划和符合员工自身实际情况的个人发展计划。最后，管理者要与下属就下一个绩效管理周期的工作任务、工作目标及其衡量指标等进行商定，并签订绩效计划协议书。

（3）面谈结束

当面谈的目的已经达到或由于某些原因无法取得预期进展时，应当适时结束面谈。在绩效反馈面谈的结束阶段，管理者要对面谈的对象进行正面的激励，让面谈的对象鼓足干劲，以满怀斗志的状态开始下一绩效周期的工作。

3. 反馈面谈的总结和改进

在绩效反馈面谈结束之后，管理者要对面谈的整体情况和效果进行评估，对面谈过程中所记录的内容进行反思与总结，对于面谈对象提出的疑问和要求予以高度重视，并采取具体的行动加以解决。此外，管理者也要对自己在面谈过程中的表现进行反思，如是否采用了建设性的沟通方式，是否为下属提供了有效的支持与帮助等，以便在下一次绩效反馈面谈中取得良好的效果。

（三）反馈面谈中需注意的问题

绩效反馈面谈是一个双向沟通的过程，管理者需要掌握一定的沟通技巧，获得员工的认可与信任，才能达成共识。

1. 重视开场白

面谈开场白的设计至关重要，最初的几分钟谈话往往决定了面谈成功与否。有时候急于切入主题反而欲速则不达。这一点要引起管理者足够的重视。

2. 选择合适的反馈方式

管理者的反馈方式主要有：指示型、指导型和授权型。指示型是比较传统的反馈方式，有时管理者急于解决问题，或者把自己当成权威并主张控制，就会采取这种方式。一般来讲，不主张采用这种方式。指导型是一种教与问相结合的方式，管理者向下属解释并询问下属的想法，并在适当的时机纠正下属的错误思想。授权型方式以下属回答为主，以解释和纠正为辅，管理者主要起引导作用。如前面介绍的教练技术，这种面谈方式效果最好，但需要一定的面谈技巧。

3. 强调进步与优点

绩效面谈不受欢迎的一个重要原因在于，面谈中必须要谈论下属在上一阶段工作中的问题和不足，如果管理者没有掌握沟通技巧，很容易因为对下属进行批评和指责而造成下属产生抵触和反感。鼓励与表扬是赢得下属合作的好方法。下属做得好的地方不能一带而过，应当花些时间进行讨论。赞扬不仅可以使下属保持好的工作作风，还可以激励下属。对于下属绩效不良的方面，也不能一味地批评，而应该肯定下属的努力和贡献。

4. 注意倾听

倾听有助于全面了解情况，印证或改变自己的想法。平衡讲和听之间的关系是反馈面谈的要义，而衡量这种平衡的最好标准就是看是否调动了下属的积极性，是否赢得了下属的合作。管理者在面谈时要学会倾听，鼓励面谈的对象大胆地说出自己的想法，在倾听中予以积极回应。不要轻易打断下属，更不要急于反驳。

5. 坦诚和平等

绩效评价结果涉及薪酬和晋升等比较敏感的问题，管理者在与下属面谈的过程中往往有所顾忌，有时甚至会回避问题和矛盾。但是这种回避的方式并不能解决任何问题，最好的方式就是坦诚相见，直接向下属展示评价表格，同时管理者应当清楚自己和下属在错误上负有同等的责任，并且自己的判断与实际情况之间也会出现偏差。当发现问题或认识出现偏差时，管理者应当坦率地承认，这种态度有助于与下属进一步沟通，并解决问题。

6. 避免冲突与对抗

冲突和对抗可能会彻底摧毁下属对主管的信任，导致下属对领导产生抵触情绪。双方一旦产生隔阂，问题就不仅仅是一次面谈的失败，很可能会影响今后的合作。因此，当面谈中出现不同意见时，管理者不能用领导的权威对面谈的对象进行压制，而应与面谈的对象进行耐心的沟通，争取得到其理解，同时要站在对方的立场，设身处地，为其着想，争取在平和的氛围中就争议问题达成共识。

7. 形成书面记录

面谈中双方可能谈到工作中的许多问题。因此，对一些重要的问题要记录下来形成书面文字。这样一方面方便组织对绩效资料的管理，另一方面也能让下属感到面谈很正式并且很重要。

二、绩效申诉

由于绩效评价的过程会受到诸如评价标准模糊不清、评价主体的误区、绩效信息不准确等主客观因素的影响，评价结果可能存在不准确或不公平的情况。一旦发生这种情况，绩效评价的可靠性和权威性就会受到影响。因此，有必要建立科学的绩效申诉与争议处理机制。当被评价对象对评价结果存在异议时，可以通过正式途径进行申诉，维护自身权益，提高评价的公平性。所谓绩效申诉，是指由于被评价对象对评价结果持有异议，依据相关制度规定向有权受理申诉的部门提起申诉申请，受理部门依照规定程序对相应的评价过程和结果进行调查核实并提出解决办法的过程。

绩效申诉是健全的绩效管理体系的重要组成部分。但在实践过程中，很多组织由于缺乏绩效申诉制度，造成了组织内部不必要的摩擦和矛盾。建立完善的绩效申诉机制对于保障绩效结果的公平公正，减少组织内部矛盾非常重要，这一点值得管理者高度重视。

第一，绩效申诉能够保障评价的顺利进行，提高评价结果的可接受性、公平性和公正性。当被评价对象对于评价结果产生异议时，可以通过申诉表达。相关部门启动相应的调查，对评价中的问题进行裁决和纠偏，有利于消除被评价对象的不满，促进评价公平公正。

第二，绩效申诉有利于及时发现和纠正评价系统中存在的问题。建立绩效申诉机制是完善绩效评价系统的重要途径。在绩效评价过程中，可能会出现评价不准确的情况。一种情况是由于评价主体的因素，如对评价不够重视、受不当动机和目的支配，甚至出现营私舞弊、打击报复等不正当行为。另一种情况是由于客观评价系统的因素，如评价标准模糊或评价方法不合理等导致的评价不公平。通过绩效申诉，可以为这些问题提供纠错机制。出现这些情况，相关部门需要认真查实，并采取相应措施避免类似情况再次发生。

第三，绩效申诉有利于增强被评价对象对组织的信任感。如果评价存在不公平现象而被评价对象无处申诉，员工首先会对领导失去信任，进而对整个组织产生不信任感。如果建立了绩效申诉制度，员工就有了表达意见的渠道，会让员工感觉受到尊重，就会愿意积极参与到绩效管理过程中，乐于接受评价结果，进而对组织产生信任感。

绩效申诉制度的基本原则贯彻在绩效申诉过程中，其主要有三个方面的原则：

第一，合理原则。受理绩效申诉的部门要本着负责的态度，深入细致地查实相关事实，并依据规定程序做出准确的认定，做到合理合规，不能徇私舞弊。

第二，公开原则。在处理绩效申诉的过程中应尽量公开进行，以使各方了解有关情况，监督申诉处理过程，消除误解。所涉及的申诉信息，除规定必须保密的之外，应尽量公开。此外，申诉结果也要公开，让申诉各方知晓处理结果。要保证绩效申诉处理全过程公开透明。

第三，及时原则。绩效申诉作为一种有效的绩效改进手段，不能拖延推诿。绩效申诉的各个步骤都应在限定的期限内完成，及时做出处理决定。

一般来讲，绩效申诉内容包括以下几个方面：

（1）评价结果。评价结果一般用于对被评价对象的奖惩和晋升，其正确与否关系到被评价对象的利益，是绩效评价中相当重要的一部分。

（2）评价程序。评价程序科学与否影响评价结论的正确性，并有可能侵害到被评价对象的利益。

（3）评价方法。评价方法的选择依赖于具体的绩效指标，如果选择的评价方法不妥，会影响评价结果的准确性。同时，不同评价主体在采用评价方法上可能会存在差异，从而出现使用不同衡量尺度评价同一被评价对象的情况，从而导致评价结果出现不同。

（4）评价指标。评价指标选择不合理，将会导致绩效评价结果失真。

（5）评价信息。用于评价的信息正确与否、真实与否，关系到评价结果的准确性和可靠性。

三、绩效改进

绩效改进既是评价结果的重要应用领域，也是绩效反馈面谈中重要的沟通内容。传统的绩效管理侧重于评价已经发生的工作绩效，而现代绩效管理则强调如何改进绩效，在个人取得进步的同时，实现组织绩效的提升。因此，绩效改进是一个系统进化的过程，是通过对现有绩效状态的分析，找出与理想绩效之间的差距，制定并实施相应的改进措施来缩小绩效差距，从而提升个人、部门和组织绩效水平的过程。绩效改进流程分为绩效分析、绩效改进计划的制订、绩效改进计划的实施与评价三个阶段。

（一）绩效分析

绩效分析的目的在于明确绩效差距，找出存在差距的原因，编制绩效分析报告。

1. 找出绩效差距

将个人、部门和组织的绩效评价量表中的目标值与实际值进行对比，就可以得出个人、部门和组织三个层面的绩效差距。如果在很多方面都存在绩效差距，就需要根据轻重缓急对绩效改进要点进行排序，主要考虑的因素包括改进项目所需的时间、精力和成本。此外，绩效差距与组织战略的相关性程度、绩效改进部门在组织结构中所处位置的重要性程度等都是确定绩效差距排序的重要因素。

2. 分析存在绩效差距的原因

根据学者们的研究，分析存在绩效差距的原因通常采取以下两种方法：

（1）四因素法

四因素法主要从知识、技能、态度和环境四个方面分析绩效不佳的原因。

■知识：员工是否具有从事这方面工作的知识和经验？

■技能：员工是否具备运用知识和经验的技能？

■态度：员工是否有正确的态度和自信心？

■环境：组织的激励政策及直接上级的关系是否影响了员工的积极性？（激励机制）

是不是由于缺乏资源导致最终的不良绩效？（资源）

组织的流程是否影响高绩效的实现？（流程）

组织的人际关系、气氛等是否不利于完成绩效目标？（组织氛围）

是否存在影响绩效的外部不可控因素？（外部障碍）

（2）三因素法

三因素法主要从员工、主管和环境三方面来分析绩效问题。

在员工方面，可能员工采取的行动本身是错误的，或者是应该做的没有去做。原因可能是主管的要求不明确、个人的知识和技能不足、缺少动机等。

在主管方面，主管可能因为管理行为不当而导致员工能力无法发挥，或者主管没有帮助员工改进其工作。通常从两个方面分析主管的管理行为：一是主管做了不该做的事情，比如监督过严，施加不当的压力。二是主管没有做该做的事情，比如没有明确工作要求，对员工的工作没有给予及时、有效的反馈，对员工的建议不重视，不授权给员工，不给员工提供教育和培训的机会，不鼓励员工尝试新思路和新方法。

在环境方面，包括员工工作场所和工作气氛的因素。可能对绩效产生影响的方面有：工具或设备不良、系统不完善、工作条件不良、人际关系紧张、工作方法改变造成工作困难等。

以上两种方法各有特点，前者主要是从完成工作任务的主体来考虑，通过分析员工是否具备承担此项工作的能力和态度来分析产生绩效问题的原因。这种方法容易造成管理缺位，即把绩效问题产生的原因归结为员工主观方面的问题，而忽视了管理者在产生绩效问题方面的责任，不利于全面查找绩效问题的真正原因，同时也不易被员工接受。后者从更宏观的角度去分析问题，较容易把握产生绩效问题的主要原因，并认识到管理者在其中的责任。结合上述两种方法，设计绩效分析表，如表8-1所示。

表8-1　　绩效分析表

影响绩效的维度		绩效不良的原因	备注
员工	知识		
	技能		
	态度		
主管	辅导		
	其他		
环境	内部		
	外部		

3. 编制绩效分析报告

绩效分析报告是对前期绩效分析工作的汇总和总结。要按照个人、部门和组织三个层次编制分析报告，一方面揭示现阶段的绩效差距及原因，另一方面为下一步设计和实施绩效改进计划打下基础。

（二）绩效改进计划的制订

1. 改进措施的选择

一般来说，员工可采取的行动包括：向主管或有经验的同事学习，观摩他人的做法，参加组织内外的有关培训，参加相关领域的调研会，阅读有关书籍，参加某一实际工作项目或团队，在主管的指导下训练等。主管可采取的行动包括：参加组织内外关于绩效管理、人员管理等培训，向组织内有经验的管理人员学习，向人力资源管理专家咨询等。在环境方面，管理者可以适当调整部门内的人员分工或进行部门间的岗位轮换，以改善内部人际关系。在资源允许的条件下，尽量改善工作环境和工作条件等。

2. 改进计划的制订

制订改进计划实际上就是具体规划应该改进什么、由谁来做、何时做以及如何做的过程。个人层面的绩效改进计划如表 8-2 所示。

表 8-2　　绩效反馈面谈和改进计划模板

<table>
<tr><td colspan="2">面谈时间</td><td></td><td>面谈地点</td><td></td></tr>
<tr><td colspan="5">评价结果</td></tr>
<tr><td colspan="2">财务</td><td></td><td>客户</td><td></td></tr>
<tr><td colspan="2">内部流程</td><td></td><td>学习与成长</td><td></td></tr>
<tr><td colspan="2">行为能力</td><td></td><td>其他</td><td></td></tr>
<tr><td colspan="2">总分与等级</td><td colspan="3"></td></tr>
<tr><td colspan="5">本期不良绩效陈述</td></tr>
<tr><td colspan="5"></td></tr>
<tr><td colspan="5">本期不良绩效原因分析</td></tr>
<tr><td colspan="3">影响绩效维度</td><td>具体问题</td><td>原因分析</td></tr>
<tr><td rowspan="3">员工</td><td colspan="2">知识</td><td></td><td></td></tr>
<tr><td colspan="2">技能</td><td></td><td></td></tr>
<tr><td colspan="2">态度</td><td></td><td></td></tr>
<tr><td rowspan="2">主管</td><td colspan="2">辅导</td><td></td><td></td></tr>
<tr><td colspan="2">其他</td><td></td><td></td></tr>
<tr><td rowspan="2">环境</td><td colspan="2">内部</td><td></td><td></td></tr>
<tr><td colspan="2">外部</td><td></td><td></td></tr>
</table>

表8-2(续)

备注			
绩效改进计划			
采取的措施	改进目标	执行者/责任人	改进时限
备注			
面谈对象签字		面谈者签字	

在制订改进计划的过程中，有两个方面需要重点把握：一是绩效改进措施应当尽量具体并富有针对性。除了确定每个改进项目的内容和实现手段外，还需要确定每个改进项目的具体责任人和时限要求，并且可以说明需要的帮助和资源。二是绩效改进计划应当是在管理者和员工充分沟通的基础上制订的。单纯按照管理者的想法制订绩效改进计划，可能会使改进项目脱离实际。单纯按照员工个人的想法制订改进计划，虽然可以激发其积极性，但可能会出现避重就轻的情形，漏掉重要的项目。

（三）绩效改进计划的实施与评价

在制订绩效改进计划之后，管理者要适时监督绩效改进工作是否按照预期的计划执行，并且根据被评价对象在绩效改进过程中的实际执行情况，及时修订和调整不合理的改进计划。同时，管理者要主动与员工沟通，了解员工在改进过程中遇到的困难和障碍，了解员工需要管理者提供怎样的帮助。

此外，管理者需要对绩效改进计划定期进行评价和反馈，根据前后评价结果对比，确定改进计划成效。如果员工绩效有明显提升，那么今后就可以在一定范围内推广使用。如果员工在两次评价中的结果并没有显著提高，则应该反思绩效改进计划的有效性，并与员工一起探讨分析，完善下一次的绩效改进计划。

四、评价结果的运用

绩效管理是人力资源管理系统的核心，而评价结果能否被有效运用，关系到整个绩效管理系统的成败。如果评价结果没有得到有效运用，就会出现绩效管理与人力资源管理其他环节（晋升、培训、薪酬等）脱节的情况，产生绩效管理“空转”现象。久而久之，员工会认为评价只是例行公事，对自身没有实质性的影响，绩效管理也就失去了应有的作用。

一般来讲，评价结果除了被运用于绩效诊断与绩效改进外，还应该被运用于人力资源管理其他子系统中，如招聘与甄选、职位变动、培训与开发、薪酬等。其中，最重要的应用是薪酬分配。

（一）招聘与甄选

招聘与甄选是人力资源管理的重要职能之一，是指组织运用一定的手段和工具，对求职者进行鉴别和考察，区分它们的人格特点与知识技能水平，预测它们的未来工作绩效，最终挑选出组织所需要的适当的职位空缺填补者的过程。在研究招聘与甄选的效度（有效性）时，通常都选用绩效评价结果作为员工实际绩效水平的替代，担当重要的效标。也就是说，在绩效评价系统准确的前提下，如果某人的评价结果比较优秀，那么说明招聘与甄选的预测效度较好，是有效的；反之，就说明招聘与甄选的预测效度不佳，需要在方法技术上进一步完善。

（二）岗位变动

评价结果是岗位变动的重要依据。岗位变动不仅包括纵向的晋升或降职，还包括横向的工作轮换。如果评价的结果表明某些人员无法胜任现有的工作岗位，就需要查明原因并果断地进行岗位调换，将其从现有的岗位上换下，并安排到其他他（她）能够胜任的岗位上。同时，通过绩效评价还可以发现优秀的、有发展潜力的员工，进行积极的培养和大胆的提拔，这种培养包括各个岗位的轮换，培养其全面的能力并熟悉组织的运作，为今后走上更重要的岗位做好准备。

（三）培训与开发

人力资源的培训与开发是一种提高个人能力和组织绩效的有计划的连续性的工作。培训的主要目的是使组织成员获得目前所需的知识和能力，着眼于当前的工作。而开发的主要目的是使组织成员获得未来工作所需的知识和能力。通过绩效评价和绩效分析，组织可以找出员工在个人知识、技能等方面存在的导致他（她）不能完全胜任工作的缺点和不足，进而有针对性地进行培训。另外，组织也可以对员工未来所需的知识或技能进行开发。当然，绩效评价结果也可以作为培训的目标。

（四）薪酬分配

我们通常所讲的薪酬是指员工因被雇佣而获得的各种以物质形态存在的经济收入、有形服务和福利等，包括基本薪酬、股票期权、绩效奖金、利润分享、加班及假日津贴等直接薪酬，以及保护项目、带薪休假、服务及额外津贴等间接薪酬。绩效评价最初的目的就是为了更好地评价个人对团队或组织绩效的贡献，以更好地在薪酬分配过程中体现公平原则。一般而言，为了强调薪酬的公平性并发挥薪酬的激励作用，员工的薪酬中有一部分与绩效挂钩，当然职务或岗位不同，与绩效挂钩的部分在总薪酬中所占的比例会有所不同。只有将绩效评价结果与薪酬联系起来，才能够使绩效评价发挥应有的行为引导作用。

第九章　银行绩效管理“1-2-3-4”法则

在前面章节中，我们阐述了包括战略目标分解、绩效指标设计、指标权重设计等内容，但这些更多的是涉及银行整体绩效管理层面的范畴。在实际工作中，基层银行绩效管理有着很大的不同，常常面临着如何规范绩效管理操作、如何分解考核指标、如何设置指标权重、如何合理分配任务、如何开展绩效诊断等诸多实际问题的困扰。

解决好这些实际操作难题，对于绩效管理的有效落地至关重要。笔者根据长期的银行基层绩效管理工作经验，总结提炼了银行基层网点成功的绩效管理“1-2-3-4”法则，即“一个体系”“两项诊断”“三项技术”“四大关键”。

一、一个体系

“一个体系”是指网点员工绩效指标体系。如果我们将组织的战略地图比作军队行军地图的话，那么体系表则可以被看成军队作战的排兵布阵图。在这张体系表中，不仅结合网点定位对岗位进行了分类，而且统一标明了全行所有岗位的考核指标和权重。透过这张体系表，我们可以一目了然地了解支行全部岗位的考核指标全貌，如表 9-1 所示。

表 9-1　　某支行网点岗位绩效指标体系（示例）

维度		岗位 / 权重 / 指标	网点主任				客户经理				…	柜员			
			城区服务网点			“三农”服务网点	城区服务网点			“三农”服务网点	…	城区服务网点			“三农”服务网点
			对公型网点	综合型网点	零售型网点		对公型网点	综合型网点	零售型网点		…	对公型网点	综合型网点	零售型网点	
		网点归类													
财务		—	—	—	—	—		—	—	—	—	—	—	—	—
客户	零售“三农”指标	个人存款日均增量	10	13	16	13	11	14	17	16	…	11	11	11	12
		管户客户年日均金融资产净增	3	3	4	3	3	3	4	3	…	3	3	3	3
		个人贵宾客户净增	3	3	5	3	4	4	5	3	…	3	3	3	3
		贵宾客户升等	2	2	3	2	2	2	3	2	…	2	2	2	2
		贵宾客户产品交叉销售率提升	2	2	2	2	2	2	2	2	…	2	2	2	2
		新增有效信用卡客户数	2	3	3	2	2	3	3	2	…	2	2	2	2
		信用卡分期业务量					3	3	3	2	…				
		个人电子银行活跃客户净增					2	2	3	2	…	2	2	2	2
		非住房个贷净增					2	3	3	2	…				
		零售重点产品营销					13	15	18	13	…	13	13	13	12
		分管客户关系维护	3	3	3	2	2	2	2	2	…	2	2	2	2
		“三农”业务产品营销				15				19	…				

表9-1(续)

维度		岗位/权重/指标	网点主任				客户经理				…	柜员			
			城区服务网点			“三农”服务网点	城区服务网点			“三农”服务网点	…	城区服务网点			“三农”服务网点
		网点归类	对公型网点	综合型网点	零售型网点		对公型网点	综合型网点	零售型网点		…	对公型网点	综合型网点	零售型网点	
客户	对公指标	对公存款日均增量	9	7	7	5	10	8	7	7	…				
		对公有效结算账户净增	4	3	2	2	5	4	2	2	…				
		小微企业贷款净增	3	3	1		4	4	2		…				
		对公客户产品交叉销售率提升	2	2	2		2	2	2	1	…				
		企业电子银行活跃客户净增	2	2	1	1	2	2	1	1	…				
		对公结算与现金业务收入	2	2	1	1	2	2	1	1	…				
		重点客户名单制营销	4	3	1		4	3	1		…				
		对公重点产品营销					6	3	2	1	…				
内部流程		业务量									…	30	30	30	30
		识别推荐									…	15	15	15	15
		到期贷款现金收回率	2	2	2	2	2	2	2	2	…				
		不良贷款清收与核销	2	2	2	2	2	2	2	2	…				
		岗位履职考核	40	40	40	40	10	10	10	10	…	10	10	10	10
学习与成长		岗位资格认证	2	2	2	2	2	2	2	2	…	2	2	2	2
		培训计划完成率	3	3	3	3	3	3	3	3	…	3	3	3	3
加扣分项目			±5分												
总分			100	100	100	100	100	100	100	100	…	100	100	100	100

网点员工绩效指标体系表是在体现各岗位核心职责的基础上，通过分解、承接网点平衡计分卡而制定的，其作用是：

第一，可以帮助管理者从总体上把握全行所有岗位绩效考核的全貌，既便于对相同岗位进行纵向分析，也便于对不同岗位进行横向比较，可以说是一张全方位的“考核雷达表”。

第二，有利于员工根据自身岗位，很方便地在体系表中对号入座，找到自己对应的绩效考核坐标，可以说是一张指引方向的“考核导航表”。

第三，可以帮助支行绩效管理员依据体系表高效率地对相同岗位批量制订个人绩效计划书，保证了全行个人绩效计划在形式上和内容上的规范统一，有效地避免了由于各网点绩效管理水平不同而可能造成员工个人绩效计划书五花八门、各行其是的现象，可以说是一张高效的“管理工具表”。

第四，作为一种沟通载体，可以帮助基层网点与支行就员工个人绩效计划在考核实施前进行有效沟通，通过沟通，可以使员工更加明确自己接下来的工作目标，同时也可以使员工更加清晰地看到自己与相同岗位的其他员工公平地处在绩效考核的同一条起跑线上，可以说是一张“沟通分析表”。

二、两项诊断

所谓绩效诊断（Performance Diagnosis），就是通过运用一定的工具和方法，对组织和个人的绩效状况进行分析，找到引起各种绩效问题的原因，为绩效改进指明方向。绩效管理是一个 PDCA 的循环，在循环中实现组织和个人绩效的改进和能力的提升，其中最有价值的一个环节就是绩效改进。为了找到改进点，绩效诊断和分析非常重要，只有做好了诊断才能使绩效改进有的放矢。目前，很多银行基层网点尚未形成主动开展绩效诊断的习惯，或者还缺乏绩效诊断的有效方法。“两项诊断”包括管理执行诊断和个人绩效诊断。

（一）管理执行诊断

管理执行诊断是指从支行管理层面来检视绩效管理制度和流程的执行情况，找出、分析和改进绩效管理执行中存在的问题的活动过程。它是涵盖了战略规划、绩效计划、绩效监控、绩效评价和绩效反馈五个环节的全流程诊断。如表 9-2 所示。

表 9-2　支行绩效管理执行诊断表（示例）

诊断项目		序号	诊断内容	执行情况
战略规划	组织机构	1	是否成立了支行和网点的绩效管理机构	
	战略目标	2	支行和网点的战略目标是什么	
	战略制定	3	如何规划本级组织的区域战略、客户战略、产品战略和渠道战略	
		4	配套的支撑保障措施如何	
		5	是否有明晰的支行和网点战略地图	
	员工参与	6	员工是否知晓甚至参与组织战略规划的制订	
绩效计划	计划制订	7	关键绩效指标是否来自上一级组织绩效计划的分解与承接	
		8	独有指标是否体现了岗位的核心职责，可否衡量	
		9	是否实施了“一行（点）一策”，网点定位是否清晰	
		10	个人绩效计划是否自上而下由支行主导制订	
	计划审核	11	支行绩效管理机构是否履行了计划审核职责	
	计划反馈	12	员工绩效反馈渠道是否畅通	
	绩效培训	13	是否组织员工进行了绩效培训	
绩效监控	监控工具	14	是否建立了员工实时绩效监控台账	
	业绩分成	15	是否建立了业绩分成机制	
	绩效收集	16	是否每天对员工业绩和绩效行为进行确认和记录	
	绩效沟通	17	是否建立了定期和不定期的员工绩效沟通和帮助机制	
	绩效跟踪	18	是否持续跟踪员工绩效进展	

表9-2(续)

诊断项目		序号	诊断内容	执行情况
绩效评价	绩效培训	19	是否经常组织评价主体开展绩效管理培训	
	考核支持	20	对于一些系统批量生成的考核数据，支行能否及时支持，以减轻网点负担	
绩效反馈	绩效面谈	21	是否及时向员工反馈绩效考核结果	
		22	面谈前期准备是否充分	
	绩效申诉	23	员工绩效申诉渠道是否畅通	
	绩效改进	24	是否实施绩效改进计划，并保持追踪	
	结果运用	25	绩效结果是否运用于培训开发、个人职业发展和岗位晋升	
	绩效建档	26	员工绩效结果是否定期归档	

（二）个人绩效诊断

个人绩效诊断是指通过对员工个人绩效进行实时监控，及时发现个人业绩与目标任务的“缺口”，进而分析产生“缺口”的原因，并提出绩效改进措施的活动过程。员工业绩出现“缺口”只是表象，背后的真正原因可能是员工的知识、技能、态度问题，也可能是管理者的管理行为不当，或者是工作条件和工作氛围等环境因素等，如表 9-3 所示。

表 9-3　员工业绩监控与分析表（示例）

员工姓名：　　　　单位：　　　　岗位：　　　　上级岗位名称：

考核指标 / 任务进度		财务	客户								内部流程		学习与成长	
			零售指标					对公指标						
		—	个人存款日均增量（万元）	管户客户年日均金融资产增量（万元）	个人贵宾客户净增（户）	信用卡有效客户新增（户）	……	对公存款日均增量（万元）	对公有效结算账户净增（户）	……	岗位履职考核	……	培训计划	……
权重分		—					……			……		……		……
单位权重分		—					……			……		……		……
阶段目标	年度任务	—					……			……		……		……
	季度任务	—					……			……		……		……
	本季累计完成	—					……			……		……		……
	本季缺口累计	—					……			……		……		……
	月度任务	—					……			……		……		……
	每周任务	—					……			……		……		……
	每日任务	—					……			……		……		……
9 月 1 日		—					……			……		……		……
9 月 2 日		—					……			……		……		……
……		—					……			……		……		……
9 月 30 日		—					……			……		……		……
本月合计		—					……			……		……		……
本月缺口		—					……			……		……		……

表9-3(续)

业绩缺口原因分析				
影响绩效维度		具体问题	原因分析	
员工	知识			
	技能			
	态度			
主管	辅导			
	其他			
环境		内部		
采取的措施		改进目标	执行者/责任人	改进时限

在上述员工业绩监控和分析表中，通过每日的业绩录入，可以随时观察发现员工业绩“缺口”的动态变化。当然，理想的情况是零“缺口”，但如果缺口持续出现或缺口过大，比如，员工在某项绩效指标上的“缺口”（与目标计划差距）一旦超过10%的警戒线，主管应迅速采取干预措施，及时进行面谈沟通，分析原因，共同制定绩效改进措施。

三、三项技术

在商业银行绩效管理实践中，如何设计绩效指标、如何设置指标权重、如何分配任务，一直都是困扰银行基层网点的一个难题。虽然前面章节对关键绩效指标和权重设计有所阐述，但其更多涉及的是银行整体层面的设计问题，并不能完全解决基层支行所面临的实际操作难题，一个简便、实用、有效的技术方法才是当前基层支行所迫切需要的。

（一）网点岗位绩效指标设计

岗位绩效指标来源于两个途径：一是来源于对网点平衡计分卡指标的分解和承接，二是来源于岗位自身的核心职责。一般来讲，网点绩效指标由支行主导设计，网点协助配合。网点岗位绩效指标设计分为以下两个步骤：

1. 设计网点绩效指标

正如前面章节所述，在支行的平衡计分卡制定完成后，需要进一步向下分解，将支行层面的指标落实到各个网点，形成网点的平衡计分卡。

在支行平衡计分卡向下分解的过程中，指标纵向分解方式主要有两种：承接、分解。这种承接和分解，体现了银行组织战略目标自上而下的传导，是银行战略管理的要求。但是，具体到各个支行，由于其所处的经营环境各不相同，其面对的目标市场和客户结构存在很大的差异。因而，支行在制定网点平衡计分卡时不能简单地“一刀切”，还需要结合自身实际，设计具有支行特色的独有指标。所以，科学的指标设计方法应该是：在上级平衡计分卡的基础上，结合自身业务和客户实际，构建符合支行自身特点的网点平衡计分卡指标。如表 9-4 所示。

表 9-4　　网点绩效指标开发设计（示例）

支行平衡计分卡绩效指标

维度		考核指标
财务		人均经济增加值
		经济资本回报率
		成本收入比
客户	零售	个人存款日均增量
		个人贵宾客户净增
		贵宾客户产品交叉销售率提升
		有效信用卡客户净增
		信用卡业务收入
		电子银行业务收入
		个人电子银行活跃客户净增
		非住房个贷净增
		零售重点产品营销
		“三农”业务产品
	对公	对公存款日均增量
		对公客户结算账户净增
		对公客户产品交叉销售率提升
		企业电子银行活跃客户净增
		对公结算与现金业务收入
		重点客户名单制营销
		对公重点产品营销
内部流程		风险内控评价
		基础管理评价
		网点转型
学习与成长		岗位资格认证
		培训计划完成率

网点平衡计分卡绩效指标

维度		考核指标	指标来源
财务		人均经济增加值	分解
客户	零售	个人存款日均增量	分解
		管户客户年日均金融资产净增	独有
		个人贵宾客户净增	分解
		个人贵宾客户升等	独有
		贵宾客户产品交叉销售率提升	承接
		有效信用卡客户净增	分解
		信用卡业务收入	分解
		电子银行业务收入	分解
		个人电子银行活跃客户净增	分解
		非住房个贷净增	分解
		零售重点产品营销	分解
		分管客户关系维护	独有
		“三农”业务产品	分解
	对公	对公存款日均增量	分解
		对公客户结算账户净增	分解
		小微企业贷款净增	独有
		对公客户产品交叉销售率提升	承接
		企业电子银行活跃客户净增	分解
		对公结算与现金业务收入	分解
		重点客户名单制营销	分解
		对公重点产品营销	分解
内部流程		风险内控评价	承接
		基础管理评价	承接
		网点转型	承接
学习与成长		岗位资格认证	承接
		培训计划完成率	承接

例如表 9-4 所示的案例支行。首先，通过承接和分解方式，将支行平衡计分卡大部分绩效指标落实到了网点，这样就确保了上级考核政策得到有效传导。其次，该行通过“一行（点）一策”分析，找到了一直以来制约支行个人业务发展的主要原因——个人贵宾客户管理基础薄弱。因此，该行设计了“客户年日均金融资产净增”“个人贵宾客户升等”“分管客户关系维护专项考核”三项独有指标纳入网点平衡计分卡，以强化个人贵宾客户考核来改变个人业务发展滞后的状况。此外，由于该行与国家级高新技术工业园区相邻，有着得天独厚的小微企业客户资源优势，是该行主要的目标客户群。因此，该行将“小微企业贷款净增”纳入网点的考核，作为独有绩效考核指标。所以，设计科学合理的独有指标，不仅有利于弥补业务短板，而且能够发挥优势，提升竞争能力。一般来讲，独有绩效指标需要报上级行审核同意后方可纳入网

点绩效指标体系。另外，对于支行平衡计分卡中不能承接或分解到网点的绩效指标（一般在网点层面难以取值），可以采取其他相近指标来代替，否则可以不纳入网点平衡计分卡。

2. 设计网点岗位绩效指标

网点岗位绩效指标来源包括分解、承接和独有三种方式。即使是分解和承接，也必须以岗位的核心职责为前提来对接网点绩效指标。如图 9-1 所示。

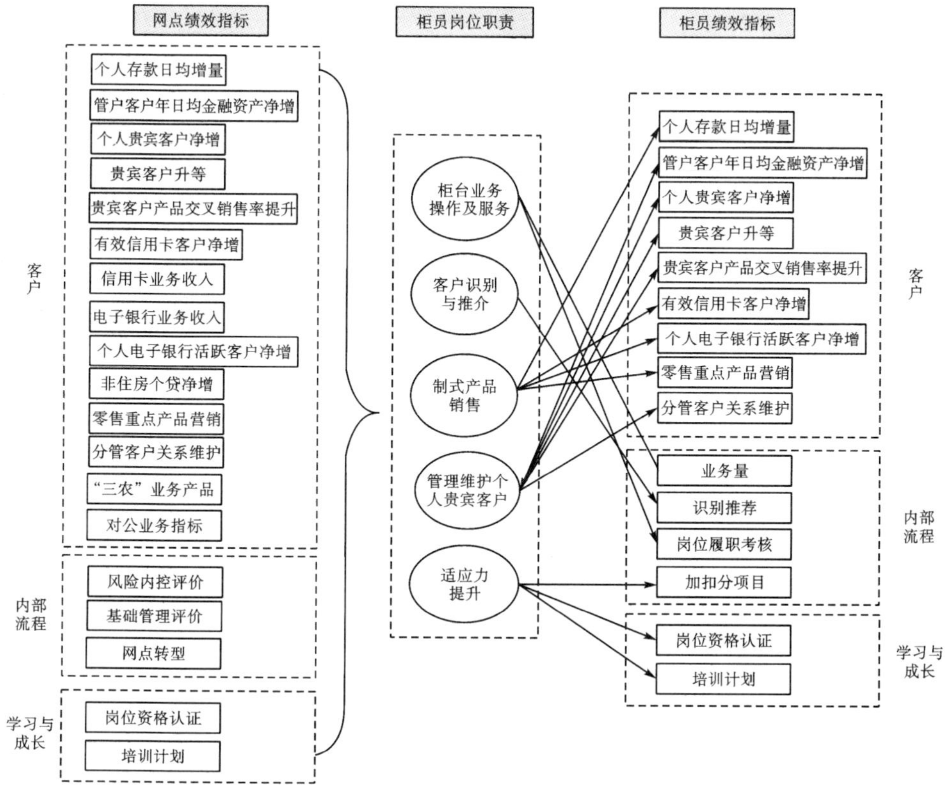

图 9-1 某网点柜员岗位绩效指标开发设计

以柜员岗位为例，我们知道柜员岗位的核心职责按其重要性顺序依次分别为：柜台业务服务、客户识别推介、产品销售和个人贵宾客户维护等。我们可以根据其核心职责与网点绩效指标进行如下对应开发：

（1）柜台业务操作与服务职责对应：业务量、岗位履职。

（2）客户识别与推介职责对应：识别推介。

（3）产品销售职责对应：个人存款日均增量、有效信用卡客户净增、个人电子银行活跃客户净增、零售重点产品营销。

（4）管理维护个人贵宾客户职责对应：管户客户年日均金融资产净增、个人贵宾客户净增、个人贵宾客户升等、贵宾客户产品交叉销售率提升、分管客户关系维护。

（5）适应力提升职责对应：岗位资格认证、培训计划完成率、加扣分项目。

通过以上两个步骤，我们可以设计出支行全部岗位的绩效指标。

（二）网点岗位绩效指标权重设计

在前述章节中，我们介绍了权重因子法、德尔菲法以及层次分析法等绩效指标权重的设计方法，但这些方法涉及的都是组织整体层面的绩效指标权重设计，并不适合于基层网点对上级行绩效指标权重的分解和承接。同样，网点绩效指标权重由支行主导设计，网点协助配合。网点岗位绩效指标权重设计分为两个步骤：

1. 设计网点绩效指标权重

网点绩效指标权重是制定网点岗位绩效指标权重的依据，同时也承担着传导上级行考核意图的重要任务。因此，我们在设计网点绩效指标权重的时候，不仅要准确地把握上级行的绩效政策，同时还要注意与网点经营特点相结合，以体现不同网点差异化的特性。如表 9-5 所示，其设计步骤是：

（1）通过网点“一点一策”分析，明确网点定位。如案例支行根据辖内各网点业务结构和客户特点，将网点划分为城区对公业务型网点、城区综合业务型网点、城区零售业务型网点和“三农”零售业务型网点四类，四类网点对公指标与零售指标权重占比分别为 4∶6、3∶7、2∶8 和 1.5∶8.5。

表 9-5　　　　　　　　网点绩效指标权重（示例）

维度		指标	考核权重				封顶比例（%）
			对公型网点	综合型网点	零售型网点		
			城区服务网点			“三农”服务网点	
		网点归类					
财务（10）		人均经济增加值	10				100
客户（75）	零售指标	个人存款日均增量	10	12	14	14	150
		管户客户年日均金融资产净增	3	3	4	3	150
		个人贵宾客户净增	3	3	4	3	150
		贵宾客户升等	2	2	3	2	150
		贵宾客户产品交叉销售率提升	2	2	2	2	150
		有效信用卡客户净增	2	3	3	2	130
		信用卡业务收入	3	3	3	2	130
		电子银行业务收入	2	3	3	2	130
		个人电子银行活跃客户净增	2	2	3	2	130
		非住房个贷净增	2	3	3	2	130
		零售重点产品营销	12	13	16	12	130
		分管客户关系维护	2	2	2	2	
		“三农”业务产品				16	130
		零售指标权重小计	45	51	60	64	

表9-5(续)

维度		指标	考核权重				封顶比例（%）
			对公型网点	综合型网点	零售型网点		
			城区服务网点			“三农”服务网点	
		网点归类					
客户（75）	对公指标	对公存款日均增量	8	6	5	5	150
		对公有效结算账户净增	4	3	2	2	150
		小微企业贷款净增	3	3	1		130
		对公客户产品交叉销售率提升	2	2	2	1	130
		企业电子银行活跃客户净增	2	2	1	1	130
		对公结算与现金业务收入	2	2	1	1	130
		重点客户名单制营销	4	3	1		130
		对公重点产品营销	5	3	2	1	130
		对公指标权重小计	30	24	15	11	
内部流程（10）		风险内控评价	4				
		专项考核	2				
		网点转型	4				
学习与成长(5)		岗位资格认证	2				
		培训计划完成率	3				
总分			100				130

（2）根据支行绩效平衡计分卡，确定网点财务、客户、内部流程、学习与成长四个层面权重。

（3）确定网点平衡计分卡学习与成长、内部流程和财务维度内各绩效指标权重。

（4）根据网点类型，确定网点平衡计分卡客户维度内各绩效指标权重。

经过以上步骤，最后形成一套完整的网点绩效指标权重表。

2. 设计网点岗位绩效指标权重

根据网点绩效指标权重，结合岗位核心职责，就可以设计网点岗位绩效指标权重。以网点柜员岗位为例，如表 9-6 所示，其设计步骤是：

（1）确定学习与成长、内部流程维度指标权重。首先通过承接方式确定学习与成长维度指标权重。其次由支行组织相关部门经理、网点主任和柜员代表，运用头脑风暴法，讨论确定业务量、识别推荐和岗位履职考核等独有指标权重。当然，也可以取大家赋值的平均值为权重。应注意的是，这两个维度的指标权重在所有网点柜员岗位的横向运用应是相同的。

（2）确定客户维度指标权重。根据网点类型，将该岗位客户维度的各项绩效指标权重进行折算，得到折算权重。

（3）对客户层面指标折算权重进行微调。

（4）与网点员工进行绩效计划沟通，如有必要再进行微调。

表 9-6　　　　某网点柜员绩效考核指标表（示例）

维度		网点绩效指标 / 权重 / 指标 / 岗位	柜员绩效指标				指标来源
			城区服务网点			“三农”服务网点	
			对公型网点	综合型网点	零售型网点		
		网点归属					
财务		—	—	—	—	—	—
客户	零售指标	个人存款日均增量	11	11	11	12	分解
客户	零售指标	管户客户年日均金融资产净增	3	3	3	3	分解
客户	零售指标	个人贵宾客户净增	3	3	3	3	分解
客户	零售指标	贵宾客户升等	2	2	2	2	分解
客户	零售指标	贵宾客户产品交叉销售率提升	2	2	2	2	承接
客户	零售指标	有效信用卡客户净增	2	2	2	2	分解
客户	零售指标	个人电子银行活跃客户净增	2	2	2	2	分解
客户	零售指标	零售重点产品营销	13	13	13	12	分解
客户	零售指标	分管客户关系维护	2	2	2	2	承接
内部流程		业务量	30	30	30	30	独有
内部流程		识别推荐	15	15	15	15	独有
内部流程		岗位履职考核	10	10	10	10	独有
学习与成长		岗位资格认证	2	2	2	2	承接
学习与成长		培训计划完成率	3	3	3	3	承接
加扣分项目			±5 分				承接
总分			100	100	100	100	

（5）报支行绩效考核委员会审定，最终确定各岗位客户维度的关键绩效指标权重。值得注意的是，不同类型的网点，同一客户维度指标权重可能不同。

经过以上步骤，最后得到一套完整的网点岗位绩效指标权重表。

以城区对公型网点柜员的“个人存款日均增量”指标为例，其权重计算一般为：

（1）根据对应的网点类型，确定可以分配到客户维度绩效指标的总权重，即 100-55（内部流程）-5（学习与成长）= 40 分。

（2）计算柜员绩效指标在网点考核指标体系中的合计权重，即为 38 分。

（3）计算柜员各客户层面的绩效指标折算权重，例如“个人存款日均增量” = $10/38\times40=11$ 分。

值得注意的是，上述绩效指标设计和绩效指标权重设计应结合起来，而不是分割开的两项工作。

（三）任务分配

任务分配是一个敏感而令人头疼的问题。公平合理的任务分配不仅有利于调动广大员工的工作积极性，而且也有利于促进组织战略目标的顺利实现。员工的参与是确保任务分配公平合理的重要前提。同时，岗位职责、资源配置等重要内部因素，以及经营环境、客户资源等重要外部因素是合理分配任务的重要依据。因此，通过集思广益，建立一个符合自身实际，综合考虑多因素、多维度的任务分配模型十分关键。任务分配模型包括网点任务分配模型和岗位任务分配模型。

1. 任务分配模型设计步骤

（1）召集包括部分部门经理、网点主任以及其他具有一定绩效管理知识的人员成立任务分配模型开发小组。

（2）向小组成员提出网点任务和岗位任务分配的问题及有关要求，并逐个指标向大家培训绩效考核指标，包括指标定义、考核口径、计分规则和实现业绩的途径。

（3）逐个指标分析影响其实现的内外部影响因素。

（4）讨论即将结束时，要求大家填写相关表格，按影响考核指标的程度大小排序，并赋予权重。

（5）将小组成员第一次的判断意见进行整理汇总，列成图表，进行对比，再分发给各位小组成员，让各位成员比较自己与他人的不同意见，修改自己的意见和判断。

（6）再次将所有成员的修改意见收集起来，汇总整理后再次分发给大家，以便做第二次修改。收集意见和信息反馈一般经过三至四轮。在向各位成员进行反馈的时候，只给出各种意见，并不说明发表各种意见的成员的姓名。这一过程重复进行，直到每一位成员不再改变自己的意见为止。

（7）对大家的意见进行综合处理，确定各种主要影响因素及权重。

（8）设置计算公式，建立任务分配模型。

（9）将近三年计划任务导入任务分配模型，验证其合理性。

（10）一个考核周期结束后，征求各小组成员意见，以便不断完善。如有新增考核指标，其任务分配模型开发程序同上。

2. 任务分配模型

以某支行为例，经过上述开发流程后，影响网点指标任务分配的主要因素和任务分配模型如表 9-7 和表 9-8 所示。

表 9-7　　影响网点指标任务的主要因素和权重（示例）

指标名称	主要影响因素及权重
个人存款日均增量	近 3 年历史增量（35%）、网点潜力以上客户折算数（35%）、网点员工数（20%）、前台柜台数（10%）
个人贵宾客户净增	近 3 年历史增量（35%）、网点潜力以上客户折算数（35%）、网点员工数（15%）、前台柜台数（15%）
管户客户年日均金融资产净增	
理财产品销售	网点潜力以上客户折算数（45%）、网点员工数（35%）、前台柜台数（20%）
基金销售	
贵金属销售	

表9-7（续）

指标名称	主要影响因素及权重
有效信用卡客户净增	网点潜力以上客户折算数（45%）、网点员工数（40%）、网点上一年度信用卡激活率（15%）
……	……

表 9-8　　网点任务分配模型（示例）

<table>
<tr><th>关键绩效指标</th><th>任务分配模型</th></tr>
<tr><td>个人存款日均增量</td><td>1. X＝近 3 年历史增量 35%＋网点潜力以上客户折算数 35%＋网点员工数 20%＋前台柜台数 10%；
2. Y＝X×（1+重点网点 15%）；
3. M＝Y×（1+近 3 年是否装修 5%）；
4. N＝M×当年装修影响（1−@）；
@——网点年中装修时间因素（1～2 个月为 5%，2～4 个月为 10%，4 个月以上为 15%）</td></tr>
<tr><td>个人贵宾客户净增</td><td rowspan="2">1. X＝近 3 年历史增量 35%＋网点潜力以上客户折算数 35%＋网点员工数 15%＋前台柜台数 15%；
2. Y＝X×（1+重点网点 15%）；
3. M＝Y×（1+近 3 年是否装修 5%）；
4. N＝M×当年装修影响（1−@）；
@——网点年中装修时间因素（1～2 个月为 5%，2～4 个月为 10%，4 个月以上为 15%）</td></tr>
<tr><td>管户客户年日均金融资产净增</td></tr>
<tr><td>理财产品销售</td><td rowspan="3">1. X＝网点潜力以上客户折算数 45%＋网点员工数 35%＋前台柜台数 20%；
2. Y＝X×（1+重点网点 15%）；
3. M＝Y×（1+近 3 年是否装修 5%）；
4. N＝M×当年装修影响（1−@）；
@——网点年中装修时间因素（1～2 个月为 5%，2～4 个月为 10%，4 个月以上为 15%）</td></tr>
<tr><td>基金销售</td></tr>
<tr><td>贵金属销售量</td></tr>
<tr><td>有效信用卡客户净增</td><td>1. X＝上年度网点信用卡激活率 15%＋网点潜力以上客户折算数 45%＋网点员工数 40%；
2. Y＝X×（1+近 3 年是否装修 5%）；
3. M＝Y×当年装修影响（1−@）；
@——网点年中装修时间因素（1～2 个月为 5%，2～4 个月为 10%，4 个月以上为 15%）</td></tr>
<tr><td>……</td><td>……</td></tr>
</table>

影响岗位指标任务分配的主要因素和任务分配模型如表 9-9 和表 9-10 所示。

表 9-9　　影响岗位指标任务的主要因素和权重（示例）

指标	主要影响因素及权重
个人存款日均增量	个人贵宾客户管户数（49%）、个人岗位（30%）、个人贵宾客户管户年日均金融资产余额（21%）
个人贵宾客户净增	潜力个人客户管户数（70%）、个人岗位（30%）

表9-9(续)

指标	主要影响因素及权重
管户客户年日均金融资产净增	个人贵宾客户管户数（70%）、个人岗位（30%）
理财产品销售	个人贵宾客户管户数（50%）、个人岗位（50%）
基金销售	
贵金属销售	
有效信用卡客户净增	个人贵宾客户管户数（100%）、个人岗位（30%）
……	……

表 9-10　　岗位任务分配模型（示例）

关键绩效指标	任务分配模型
个人存款日均增量	1. W=70%×网点年度净增任务×［（该管户人员年初个人贵宾客户管户折算数/网点年初全部个人贵宾客户折算数）×70%+（该管户人员年初个人贵宾客户年日均金融资产余额/网点年初全部个人贵宾客户年日均金融资产余额）×30%］+30%×网点年度净增任务/管户人员数； 2. 高级客户经理任务=客户经理任务×124%，下同。
个人贵宾客户净增	W=70%×网点年度个人贵宾客户增量任务×（该管户人员年初个人贵宾客户管户折算数/网点年初全部个人贵宾客户折算数）+30%×网点年度个人贵宾客户增量任务/管户人员数；
管户客户年日均金融资产净增	W=70%×网点年度个人贵宾客户金融资产增量任务×（该管户人员年初个人贵宾客户管户折算数/网点年初全部个人贵宾客户折算数）+30%×网点年度个人贵宾客户金融资产增量任务/管户人员数；
理财产品销售	1. W=50%×网点年度任务×（该管户人员年初个人贵宾客户管户折算数/网点年初全部个人贵宾客户折算数）+50%×网点年度增量任务/管户人员数； 2. 低柜柜员任务=W×115%； 3. 高柜柜员任务=W×115%×90%；
基金销售	
贵金属销售	
有效信用卡客户净增	1. W=70%×网点年度任务×（该管户人员年初个人贵宾客户管户折算数/网点年初全部个人贵宾客户折算数）+30%×网点年度信用卡新增任务/管户人员数； 2. 低柜柜员任务=W×115%； 3. 高柜柜员任务=W×115%×90%；
……	……

四、四大关键

商业银行绩效管理的关键角色是：行长、直线经理、人力资源经理、员工。只有这四大关键角色相互支持和配合，才能共同推动绩效管理这项艰巨的任务。单兵作战和职责不清，结果一定是事倍功半，注定要失败。

（一）行长：绩效管理的第一责任人

在各层级管理者中，行长都是绩效管理的第一责任人。行长全面负责整个银行的经营管理工作，是最具有话语权的人。行长要直接参与和推动绩效管理的实施，而不是只做旁观者，或者只躲在幕后，而应该积极站在前台，积极参与其中，给予绩效管理工作充分的支持。只有让中层管理者和广大员工都能够看到这种关心和支持，大家才能够跟着行动起来，才能够共同做好绩效管理工作。

行长在绩效管理中的主要职责是：确定和调整战略方向、目标的制定；主导全行关键目标体系的建立；参加绩效管理的全过程（包括参加培训）；提供政策、资源支持，主导实施过程。

（二）各级直线经理：绩效管理的直接责任人

直线经理在绩效管理中，是连接企业与员工的桥梁，向上对银行的绩效管理政策负责，向下对员工的绩效发展负责，作用非常关键。其角色定位是：

1. 合作伙伴

直线经理和员工是一种彼此获益的双赢关系，任何一方的成绩都有对方的努力在里面。员工的成长和进步离不开经理的支持、辅导和帮助。经理的业绩也不是凭空得来的，而是员工积极配合、共同努力的成果。员工绩效的提高就是管理者绩效的提高，员工的进步就是管理者的进步。绩效管理使管理者和员工真正坐在了同一条船上，风险共担，利益共享，共同进步，共同发展。直线经理与员工之间绝对不是简单的管理与被管理者的关系，而是绩效合作伙伴。因此，管理者要与员工就工作任务、绩效目标等前瞻性的问题提前进行沟通，在双方充分理解和认同企业愿景规划与战略目标的基础上，与员工一起制定绩效目标，达成一致。这不应是一份额外的负担，也不是浪费时间的活动，而是管理者的自愿。通常，管理者与员工应就如下问题达成一致：

（1）员工应该做什么工作？

（2）为什么做这些工作？

（3）工作应该做到多好？

（4）什么时候应该完成这些工作？

（5）为完成这些工作，需要哪些支持？需要提高哪些知识、技能？需要得到什么样的培训？

（6）自己能为员工提供什么样的支持与帮助？需要为员工清除哪些障碍？

2. 教练员

在员工实现目标的过程中，管理者应做好教练员的角色，与员工保持及时、真诚的沟通，帮助员工提升业绩。

一般情况下，员工的绩效目标应该略高于他们的实际能力，员工需要“跳一跳”才能够得着，所以难免在实现的过程中会遇到困难和挫折。此外，由于市场环境的变化，银行的经营计划和策略也会发生调整，随之变化的是员工绩效目标的调整。所有这些都需要管理者与员工做好沟通，共同分析日标，制订并执行绩效改进计划。帮助员工改进绩效，对管理者来说，可能是一种挑战、一种修养，更是一种责任。

3. 记录员

绩效记录员的一个很重要的原则就是没有意外，即在年终考核时，管理者与员工不应该对一些绩效考核出现意外分歧。一切都应是顺理成章的，管理者与员工对绩效考核结果的看法应该是一致的。

只有掌握了有说服力的事实证据，才能避免因考核分歧而可能出现的员工不满情绪和对抗行为。绩效记录有如下好处：

（1）提供一个员工绩效考核或奖惩的事实依据。

（2）预防员工的不当行为所可能导致的操作风险。

（3）收集足够的正确信息以解决并预防问题。

（4）发现潜在问题，帮助员工改进。

（5）挖掘员工的潜力。

（6）通过对良好工作的认知，提升员工的动机。

4. 公证员

员工绩效考核的公平与公正，很大程度上体现在绩效管理过程当中。管理者需要做好的工作是：

（1）对照当初制定的绩效目标和标准对员工进行考核，考核的主要依据是员工的业绩档案。

（2）注重与员工进行一对一的面谈沟通，让员工了解考核过程，并了解自己的长处与不足。

（3）与员工一起制订绩效改进计划，为以后的绩效提升扫清障碍。

（4）向员工反馈考核结果，并告知考核结果运用方向，以便员工更加明确自己的绩效目标。

5. 诊断专家

没有最好，只有更好，任何绩效管理都存在需要改进的地方。管理者应是绩效管理的诊断专家，及时发现组织和个人绩效管理当中存在的问题和不足，积极提出改进的办法。

6. 咨询顾问

在绩效管理工作中，管理者要善于鼓励员工对于他们未来的职业生涯进行独立思考，帮助员工制订成长与发展计划，并积极给予指导。

综合以上各点，直线经理的职责是：建立协作关系；建立恰当的目标；促进绩效提升；绩效检查；实施开发型评估；为员工职业规划提供帮助；将薪酬和奖励与成长和发展挂钩；支持绩效提升和变革。

（三）人力资源经理：绩效管理专家

人力资源管理不仅仅是人事管理，人力资源经理需要加快角色转变：

1. 考核专家

人力资源经理成为考核专家的标志是：独立制订考核方案，独立主持绩效考核工作，能对直线经理提供咨询服务。

2. 战略助手

人力资源经理只有非常熟悉其他部门的业务内容和业务流程，所制订的绩效方案才能与企业的整体战略协调，才能被直线经理接受，才能真正成为企业的战略助手。

3. 合作伙伴

绩效管理不是人力资源部一个部门的事情，人力资源经理需要主动与直线经理加强沟通，创建良好的合作伙伴关系，才能共同推动银行的绩效管理工作。

4. 联络员

行长的态度和行动是推动绩效管理工作的关键。人力资源经理要与行长保持持续的沟通，逐渐地和行长在绩效管理理念上达成共识，在具体的实务操作上达成一致的理解，争取行长的最大支持。

5. 宣传员

人力资源经理要把绩效管理介绍给直线经理和基层员工，让大家都了解绩效管理到底是什么、能给他们带来什么好处。当直线经理和员工都真正认识了绩效管理的实质后，他们会更愿意配合，推动绩效管理工作会更加轻松。

6. 培训员

直线经理是绩效管理政策的执行者，是绩效管理落地的关键角色。因此，人力资源经理需要对直线经理进行绩效管理技能的培训，使他们掌握绩效管理工作的相关知识和技能，提高他们的绩效管理能力。

综合以上各点，人力资源经理的职责是：负责构建企业的绩效管理体系；组织设计各部门、各岗位的绩效考核指标；组织实施绩效管理循环过程中的企业战略规划、绩效计划、绩效监控、绩效评价和绩效反馈等环节的工作；为绩效管理者提供绩效管理方法和技巧的培训；监督和评价绩效管理系统；负责定期组织召开绩效管理工作会议等。

（四）员工：主动参与

员工在绩效管理中不是完全被动的，他们产生并拥有绩效，主动地为自己的绩效注入努力，发现问题主动与主管经理面谈沟通，寻求帮助，不断改进和提高，是绩效管理的主人。而员工能否成为绩效管理的主人，在于他能否成为自身变革的主人、个体职业的倡导者和职业规划者。

1. 自身改变的主人

作为自身改变的主人，员工要认识并创造重要的转变机会，抓住那些会影响组织成功，继而导致自己成功的个人突破性进展的机会。

2. 职业的倡导者

员工应该是职业的自我促进者，要主动将自己的才能、兴趣和职业愿望告知管理者，清晰地陈述自己的希望，并且以自己实际的绩效行动进行证明。

3. 职业规划者

无论年龄和岗位，每人都有自己的人生目标。每一位员工都应该制订自己的个人成长和发展规划，才能有助于充分发挥自己的潜能，才能把握关键，提高成功的概率，从而最终达成目标。

因此，员工的职责是：参与绩效计划制订；公正评价其他员工（上级、同事等）的工作；参与自我评价；寻求并接受建设性的反馈；准确理解绩效期望和评价标准；自我诊断绩效不足；主动制订和实施绩效改进计划；提高自我管理的能力。

第十章　银行绩效管理的误区与困扰

当今，“绩效管理”一词在企业里几乎无人不知、无人不晓。然而，真正能够理解绩效管理实质的并不多，能够主动全面地运用绩效管理并取得明显预期效果的则更少。目前至少有两个普遍存在的银行绩效管理的问题，一是中层管理者敷衍了事，二是高层领导虽然口头重视但行动上并没有给予足够支持。原因何在？主要有两点：一是中高层管理者“不懂”，没有真正理解绩效管理。二是人力资源部“不懂”，一方面可能是对绩效管理的某些方面还没有完全理解，另一方面就是不能让中高层管理者真正理解绩效管理。因此，最终结果表现为我们经常抱怨的现象：

（1）往往只是把绩效管理当成绩效考核，绩效管理就是把员工分为“三六九等”。

（2）直线经理都很忙，没必要在绩效管理上耗费过多的时间和精力。

（3）认为绩效沟通是额外的负担。

（4）重考核结果，轻管理过程。

实践证明，大部分企业之所以推行绩效管理失败，就是因为企业对绩效管理进行孤立和片面的理解，存在认识误区。

一、绩效管理的认识误区

在错误认识的支配下，绩效管理工作就很难正确开展。了解对绩效管理的各种错误认识，有助于加深对绩效管理实质的理解。实际工作中，主要存在以下认识误区：

（一）绩效管理就是通过考核将员工区分为“三六九等”

尽管许多银行在制定绩效管理政策时有完整的管理程序和要求，但是在实际操作过程中，存在对绩效管理认识不到位的情况，特别是一些直线经理会简单地认为，绩效管理无非就是出台一些严厉的考核政策，给每个员工打打分，分出优劣等级。其实，绩效管理的本质不是为了区分，而是不断改进绩效的过程，是在绩效评价结果出来以后，管理者与下属通过绩效反馈面谈，将评价结果反馈给下属，并共同分析绩效不佳的方面及其原因，制订绩效改进计划的过程。心理学家发现，沟通反馈是使人产生优秀表现的重要条件之一。如果没有及时沟通反馈，人们往往会表现得越来越差。因为在这种情况下，人们无从对自己的行为进行修正，甚至可能丧失继续努力的动力。因此，绩效管理的目的不仅仅是准确评价一个员工的绩效水平，更重要的是通过良好的沟通使员工了解自己工作中存在的问题和不足，并采取相应的措施不断改进，从而保证其绩效得到持续增长。

（二）绩效管理是人力资源部的责任

绩效管理是人力资源管理的核心，于是很多管理者和员工就理所当然地认为绩效管理就是人力资源部的职责，与自己关系不大，甚至有人还认为绩效管理是不创造价值的，绩效管理纯属浪费时间，从而往往应付了事，工作点到为止。这些都是错误的。

许多管理者一方面苦于没有良好的管理方法来提高他们团队的业绩，另一方面又没有融入企业的管理体系中来，而“幻想”着另一个美好的管理模式。之所以出现这种情况，主要原因在于其对自身定位不清。

其实，如果高层领导是绩效管理的“总导演”，那么中层管理人员则是绩效管理的“主角”，是绩效管理的直接责任人，是连接企业与员工的桥梁，向上对银行的绩效管理政策负责，向下对员工的绩效发展负责，绩效管理是其岗位最重要的核心职责。绩效管理没有什么“美好模式”，有的就是按照绩效管理的要求和流程，扎实细致地去推动，就一定会取得良好的绩效结果。

作为人力资源部门，其面对的“客户”就是直线经理，其营销的“产品”就是管理技术和模式。所以从这个角度看，人力资源部门就是生产的“上游部门”，而其他部门则是使用其产品的“下游部门”。就如同银行前台部门营销银行产品一样，人力资源部门需要转变思维，转为“以客户为导向”，“设计和生产”直线经理们所需要的管理产品，并与其建立良好的合作伙伴关系。

因此，人力资源部门负责绩效管理“产品”的设计，其他部门负责绩效管理“产品”的使用，两者各司其职，相互配合，才能提高组织、部门、团队和个人的绩效水平。

（三）绩效就是财务指标

一些“注重业绩”的银行基层，在绩效考核时，认为绩效指标都是财务指标，就连团队考核指标和管理人员的考核指标都全部换成了与营销业绩等财务指标挂钩的指标。表面上看，全体员工都在为增加银行财务利润而奋斗，组织得益，员工也拿到不菲的收入。其实，这样引导员工就如开采矿山、石油一样，只想到拼命地开采，却没有想过这些矿产都是不可再生的。开采完了，该如何做？银行只要求员工创造财务业绩，却不顾员工的工作环境（特别是人际关系环境）、员工的技能培训和能力开发等，这只会导致员工的行为短期化。例如，网点为了短期业绩，只管对客户进行拉动式的强行销售，而不顾客户的真实需求，同时也缺乏对客户关系的维护，结果造成客户不满意而不断流失。为了达到短期的财务指标而不惜牺牲长期的发展，其最终结果就是陷入绩效水平不断下降的恶性循环中，这显然不利于商业银行的持续发展。

（四）绩效管理的最终目的是薪酬分配

“绩效管理的最终目的就是薪酬分配”，这个看法是非常错误却又是非常普遍的。薪酬作为最重要的激励手段，对员工绩效的提高有非常直接的作用。但是如果过分强调薪酬的激励性，把薪酬分配作为绩效管理的唯一目的，只会将绩效管理引向歧途。实践证明，过分依赖于物质激励会使员工做出不符合企业长远利益的短期行为，甚至可能导致员工互相钩心斗角、团队内耗严重、内部矛盾丛生等不利于建立和谐企业文化的负面行为。绩效管理除了发挥薪酬强大的激励作用外，还要满足员工其他方面的需求。正如马斯洛五个需要层次理论所揭示的，员工除了基本的物质需求外，还有归属的需求、社会交往的需求、尊重的需求和自我实现的需求，而只有不断满足其高层次的需求，员工才肯心甘情愿地为企业付出，从而才有可能实现高绩效。

（五）绩效考核只能考核硬指标

所谓硬指标，就是客观的、能量化的、结果容易衡量的指标，如存款净增、客户增长等。与其相对应的软指标，如员工满意度、行为能力考核等指标，主观性较强，数据来源分散，操作起来麻烦，很难加以准确度量。硬指标相对容易衡量，但不能因为软指标难以衡量就规避不用。这种做法显然不正确，因为软指标往往承载着人的主观感受，是绩效内在的驱动因素，在企业文化建设、员工未来绩效的预判以及员工的培训开发和招聘等方面有着非常重要的考量价值，是硬指标所无法替代的。

二、绩效管理的十大困扰

目前，许多商业银行由于未真正理解绩效管理的实质，在实践中常常受到各种各样问题的困扰。

（一）战略脱节

绩效目标应该来源于企业战略，并通过层层分解，转化为每个部门乃至每个员工的绩效目标，使所有员工都能肩负起企业战略目标的责任。绩效与战略脱节，首先表现为一些银行盲目追求绩效目标的“全面性”。为了不遗漏目标，往往把各种指标都罗列起来，造成基层考核指标过多过散。这种看似周全的考虑，在实践中只会带来两种结果：一是目标分散，没有重点。心理学研究证明，人在一个时间段内的心理能量只能很好地关注 7 个左右的单元。目标过多与没有目标的效果是一样的。二是疲于应付，牺牲效率。例如，客户经理考核指标过多，必然影响对分管客户的维护与深耕。其次表现为一些部门存在着从本部门局部利益出发，根据自身资源、能力、自身利益制定部门目标，甚至在制定部门绩效考核指标时，选择本部门容易完成的指标，或者加大这些指标的权重的现象。结果造成银行局部绩效与整体绩效脱节，银行战略被束之高阁，难以实现。

要解决上述问题，首先要从梳理战略目标出发，通过建立战略地图，明晰战略绩效管理的财务、客户、内部流程、学习与成长四个层面以及各层面内部绩效驱动的逻辑因果关系，从中找出体现这种因果关系的关键绩效指标。正如管理学大师德鲁克所说，战略更主要的不是选择做什么，而是选择不做什么。绩效目标设计也是如此，大胆地舍弃非战略性目标是战略性绩效目标得以保证的举措。其次，强化战略绩效管理理念，严格绩效指标体系管理流程，杜绝“趋利避害，避重就轻”的本位主义。

（二）没有规划

许多商业银行在绩效管理的实施过程中，由于对绩效管理的整体规划和思考不够，结果导致绩效管理成效不明显，甚至举步维艰。

一是缺乏对理念的导入。往往只是照搬上级行的考核方案，依葫芦画瓢，直奔绩效考核办法而去。

二是缺乏对绩效管理层次的规划。绩效管理能够得到实施，一个很重要的前提就是要做好各层次的绩效管理规划。例如，中层管理者需要培训哪些方面，履行哪些职责，怎么履行；员工需要培训哪些方面，履行哪些职责，怎么履行，如何整体推进，等等。但有的银行在中层管理者还没明白绩效管理的操作方法时，就一股脑儿地把绩效考核深入到基层单位。这样做的结果表面上是把绩效管理贯彻到了基层，然而实际上操作起来千差万别，问题不断，绩效管理根本无法落地。如有的银行仅仅简单地制定一个绩效考核办法，设计几张所谓的绩效模板和表格，就下发到基层，至于基层如何去操作，就与己无关了。比如柜员业务量考核口径如何界定、怎么考核，仅仅设计一个模糊的计分规则，缺乏试算验证，结果造成考核明显脱离实际，考核不公平，员工抱怨不断。此外，由于缺乏对中层管理者绩效辅导技能的培训，导致基层绩效沟通事倍功半，甚至产生新的摩擦和矛盾。

三是缺乏对人力资源配套制度的规划。例如，绩效改进与员工培训开发“两张皮”，培训计划往往是心血来潮拍脑袋，“一刀切”式的大而全的培训，既没有实地调研，也没有因人施教。

要解决上述问题，首先要重视绩效理念的导入。绩效管理，理念为先。在引入绩效管理的开始，前期的思想准备工作是非常重要的。因此，必须贯彻从上到下的原则，从银行高层领导到直线经理，一直到普通员工，都要进行全员的绩效管理理念的导入。理念正确了，就可以少走弯路，避免很多问题的出现。其次要做好绩效管理分步分层的推进规划，对于刚开始实施绩效管理的基层行来说，应该坚持小步快跑、持续改进和循序渐进的原则，不能操之过急，更不能省略环节。对于绩效管理基础薄弱的基层行，应该进行全面诊断，查找问题，合理规划，补齐短板。最后，绩效管理的有效性不能脱离其他人力资源制度。在设计绩效管理制度的同时，需要注意和其他人力资源管理制度衔接与匹配。

（三）额外负担

绩效考核作为一种管理工具，首先是一门实践性科学，需要的是标准、流程、规范和量化的理性管理方法。但自古以来，中国文化骨子里就不擅长做量化这种理性的事情。长期以来，感性、模糊的做法支配着我们的行为。就如美国的肯德基，其所有的原料都是通过量化的配方制作出来的，其口感口味是不会变化的。而中国的厨师，如果要求其对油盐酱醋进行定量操作，炒出来的菜很可能就不如平常了。所谓“火候”，其实也是一种模糊的概念。这也可能是我们基层行推行全面质量管理时，员工总觉得不习惯和麻烦，甚至无法取得预期效果的一个原因。比如，我们常常习惯于说“要加强对贵宾客户的营销”，却很少提“你今天拜访了5位贵宾客户吗”“你完成了20个客户邀约电话吗”等这类具体可操作的要求。麻烦和负担仍然是很多直线经理看待绩效管理的一种心态。

要解决上述问题，首先要强化认识。现代绩效管理毕竟不同于我们传统的领导艺术。既然绩效管理是一门科学，就应该按照规则、流程去做，因而也就免不了因追求“科学”而“麻烦”。现代绩效管理要求的就是量化考核，没有量化，就无法控制和管理。其次要规范行为。绩效管理本身就是一个从战略规划、计划制订、绩效监控、绩效评价到绩效反馈的完整的标准化流程。即使是其中的绩效沟通工作，都有其严格的操作步骤，不可省略或颠倒，否则将“欲速则不达”。因此，我们可以通过组织一些培训、活动比赛等形式营造绩效管理氛围，甚至将绩效管理工作纳入考核，久而久之，坚持就成了一种习惯。

（四）定位偏差

如果银行高层是绩效管理的“总导演”，那么各部门直线经理则是银行绩效管理的“主角”。但在绩效管理工作中，大部分部门直线经理认为绩效管理是人力资源管理的一部分，当然由人力资源部门来做，而没有将绩效管理作为管理者自身的重要职责。其实这是绩效管理过程中常见的角色分配上的错误。这主要是因为，一方面由于许多部门直线经理不能系统地看待绩效管理，不能将绩效管理融入日常的管理过程中，认为绩效管理只不过是定期进行考核，然后上报考核结果，没有过程的沟通和辅导；另一方面，也可能担心引发利益冲突，部门直线经理有意或无意地回避绩效管理。

要解决上述问题，首先要明确定位。人力资源部门对绩效管理的实施负有责任，但绝不是完全的责任。人力资源部门在绩效管理实施中主要扮演流程或程序的制定者、模板的提供者和咨询顾问的角色。至于绩效方案的决策实施则与人力资源部门无关。银行的高层领导对绩效管理的推行负有第一责任，高层的支持和推动应该贯穿整个绩效管理的始终。银行的中层管理者是绩效管理的直接责任人，是员工的合作伙伴、教练员、诊断专家和咨询顾问。其次要加强绩效管理理念的宣传。绩效管理的根本目的是帮助员工改进和提高绩效，进而提升部门、团队和组织的绩效。同时，考核只是绩效管理的一个环节，除此之外，还包括计划制订、绩效监控、绩效反馈等其他环节。再次要争取高层领导的支持。高层领导需要主动站在前台，积极参与其中。要加强对各级管理者的技能培训，提高管理者处理绩效管理过程中各种问题的能力和技巧。最后要加强考核。将绩效管理工作作为各级管理者管理能力的一项指标，纳入对管理者的绩效考核之中。

（五）缺乏长远目标

在如今追求利益最大化的市场上，很多企业“一切向钱看”，更多关注的是单一的财务指标。当然，追求财务利益最大化无可厚非，但仅仅把目光盯在眼前的利润上，难免会短视，会使企业失去长远发展的机会。实际上，与其他目标相比，利润、收入等只能算短期目标。对于银行而言，良好的品牌形象、领先的内部流程、高素质的员工队伍、优秀的企业文化等才是驱动利润增长的根本因素。实现这些目标，要比短期实现利润、存款等最大化更有价值。企业短期目标只能让企业的经营者安于现状，而失去对企业未来的长期发展战略的考虑。

出现这些短期行为的原因有三个。首先，企业缺乏清晰的战略。战略要解决的是企业走向何处，如何走到这个地方，和竞争者相比给顾客的价值主张是什么等问题。一个有竞争力的企业，必定会考虑长短期目标的协调一致。其次，任期制带来的负面效应。任期制往往造成企业的短期行为，尤其是在国有企业里，由于主要经营管理者为了尽快得到提拔，急于短期内取得亮眼的业绩，不惜牺牲企业的长远利益。最后，缺乏平衡长短期目标的工具，也是造成企业短视的重要因素。实践中，有些企业有清晰的战略，主观上也能够从长计议。但是，在实践中不能很好地将长短期目标结合起来，缺乏可操作的管理工具，从而也使得企业不能真正贯彻战略规划，最终沦为短视者。

企业要解决短视行为，最根本的是要有个相对长期的战略规划。即使是分支机构，也需要在总公司整体战略的基础上，制定自身的长远发展目标。对于企业经营者的使用，也需要有一个相对长远的安排和考虑，尽量减少任期制带来的短期行为。此外，采用平衡计分卡这一绩效管理工具，可以有效地解决长短期目标结合的问题。平衡计分卡不仅仅重视财务目标，还重视非财务目标。后者是驱动财务目标的相对长远的目标。例如，如果我们长期坚持员工素质培养和企业文化建设，带来的不仅是企业财务目标源源不断的实现，更是企业竞争力的持续提升。

（六）缺少沟通

目前我国企业中仍然存在敬畏权力的企业文化，在企业内部大都采用纵向控制式管理，很多时候管理者并不能实现有效沟通，下级习惯于听从上级命令。例如，在目标制定过程中，由于管理者不能与员工及时沟通，员工可能不了解企业的愿景是什么、目标是什么，也不知道企业对自己的期望是什么。在员工目标的实现过程中，管理者也不能够及时指导员工，对员工面临的问题和难点，不能及时给予有效帮助。当考核结果产生后，不能及时反馈给员工，不能和员工一起分析工作问题和原因，帮助员工总结经验找出不足，也不能帮助员工制订改进计划。这些都会使员工对绩效管理产生不信任感和抵触情绪，阻碍员工绩效与组织绩效有效结合，同时也会让绩效管理难以达到预期的效果。

绩效管理是一个持续的沟通过程。首先要重视沟通。正如绩效管理专家罗伯特·巴克沃给绩效管理下的定义："绩效管理是一个持续的交流过程。该过程由员工和其直接主管之间达成的协议来保证完成，并在协议中对未来工作达成明确的目标和理解，并将可能受益的组织、经理及员工都融入绩效管理系统中来。"因此，无论在绩效计划制订、绩效监控、绩效评价还是在绩效反馈过程中，都必须重视沟通。此外，绩效沟通是技术要求相对较高的一种沟通，在具体的沟通实践中，管理者需要掌握各种各样的沟通技巧和方法，达到"沟通最大化，误解最小化"，最终实现组织绩效和个人绩效的双赢。

（七）执行力不足

执行力不足是我国大部分企业绩效管理失败的重要原因，它直接导致了企业的整体工作计划无法取得预期的结果。一项调查显示，很多企业的战略只是"高高地挂在墙上的口号"。只有不到5%的员工了解企业的战略目标，而能够清楚了解他们工作与组织总体目标关联的员工少之又少。对于处于低层次的员工和管理者，尽管他们对于客户和业务等信息有较深入的了解，但很难将他们与整个企业的战略目标联系在一起。因此，一个企业体现的价值，不在于企业的愿景和战略的品质，而在于企业是否有能力将战略成功地落实到日常执行当中。

正如哈佛大学教授罗伯特·卡普兰所说，好的战略加上差的执行，几无胜算；差的战略加上好的执行，或可成功。要解决执行力不足的问题，首先要从管理模式上改进，强化执行力队伍特别是中层管理者的建设。因为他们在企业战略与员工之间起到了一个承上启下的关键作用。其次要采取各种方式让员工了解企业战略以及实现战略目标的策略，提高员工对企业战略的认知度。最后，通过构建基于企业战略的关键绩效指标，通过将平衡计分卡四个维度进行层层分解，转化为各层级员工的绩效责任，将个人目标和组织目标协同起来，最终推动企业战略的实现。要在企业内部形成一种导向：只有对企业整体绩效做出贡献，部门的工作才有意义；只有关联企业的整体绩效，个人的工作才有价值。

（八）结果运用单一

绩效考核完成后，将绩效考核结果运用于价值分配是绩效管理过程中政策性最强的一项工作。能否满足员工合法利己的要求，是关系到银行大多数员工工作热情能否继续保持的大问题，是员工持续进行绩效改进的动力源泉，也是进一步加强银行绩效管理的润滑剂。传统观念认为，绩效考核最主要的目的是帮助组织做出薪酬方面的决策，如薪酬分配和调整。这种观点是片面的。将绩效考核结果应用于员工薪酬分配固然重要，但绩效考核对组织人员调整、岗位晋升、员工培训与职业发展等其他人力资源管理活动也同样意义重大。善于运用绩效考核结果，不仅有助于人力资源管理整体绩效的提升，也有助于强化组织整体体系的功能与持续。绩效考核的结果应该在更多的人力资源相关决策中发挥更加重要的作用。

要解决上述问题，首先要提高认识。实践证明，绩效考核结果能否成功地实施，很关键的一点就在于绩效考核结果如何运用。如果绩效考核结果运用单一，那么绩效考核对员工绩效的改进和能力的提升就没有充分发挥激励的作用。其次要明确责任。对于直线经理来说，绩效管理不是简单的任务管理，它特别强调沟通、辅导和员工能力的提高。绩效管理不仅强调结果导向，而且重视达成目标的过程。那么这些沟通辅导和过程管理其实就蕴涵了员工的培训开发管理和个人的职业发展规划管理。对于人力资源部门来说，要积极发挥监督、指导作用，主动配合直线经理的工作。对于员工来说，作为绩效管理的主人，要自我诊断绩效不足，主动制订和实施绩效改进计划，提高自我管理能力；同时主动将自己的培训需求、才能、兴趣和职业愿望告知管理层，清晰地陈述自己的希望，并且以自己实际的绩效行动进行证明。

（九）数据支撑制约

目前对于银行而言，尽管已经搭建了较为成熟的数据平台，能够提供大量的业务数据，但是在绩效管理数据生成、收集、处理和分析等方面的能力还比较薄弱。例如，一套看似科学合理的关键业绩指标因无法统计分析而变得不实用，导致绩效管理效果难以达到预计水平。如贵宾客户价值贡献、中小企业价值贡献、客户获利率等选取比较困难，难以将业务数据转化为管理数据。此外，在绩效管理工作中，对定性指标的评价缺乏衡量手段，有些指标不易收集，有的指标很难量化。在考核评价时，评价主体往往会根据主观好恶而不是客观的业绩来打分，减弱了绩效管理评价的客观科学性。

要解决上述问题，首先要建立统一的数据资源平台和数据挖掘系统，满足绩效管理、产品营销、产品服务、销售管理等方面的数据需求。其次是在定性指标方面尽量量化。一般来讲，任何定性评价都可以测量，一种很自然的思路就是“往下细分”，找出一个大的定性指标中重要的并且进行具体考核的几个方面。如一般可以从时间、质量、数量、成本和风险五个维度来设计定性指标的考核指标。运用评级量表法、图解式考核法、关键事件考核法和行为等级锚定法等非系统考核方法，可以有效增加考核的可操作性，减少主观因素的影响。

（十）文化难植

企业需要文化，企业因文化而凝聚员工，从而具有战斗力和生命力。但我们看到，尽管我们投入了大量的人力物力进行企业文化的建设，提出的理念也很先进，但员工对文化建设总是抵触或虚于应付，企业文化无法落地生根。

企业文化的内核首先是企业价值观，它决定和影响着企业存在的意义和目的，为企业的生存和发展提供基本的方向和行动指南，决定了企业全体员工的行为取向。但是价值观要落地，从倡导的员工行为取向变成真正的员工行为，则需要通过绩效管理来实现。企业文化与绩效管理之间是一种相辅相成的关系。一方面，企业文化对绩效管理体系的实施运行起着一种无形的指导、影响的作用；另一方面，企业文化最终要通过绩效管理体系、价值分配体系的建立与完善来发挥其功能，通过绩效管理让员工逐步确立起企业所倡导的共同价值观。绩效管理之所以能够发挥“指挥棒”和“牵引机”的作用，就在于传递出了企业对于一个人行为和产出的认可或者不认可的信号，就是在倡导一种价值观。假如一个银行在积极倡导“集体主义”“团队精神”“奉献精神”时，绩效评价结果排位靠前的都是自私自利、本位主义的员工，当获得高激励的也是这些员工时，银行其他员工一定不会认为银行是在真的推行其所倡导的价值观，并且会选择让自己的行为更加趋近于那些受到实际奖励的员工。正如某管理大师所说的，“员工一定不会做你要求的事，而会做你考核的事”。

参考文献

［1］方振邦，陈曦. 绩效管理［M］. 北京：中国人民大学出版社，2015.

［2］付亚和，许玉林，宋洪峰. 绩效管理［M］. 3版. 上海：复旦大学出版社，2014.

［3］葛玉飞，荣鹏飞. 绩效管理［M］. 北京：清华大学出版社，2014.

［4］唐东方. 战略绩效管理：步骤·方法·案例［M］. 北京：中国经济出版社，2012.

［5］刘亚萍. 绩效管理工具方法与工具［M］. 北京：中国劳动社会保障出版社，2013.

［6］池永明. 绩效考核与管理——理论、方法、工具、实务［M］. 北京：人民邮电出版社，2014.

［7］林新奇. 绩效管理技术与应用［M］. 北京：中国人民大学出版社，2012.

［8］曹子祥. 曹子祥教你做绩效管理［M］. 北京：中华工商联合出版社，2015.

［9］孙波. 回归本源看绩效［M］. 北京：企业管理出版社，2013

［10］裴宏森. 绩效考核实务［M］. 2版. 北京：机械工业出版社，2011.

［11］李政. 商业银行员工职业素质问题研究［D］. 北京：中国地质大学，2005.

［12］李爱英. 我国城市商业银行战略管理研究——以青岛银行为例［D］. 天津：天津大学，2010.

［13］曹华强. 股份制商业银行区域布局战略研究［D］. 北京：对外经济贸易大学，2010.

［14］张智勇. 不同经济增长圈的城市商业银行的发展战略［J］. 中南大学学报：社会科学版，2007（2）.

［15］陆岷峰，张玉洁. 中小商业银行渠道建设的五大策略［J］. 青海金融，2010（9）.

［16］葛兆强. 国内商业银行渠道整合及策略研究［D］. 济南：山东大学，2009.

［17］于永泓，陈依萍. 平衡计分卡导入与实施［M］. 北京：电子工业出版社，2010.

［18］宝利嘉顾问. 战略执行：平衡计分卡的设计和实践［M］. 北京：中国社会科学出版社，2003.